价值投资——之

董宝珍 —— 著

茅台大博弈

Value Investment

The Great Game of MOUTAI

图书在版编目（CIP）数据

价值投资之茅台大博弈 / 董宝珍著. —北京：机械工业出版社，2020.11（2025.4 重印）

（董宝珍作品集）

ISBN 978-7-111-66877-0

I. 价⋯ II. 董⋯ III. 股票投资 IV. F830.91

中国版本图书馆 CIP 数据核字（2020）第 222733 号

价值投资之茅台大博弈

出版发行：机械工业出版社（北京市西城区百万庄大街 22 号 邮政编码：100037）	
责任编辑：沈 悦	责任校对：殷 虹
印　　刷：北京虎彩文化传播有限公司	版　次：2025 年 4 月第 1 版第 6 次印刷
开　　本：170mm×230mm　1/16	印　张：21.5
书　　号：ISBN 978-7-111-66877-0	定　价：88.00 元

客服电话：（010）88361066　88379833　68326294

版权所有·侵权必究
封底无防伪标均为盗版

前　言

2010～2018年，我一直重仓持有贵州茅台，其过程极其罕见，可以说是中国资本市场成立以来最曲折跌宕、最冲击人灵魂的经典价值投资案例之一。在这个过程中，我作为贵州茅台的投资者写了上千篇文章，合计有几百万字，均是关于贵州茅台和中国白酒行业的基本面分析文章，其间也记录了我作为当事人，对人性、投资原理的思考，对市场非理性的体悟。在写作过程中，我获取了很多在书本中学不到的关于中国白酒行业的知识，对价值投资的认知也更进一步。

2018年以后，贵州茅台从被全面否定的极端低估之中走出来，上涨了近10倍。此时，很多投资者认为我过去所写的文章是真正的真知灼见，也是真正的远见卓识，于是想重新看我当年的文章。很多投资者把我的文章打印出来装订成册，以方便阅读。在这种情况下，我和凌通盛泰的伙伴决定把2010～2018年所写的关于贵州茅台、中国高端白酒的文章和其间的投资体悟文章结集成书。有的文章现在已经不具有参考价值，有的文章讨论的问题则是本质性的，并没有时效性，在过去、现在、将来都有现实意义和价值，于是我和工作伙伴经过反复斟酌，精选了部分文章，总计35万字左右，在此出版。

本书主要讨论中国白酒行业的规律，中国高端白酒的定价机制，以及中国白酒行业特殊的塔形价格带的竞争原理。除此以外，作为这场茅台大博弈的亲历者，我深刻地体会到投资表面上是认知博弈，实际上是人性博弈。贵州茅台股价因为限三公消费跌到100元，创造出百年不遇的重大历史性投资机会。其实投资机会的产生以及最后转化为真实财富的机会这一过程，是围绕着一场认知博弈发生的，这就是"限三公消费之后老百姓会不会喝贵州茅台"。2013年，中国几乎所有的白酒专家、投资专家都认为以后老百姓不会喝1000多元的贵州茅台酒，因为居家过日子都得精打细算，贵州茅台股价也从此一蹶不振。但我并不认同这样的观点，我认为贵州茅台酒是中国最好的酒，也代表着中国文化，满足的是人们享受美好生活的需要。人们都向往喝好酒，享受高端生活，只要价格合理，老百姓经济上能承受得起，他们一定会选择贵州茅台酒。

我的观点跟市场的观点截然相反。这种截然的对立形成了一个认知博弈，最后我的观点被证明是正确的。我和极少数的投资者矢志不渝，不改变、不放弃，坚定如初，在经历了艰难的曲折后获得了成功。在这个过程中我有很多投资的体悟和思考，这些也是本书的重要内容。本书会保留我原始文章的观点，哪怕当时的一些观点后来看是不对的。我相信这样的文章对投资者更有意义。

本书适合以下两类读者。

第一，白酒行业的经营者。本书讨论了大量白酒行业的经营规律、定价机制、需求特点，涉及深层次的规律、原理和逻辑，对于白酒行业的经营者、销售人员尤其有用。在书中我还讨论了贵州茅台酒的定价原理。我曾率先提出这样一个公式，即贵州茅台酒的价格长期来看，总是在人均月工资收入的$1/3 \sim 1/2$波动。如果贵州茅台酒的价格高于人均月工资收入的$1/2$，它将见顶回落；如果贵州茅台酒的价格低于人均月工资收入的$1/3$，它将触底回升。在书中我还对贵州茅台酒的销售者、生产者的利益关系做了探讨，因此白酒行业的经销商、生产者都可以阅读本书。

第二，资本市场的投资者。本书是一个价值投资案例的史料复盘，是中国资本市场典型的有关安全边际、错误定价、人性博弈的投资案例的真实记录，这是一个创造了10倍巨额财富的非常曲折的投资过程。我力争用具体鲜活的案例，将格雷厄姆、巴菲特、芒格等投资大师的思想揭示出来，书中的每一篇文章都是在投资实践中写作的。

还要说的是，2012～2018年的这场百年不遇的茅台大博弈我亲历了全过程，经历了艰难的曲折。最终，我的观点被证明是正确的，也获得了财富和回报。这一经历于我来说已经超越了金钱、利益，它改变了我的价值观、我的人生，我的灵魂也得到了升华和飞跃。

这一过程共催生了三本书。第一本是《熊市：价值投资的春天》（第二部），记录了我在这场博弈中深切体会到的投资的本质和投资的核心。第二本就是本书。本书实际上是一部史料集、一个案例复盘，可以帮助投资者研究这段过程、完善自己的投资理念、理解白酒行业及其特殊的价格形成机制。

第三本书比前两本书的意义更大，那就是我在思考为什么贵州茅台可以长期提价的时候，发现了一个有价值的经济学课题，那就是亚当·斯密的成本定价理论、劳动价值论解释不了为什么贵州茅台酒的成本价只有五六十元，却可以卖到1000多元。这么高的超额利润是怎么形成的？我发现亚当·斯密的经济学理论并不能解释这一问题。对于贵州茅台酒这样的精神文化产品的定价，需要建立一种全新的"精神经济学"来解释其定价机制、需求特点、竞争规律。迄今为止还没有人发现这个规律，更没有人去阐述这个规律，提出相应的理论。于是我结合贵州茅台博弈过程中的发现，提出一个概念——"精神经济学"，有关这一主题的新书我正在写作，力争在明年出版。希望我的经验和体悟可以给读者一些启发，助力大家未来的投资之旅。

本书是我和凌通盛泰的同事合作的成果，总编孙月辉是我已经共事18年的老同事，每章都由一位同事负责整理，希望我们的这些工作对大家有益。

董宝珍
2020年4月

目　录

前言

第一篇　基本面论述篇

/ 005 • 贵州茅台的成长是由收入水平驱动的，不会停止
/ 017 • 高端白酒行业成长的原因——经营简单提供成长基础
/ 020 • 习酒"远嫁"利多贵州茅台
/ 023 • 白酒泡沫详解
/ 027 • 贵州茅台合理估值是多少
/ 032 • 高端白酒已经完成基本面调整，中端白酒面临不确定
/ 036 • 行业调整啼不住，茅台已过万重山
/ 043 • 白酒危机何时了
/ 049 • 贵州茅台从戴维斯单杀到戴维斯双击的未来之路
/ 062 • 从行业发展周期看白酒行业未来：经营必然大分化
/ 067 • 白酒行业调整见底，白酒股估值修复渐行渐近
/ 079 • 为何此轮调整江淮名酒站稳，川酒却落后
/ 084 • 白酒行业进入大集中时代
/ 091 • 2012～2014年贵州茅台酒三次价格下跌分析
/ 095 • 贵州茅台在2015年前两个月销量增长39%的原因和意义

/ 100 • 贵州茅台财报宣布新成长周期来临

/ 108 • 贵州茅台的戴维斯双击之路已经开始

/ 112 • 白酒行业在分化中复苏

/ 124 • 从过去 20 年白酒企业经营历史看未来

/ 129 • 1862～2014 年贵州茅台的产量、价格及思考

/ 131 • 2015 年年报宣告贵州茅台已进入新一轮高增长期

/ 134 • 白酒行业在分化和格局之变中复苏

/ 145 • 贵州茅台可以长期实现两位数增长

第二篇　**辩论论战篇**

/ 153 • 从约赌裸奔到"精神经济学"

/ 157 • 答扬韬：贵州茅台的成长逻辑

/ 160 • 与王朝成先生商榷：贵州茅台发起价格战正当其时

/ 165 • 贵州茅台一批价真的还会跌破 830 元吗

/ 169 • 白酒行业春节行情：董宝珍 vs 王朝成

/ 175 • 2015 年白酒行业的大势

第三篇　**实地调研篇**

/ 191 • 对贵州茅台、五粮液专卖店的调研

/ 198 • 贵州茅台处于双重错误定价引起的双重安全边际中

/ 201 • 二元结构下的贵州茅台销量和价格调研

/ 208 • 贵州茅台一批价波动的调研和分析

/ 211 • 贵州茅台春节销售分析：从二元定价模式到价格锅盖

/ 216 • 中秋节白酒简单调研

/218	•	超市酒水专卖区见闻和思考
/222	•	投资人要有求真的心
/232	•	参加贵州茅台百年金奖纪念活动纪行
/238	•	小结

第四篇　人性博弈篇

/240	•	大部分股价变化与基本面没有关系
/242	•	写在贵州茅台股价大幅下跌 5% 之时
/243	•	真正理性的投资决策
/246	•	智者察于未萌
/249	•	贵州茅台年报发布后的新博弈
/251	•	一切金融危机本质都是人性缺陷的大爆发
/253	•	在季报发布后与外资机构聊贵州茅台
/256	•	好公司的波动是最好的投资机会
/258	•	你接触到的只是假象
/262	•	投资只需要做一件事
/264	•	人性的钟摆
/266	•	股价的一半是基本面，另一半是想象

第五篇　北大演讲篇

/271	•	价值发现
/274	•	独立思考
/277	•	独立调研
/279	•	"精神经济学"

/ 281 • 小结

第六篇　政策建议篇

/ 285 • 就大股东增持给贵州茅台管理层的信
/ 287 • 大茅台战略
/ 291 • 从石油价格暴跌看贵州茅台渠道利润率低的原因和治理
/ 295 • 贵州茅台2017年价量政策恐与实际需求不符
/ 302 • 建议酒箱安装定位芯片防控囤货
/ 303 • 酒价大涨潜藏高风险，最后管控时机不容错失
/ 310 • 当下是贵州茅台销售模式变革的最好时机
/ 315 • 平抑酒价、稳定股价，让贵州茅台回归平淡

第七篇　媒体访谈篇

/ 318 • 忍受曲折、落后是价值投资者的规定动作
/ 322 • 最"熊"基金经理的自白
/ 326 • 国内机构投资者的非理性程度甚至超过了散户

/ 331 • 后记
/ 333 • 董宝珍语录

第一篇

基本面论述篇

我在 2013 年 2 月发表了文章《贵州茅台的成长是由收入水平驱动的，不会停止》。这篇文章奠定了贵州茅台博弈基本面判断的基础。我后续发表的文章，都是进一步对这篇文章中的思想进行细化。

当时的背景是 2013 年春天贵州茅台股价下跌，几乎所有人都不看好贵州茅台，认为一旦三公消费消失，贵州茅台就不会有民间需求。我与别人的想法不一样，我认为贵州茅台酒的需求不是由三公消费驱动的，而是由收入水平驱动的。当时我用 1 万多字的长文论述了贵州茅台的成长是由收入水平驱动的，只要中国人的收入水平提高，贵州茅台的成长就不会停止。我还提出：贵州茅台酒零售价和人均月工资收入有一个稳定的对应关系。近 100 年里，贵州茅台酒零售价和人均月工资收入有一种平行变化的特征，总是在人均月工资收入的 1/3～1/2 波动。当贵州茅台酒零售价高于人均月工资收入的 1/2 时，其价格会下跌；当贵州茅台酒零售价低于人均月工资收入的 1/3 时，其价格则会上涨。

这一发现已经得到了白酒行业的认同和接受，也奠定了我看多贵州茅台的深层次逻辑基础。这篇文章最终催生了"精神经济学"。之后我又进一步思考，为什么贵州茅台酒零售价和人均月工资收入具有同比例变化的关系。答案是贵州茅台酒的存在不是为了解决温饱问题，它不仅是一种饮料，更是崇尚礼尚往来的东方文化的一个载体。精神文化产品的属性决定了人均收入水平越高，它的价格越高。精神文化产品的定价机制不是由亚当·斯密的价值理论决定的，它有自身的原理。从这个角度出发，我进一步思考为什么贵州茅台酒还可以提价。在思考这个问题的时候，我最终形成并提出了"精神经济学"。

除了这篇最重要的文章，基本面论述篇中还有一篇值得重视的文章，即2013年8月13日我发表的文章《白酒危机何时了》。这篇文章对投资分析有很大的启发意义。投资分析绝对不能脱离现象，但必须超越现象，不能就现象谈现象，否则分析就没有任何意义。这篇文章中提到，"八项规定"的推出确实强有力地冲击了高端白酒需求，高端白酒需求真的阶段性萎缩了，销售受到了明显的、真实的、可见的影响。与此同时，中低端白酒没什么事儿，生意很好。于是整个白酒行业，包括投资者提出一个结论："高端有危机，低端是蓝海。"有很多白酒行业研究人员和咨询人员提出，贵州茅台、五粮液应该生产低端白酒，生产亲民的白酒。有些白酒企业还真信了这个说辞。我在《白酒危机何时了》中断然否定了"高端有危机，低端是蓝海"这一说法。我认为从现象上看，危机的起始发生于高端白酒，但最终将演化成全行业的危机，而且行业危机发生之后，中低端白酒会更难。我还认为"一定是高端白酒先脱困，低端白酒后脱困"。

这篇文章中的观点最后被市场证明是正确的。现在看来，当时我没有就现象谈现象，而是超越了现象。当时确实是高端白酒有危机，中低端白酒没问题，但是我按照逻辑推演判断出危机马上就要传导到中低端白酒，只不过暂时还没表现出来。如果不进行逻辑推演，只看现象，研究就变成了对现象的描述。这种研究就像拍照，没有真正思考，没有逻辑分析，现象是什么就是什么。这不叫研究。

所以在投资分析，包括基本面分析的过程中，看到现象以后要预测现象的未来发展变化。研究者必须提出一套概念、一套逻辑体系，再把现象放进去。未来向何处去是现象不能直接告诉你的，你必须在大脑中高度抽象出超现实的逻辑体系。把现象放到逻辑体系之中，放到行业竞争结构的演化过程中，才能得出独到的见解。

投资研究必须形成独到的见解。这些独到的见解不是现象，而是预测现象向何处发展、向何处变化，必须有洞察性和预见性。研究当下的现象在五年后会演变成什么才是研究者的工作。研究者要有一个超前性的判断。没有超越现实就根本称不上是基本面分析，最多只能人云亦云，没有真正的思考。

我在《白酒危机何时了》中提出的概念和逻辑体系奠定了结论的准确性，同时我还在文中提出了一个概念，叫作非饱和性过剩。当时贵州茅台酒阶段性卖不动，阶段性过剩了。现实中的确出现了贵州茅台酒过剩现象，这是客观事实，谁都能看见。而研究者需要解读这种过剩，准确地给这种过剩定性。市场大众和专家认为贵州茅台酒当时是饱和性过剩，我则在过剩前面加了非饱和性几个字，认为贵州茅台酒的过剩不是饱和性过剩。非饱和性过剩指贵州茅台酒卖不动是价格高造成的，并不是绝对饱和。用钢铁和水泥说明饱和性过剩，即如果社会基建工程已经完工，已经不需要基建了，那么钢铁和水泥的过剩就是饱和性过剩。白给一吨钢铁都没有人要，因为没地方放。然而贵州茅台酒的过剩不是这种饱和，它是因为价格太高、老百姓买不起才过剩的。老百姓是需要的，只要价格降下来，需求就有了。于是我认为高端白酒过剩的解决办法就是降价，降到老百姓能买得起，市场马上就能恢复。这就是当时我文章中的核心思想。2013年，我的认知不被接受，但最后时间证明我是正确的。这种正确建立在我提出的非饱和性过剩概念的基础之上。

研究者必须对现象给出与现实有关系，但是又超越现实的本质性的对现象的定性。没有这种对现象的本质性的定性，研究就无从展开，也不可能质量好。研究绝对不是所见即所得，像拍照一样。现象不是研究的目的，而是研究的起点，预测未来才是研究的目的。

我写下这些文字的时间是2020年4月，当时新冠病毒正在全球肆虐，全球经济和金融市场都受到了严重的冲击，很多国家都因为防控疫情出现了经济暂停。面对这种情况，我提出一个概念——非结构性危机下的状态暂停，或者叫非结构性状态暂停。

我认为主要经济体经济暂停作为一个现象是客观事实，但是经济暂停不是经济结构有问题，出现了不可避免的经济衰退危机并不是因为经济体系内在存在深刻的矛盾和问题！社会经济发展的动力仍然充足，只不过是因为疫情防控大家不能出门了，所以经济活动暂停了。疫情必然会过去，届时社会经济的发展动力就会表现出来。我立足于非结构性状态暂停，认为2020年的经济和金融市场将前低后高，2020年早期的低点是个投资机会，理性的投资者可以借机扩张自己的资产和投资标的。

非结构性状态暂停这个概念是我大脑中的主观认知，暂时还看不出其正确与否，但研究者必须在事实没有发生前提出一个关于未来的构想。这些构想不是当前现实，是关于当前现实未来变化的主观构想。研究者的水平取决于这些当下还不能验证的构想是否正确，而不是能否事无巨细地掌握当前现象。

以上就是我想跟读者表达的。我希望通过这些文章把若干年前大家不太认同，但事后被证明是正确的观点（我基于这些观点获得了回报）的思考过程展现给大家。让大家在了解贵州茅台、中国白酒行业的特征之后，知道怎样去做调查研究、基本面分析，是我最重要的目的和意图。教科书和某些讲基本面分析的书往往只讲述原理，没有真实的案例和素材，我关于贵州茅台博弈的文章则实际上以案例、真实的经历为本。帮助读者深入理解如何做调查研究，这是本书的价值所在。

贵州茅台的成长是由收入水平驱动的，不会停止[⊖]

导语

白酒是过去 10 年中国股市涨幅最大的行业；贵州茅台是过去 10 年中国股市涨幅最大的个股，也是中国价值投资的指标股。在 2010 年以来的大熊市中，白酒股逆市上扬，2012 年底中国股市触底反弹，白酒股则逆市下跌。在此期间，限三公消费、反大吃大喝的政策出台，出现了白酒供给过剩的论点。投资者围绕着白酒股纷争四起，看空者指出白酒股会跌到 5 倍市盈率，看多者也振振有词。怎奈何白酒股一路下跌，看多者给人以冥顽不化、无视现实的印象。我是一个白酒股的重仓持有者，本不想说什么，但发现空方观点已荒谬不堪。所以我将自己在投资白酒股、投资贵州茅台过程中的思考和研究整理成文，参与这场白酒多空大辩论。

贵州茅台酒零售价与人均月工资收入有固定比例关系

1981～2012 年，贵州茅台酒零售价和人均月工资收入有一个固定的比例关系，如图 1-1 和表 1-1 所示。

⊖ 本文写于 2013 年 2 月 4 日。

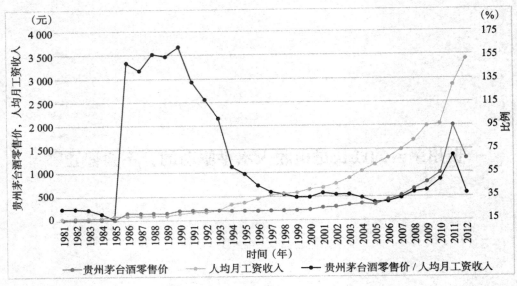

图 1-1

表 1-1

年份	贵州茅台酒零售价（元）	人均月工资收入（元）	贵州茅台酒零售价/人均月工资收入（%）
1981	7	28.33	24.71
1982	8	33.08	24.18
1983	9	37.87	23.77
1984	10	48.48	20.63
1985	11	70.98	15.50
1986	128	86.33	148.27
1987	128	89.95	142.30
1988	140	89.95	155.64
1989	200	90.99	153.86
1990	200	123.56	161.86
1991	200	150.82	132.61
1992	200	170.05	117.61
1993	200	196.87	101.59
1994	200	330.4	60.53
1995	200	367.35	54.44
1996	200	449.5	44.49

(续)

年份	贵州茅台酒零售价（元）	人均月工资收入（元）	贵州茅台酒零售价/人均月工资收入（%）
1997	200	517.48	38.65
1998	200	545.03	36.70
1999	200	579.57	34.51
2000	220	641.57	34.29
2001	260	689.73	37.70
2002	280	758.74	36.90
2003	320	875.97	36.53
2004	350	1 034.63	33.83
2005	350	1 170.18	29.91
2006	400	1 307.96	30.58
2007	500	1 483.6	33.70
2008	650	1 676.39	38.77
2009	800	1 991.47	40.17
2010	1 000	2 029.86	49.26
2011	2 000	2 858.91	69.96
2012	1 300	3 406.87	38.16

资料来源：上市公司财报。

1985年之前，贵州茅台酒零售价占人均月工资收入的比例不到25%；1986～1990年，贵州茅台酒零售价占人均月工资收入的比例变成了100%以上。1986年，贵州茅台酒零售价为8元加120元外汇券（又称侨汇券）。这一突变的本质原因是这一时间段贵州茅台酒零售价是以华侨和海外客户的购买力定的，所以相对于我国人均月工资收入形成了突变。1989～1999年，贵州茅台酒零售价始终未变，维持在200元，与此同时贵州茅台酒零售价占人均月工资收入的比例从100%以上逐步下降到30%多。

1989～1999年，贵州茅台酒零售价始终未变具有非常重要的意义。这期间贵州茅台酒零售价未变，其根源是要等待人均月工资收入的提升，因为购买力提高才能真正拉动高端消费。购买力不提升，高端消费品的价格再高也是"空中楼阁"，是撑不住的。贵州茅台酒零售价在这期间能在200元这一价位撑住，说明了其经济特征"固若金汤"。这一阶段的价格表现印证了贵州茅台酒零售价和人均月工资收入有一个确定的购买力关系。如果这个关系被破坏了，那么时间就会把它拉回来。

可以看到，从 2000 年开始，贵州茅台酒零售价占人均月工资收入之间的比例大致稳定地维持在 35% 左右，一直持续到 2010 年，到 2011 年达到极端，飙升至 69.96%。之后 2012 年贵州茅台酒零售价持续下跌，说明 2011 年突然的价格飙升脱离了稳定的购买力关系。

需要指出的是，在过去的 30 年中，大约每过 10 年贵州茅台酒零售价占人均月工资收入的比例会提升 5% 左右。20 世纪 80 年代初，这个比例约 25%，进入 2000 年之后，这个比例稳定在 35% 左右，在 20 年内增长了 10%，平均每 10 年提升 5%。这一现象是非常正常的。我提出的"精神经济学"的原理正好能解释这种现象：贵州茅台酒是精神性消费品或者说奢侈性消费品，不是生存性消费品。20 世纪 80 年代，我国人均收入水平很低，大部分人只有生存性消费，能拿出来进行精神性消费的资金很少甚至没有，贵州茅台酒零售价占人均月工资收入的比例也比较低。当经济发展、收入增加，温饱型需求几乎被满足后，人们结余下来的资金主要投向了精神需求，比如旅游、文化艺术、奢侈品、享受型高档酒。此时贵州茅台酒零售价占人均月工资收入的比例就提升了。这个势头应该会延续一段时间。当然，不会无限延续，也许到了某个人均收入不增长或者增长放缓的时候，这个势头就会终结。

贵州茅台酒是一种精神文化产品，其定价是受精神文化产品的属性影响的。精神文化产品的定价主要与购买力相关：购买力提升，精神文化产品的定价就一定会水涨船高。相关原理可以参看我写的"精神经济学"系列文章，在这里不做赘述。

贵州茅台酒零售价与人均月工资收入的确定对应关系实质上符合价值规律。社会的人均收入代表购买力，购买力相当于价值。精神文化产品的定价本身并不与成本有多大的关系，而是与社会购买力水平相关。贵州茅台酒作为精神文化产品，零售价是由社会购买力水平决定的，围绕着购买力波动。只要购买力提升，价格就一定会提升，这是精神文化产品的基本定价原理。

贵州茅台酒零售价持续下跌与反腐无本质关系

近期贵州茅台酒零售价持续下跌，并且跌幅很大，从 2012 年初的 2000 多元一瓶到现在的 1000 多元一瓶，原因是什么？有人说是因为限三公消费，还有人说是经济放缓，导致作为礼品乃至奢侈品的贵州茅台酒需求整体减少，价格失去了购买力的支撑。根据我本人的调查，这两个原因都是成立的，我在基层调研中最终确定的主要原因是经济放缓，限三公消费是第二个原因。虽然限三公消费会使消费群体结构性减少，一部分群体的长期需求会消失，但整体而言还是以第一个原因为主。

我想说以上这两个原因其实都是表象，不是本质原因。我认为本质原因是从 2011 年开始，贵州茅台酒零售价脱离了和人均月工资收入的正常比例关系。目前贵州茅台酒零售价下跌，是深层规律作为无形的手在驱动的。贵州茅台酒零售价和经销商毛利率如图 1-2 和表 1-2 所示。

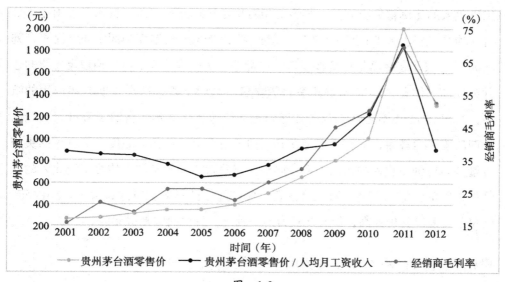

图 1-2

资料来源：上市公司财报。

表 1-2

年份	出厂价（元）	毛利率（%）	贵州茅台酒零售价（元）	贵州茅台酒零售价/人均月工资收入（%）	人均月工资收入（元）	经销商毛利率（%）
2001	218	83.19	260	37.70	689.73	16.20
2002	218	82.17	280	36.90	758.74	22.10
2003	258	80.86	320	36.53	875.97	19.40
2004	258	85.85	350	33.83	1 034.63	26.30
2005	258	83.22	350	29.91	1 170.18	26.30
2006	308	84.78	400	30.58	1 307.96	23.00
2007	358	89.91	500	33.70	1 483.6	28.40
2008	439	92.00	650	38.77	1 676.39	32.50
2009	439	92.38	800	40.17	1 991.47	45.10
2010	499	92.87	1 000	49.26	2 029.86	50.10
2011	619	93.54	2 000	69.96	2 858.91	69.10
2012	619	94.17	1 300	38.16	3 406.87	52.40

资料来源：上市公司财报。

2011 年，贵州茅台酒零售价、经销商毛利率、贵州茅台酒零售价占人均月工资收入的比例都大幅飙升，与历史相对稳定状态严重偏离。贵州茅台酒零售价占人均月工资收入的比例由 49.26% 飙升到 69.96%，经销商利润由 400 元飙升到 1600 元，贵州茅台酒零售价在 1 年之内翻倍，所有这些都是对长期稳定规律的违背和偏离。因此，2012 年贵州茅台酒零售价大幅下跌，这是长期规律作用的结果，是对 2011 年不正常走势的合理修正。任何时候贵州茅台酒零售价大幅偏离长期的购买力规律，其结果都是回归。回归总会有一些具体原因，但真正的决定力量是零售价与收入的比例关系。如果贵州茅台酒零售价和人均月工资收入的比例是正常的，那么反腐、限三公消费、经济放缓的影响就没这么大了。2011 年，贵州茅台酒零售价太高，偏离购买力这个轴心，价格回归是必然的。

贵州茅台酒零售价将于 1200～1300 元止跌

我做一个大胆的预测，贵州茅台酒零售价会止跌于 1200～1300 元，目前市场零售价在1400～1600元,因此可能还有200～300元的下跌空间,具体的时间点可能是在2013年的白酒消费淡季,比如第二季度。这个预测是根据长期的规律得出的。假设2012年人均月工资收入约3400元,2013年人均月工资收入增加10%,达到3740元,同时2000年以来贵州茅台酒零售价占人均月工资收入的正常比例是35%,则3740×35%=1309(元)。再综合考虑其他因素,2013年正常贵州茅台酒零售价应在1200～1300元。

零售价不跌破1200元不会影响贵州茅台的经营

有投资者会问:长期的数据和规律已经决定了贵州茅台酒零售价会跌到1200～1300元,这种下跌会影响贵州茅台吗?

我的答案是:没有影响。因为2011年开始的零售价暴涨和2012年开始的零售价暴跌都是不正常的。2011年零售价暴涨,贵州茅台并没有多赚一分钱;2012年零售价下跌,贵州茅台也不会因此损失一分钱。暴涨与暴跌始终在经销商层面上,贵州茅台在这一过程中是纯粹的看客,地位非常尴尬。贵州茅台和经销商毛利率如图1-3所示。

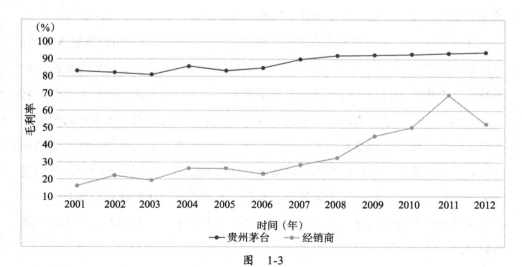

图 1-3

资料来源:上市公司财报。

你可能会发现一个奇怪的现象，在贵州茅台毛利率增长的过程中，经销商毛利率也是持续增长的，而且增长速度更快。零售价上涨的利益不是由贵州茅台一家独占的，而是由贵州茅台和经销商共同分享的。这正常吗？

答案是：不正常。贵州茅台酒零售价上涨的主要因素是什么？在价格上涨的过程中，经销商提供了某种特殊要素和资源吗？或者说在贵州茅台酒零售价逐年上涨的过程中，经销商为此做出过实质贡献吗？

答案是：没有！贵州茅台酒零售价是随着人均收入上涨的，其价格有必定上涨的特质，经销商只是卖货渠道。从这个意义上讲，价格上涨的利益应该全部由贵州茅台独占，经销商的利润率应该始终是稳定的。但事实是经销商的利润增长丝毫不逊色于贵州茅台，这反映出本应属于贵州茅台的利润被经销商占有了。不仅如此，经销商因为尝到了甜头，还在完全无视贵州茅台的前提下对零售价进行了炒作和推高，把通过炒作得到的超额利润装进了自己兜里，把烂摊子扔给了贵州茅台。2011年很多经销商的零售价达到了1600元，它们以600元的价格购进，以1600元的价格卖出去，把所有的利润都装到了自己口袋里。贵州茅台干着急却没有办法，发布限价令、开会号召都不起作用，因为贵州茅台没有实质控制经销商的能力，所以导致大部分利润长期被经销商占有。

2012年12月18日贵州茅台全国经销商大会在济南召开，相关负责人表示：有的经销商服务质量较差，店大欺客、关门歇业、炒单获利；有的目光短浅，暗地转让专卖店经营权等。这段话揭示出很多贵州茅台经销商大白天是关门的，它们的利润是通过炒单来实现的。所谓的炒单，就是经销商根本不把得到的配额放在自己的商店售卖，而是直接卖给社会其他主体。不需要自己费事一年就能赚几百万元，很多贵州茅台经销商都躺着赚钱。这就引出了一个深层次问题，目前贵州茅台的最大隐患是控制不了零售价、控制不了经销商。在贵州茅台没有办法掌控经销商和零售价的前提下，经销商变成了一个寄生阶层，其利润是"畸形"的超额利润。

现在零售价大幅下跌，客观上起到了压缩经销商不正常毛利率的作用，即使零售价跌到1200元，经销商的毛利率也还有45%，这个是目前中国商业体系中最高的。零售价快速下跌的真正作用是消除经销商的高利润，并不足以影响贵州茅台酒的出厂价。只有零售价跌到1000元以下，经销商的整体利润率跌到20%，经销商进货的积极性才会下降。林园先生说得好：贵州茅台酒只要以800元的价格卖出去，就实现了它的价值。现在看来，目前即使零售价跌到1200元，都不会影响经销商的利润率，也不影响它从贵州茅台进货的积极性。贵州茅台中间渠道利润太厚，所以零售价格下跌只会挤压经销商的利润，根本传导不到贵州茅台层面。

有部分投资者提出：即使价格下跌也不一定有人买，因为贵州茅台酒的销量纯粹是三公消费推高的，只要一反腐，就没人喝了，卖多少钱也没有人喝了。贵州茅台酒的确不是日用品，关于这点很简单，我们都看到了表1-1中的数据，1986年贵州茅台酒零售价是8元加120元的外汇券。这说明1986年贵州茅台的主要消费者是华侨，价格是按照他们的消费能力定的。近年反腐力度加大，三公需求退出，价格确实下跌了，但是价格的持续下跌是部分需求退出的过程，也是民间需求增加的过程，消费群体伴随着价格下跌完成了"官退民进"的转换。价格下跌的本质是为了增加需求，这一轮价格下跌其实是非常积极健康的。

经销商超高的利润率是贵州茅台的重要增利来源

20世纪90年代前，贵州茅台经销商的利润率是20%～30%，并不是特别高。但这不是特别高的利润率也形成了销售体系，也就是说30%的利润率本来是正常的，即便回归到这个利润率水平，经销商也是有利可图的。价格跌到1200～1300元，经销商的利润率仍旧达到50%，还是非常高。从公平合理的利润分配格局角度看，贵州茅台经销商的整体合理利润率不应该高于40%，以现在的出厂价819元来计算，其合理零售价不应该高于1150元，否则经销商的利润就过高，不正常。从这个意义上来讲，贵州茅台酒1200～1300元的价格至少还有10%的降价空间。

我特别要讲的是，贵州茅台未来的经营有个战略问题，就是如何控制经销商。如果能控制经销商，贵州茅台的价值还会增加。现在看来，历史上经销商整体占据了本来属于贵州茅台的丰厚利润，经销商本质只是个渠道，渠道获得30%的利润率是非常正常的，可是现在经销商获得的利润太多了，并且由此演化出一系列问题，如囤积炒作、炒单等，都是贵州茅台控制不了经销商的体现。从长期健康发展的角度来看，贵州茅台必须控制经销商，并且控制零售价，把经销商的利润水平还原到正常流通渠道的利润水平上来，把被经销商占据的利润收回。如果能实现，那么贵州茅台的成长速度还会提升。

从2012年贵州茅台开始做直营店可以看出，实际上它的战略思路也是控制经销商、控制零售价。固然现在这个过程做得还不是很好，但只要坚决执行这个政策，停止增加经销商，大量开设直营店和网上商城，把产能的增量通过直营店来销售，逐步挤压经销商的话语权，贵州茅台就一定能比过去更快地发展。这也是贵州茅台这个资产具有的最大特点，它的"护城河"非常宽广！由于管理经营上的缺陷被经销商占据的大量利益，随着逐步地管理改进，最终都会回归贵州茅台。

近期白酒行业的逆市大幅下跌与情绪有关

价值投资的思维方式和看待问题的方式应该与众不同。价值投资者必须看得远、看得深，大众看的是现象，看得浅、看得短，这不是投资者的思维方式。投资者应该用长远的眼光，深入骨髓地看问题。如果我们看的是过去30年的数据和图表，还有什么不清楚和不确定的吗？作为投资者，只有看得深，看得远，才能脱离大众情绪，逆大众而动。近期贵州茅台股价连续下跌，人们被恐惧笼罩，反腐会杀死贵州茅台成长基因的论调广泛流行，对于这样一个短期状态，只有站到更长期的视角才能看得清楚。

我们把目光投向2020年，按照中国共产党第十八次全国代表大会（简称中共十八大）文件规划，届时人均收入有望翻一倍，那么按照这个目标，届时人均月工资收入大约会在6000元。我们前文分析了贵州茅台零售价占人均月工资收入的比例现在约为35%，又存在每隔10年比例会提升5%的规律，那么到2020年，贵州茅台酒零售价有可能达到人均月工资收入的40%，约为2400元。我们提到贵州茅台的核心问题是控制经销商畸高的利润率，于是我们假设到2020年，经销商的合理利润率为40%，那么2020年对应的出厂价大约1700元，与现在的出厂价相比有一倍的涨幅，同期产量确定增长，也有一倍的增幅。量增一倍、价涨一倍，到2020年贵州茅台的整体业绩可能上涨4～5倍，这是根据常识来测算的。

两种认知的博弈

围绕贵州茅台的未来走向，一种认知是社会总要进步，经济总要发展，发展后人均购买力一定会提高，而贵州茅台酒零售价会随着购买力水平的提升而升高，因此其股价会随购买力提升而上涨。这就是投资贵州茅台的原理。

另一种认知是贵州茅台的上涨是三公消费驱动的，三公消费一旦消失，上涨也就结束了。该理论认为反腐会动摇贵州茅台的生存基础，成长根基也就没有了。这一理论目前被社会大众、投资机构广泛接受，于是白酒股股价下跌了，而且是猛烈下跌。

贵州茅台持续几十年提价的进程到底是由三公消费推动的，还是由贵州茅台具有的精神文化产品的属性决定的？目前中国股市白酒股股价下跌引发了这两种认知的博弈。我可以非常确定地说，第二种认知是错误的。虽然目前该理论广泛流行，大众普遍接受这一认知，但历史将证明大众追捧的不一定是正确的。

目前，白酒股和贵州茅台的价格走势正处于博弈的关键时刻，大众（包括看空者）和媒体给贵州茅台的投资者施加了巨大的压力，试图将价值投资者压服并招降。巨大的心理压力会让投资者不再相信自己，也不再相信常识。像白酒这样有提价权的快速消费品在世界范围内常态估值不会低于20倍，这是常识，不会改变。但是在压力下，人们会相信像贵州茅台这样的名优白酒股会跌到5倍市盈率。

罕见的低估值决定了贵州茅台的短期比长期还确定

如果我们长期看贵州茅台的未来看得非常清楚，那么回到短期，有什么不确定吗？人类之所以要发明价值投资这种思想和投资模式，主要是因为人类没有办法看清短期，只能退而求其次。把握住中长期深刻内在的东西，最后得到确定性，是价值投资的行为模式。股价的短期变化是情绪决定的，尤其那些短期内的剧烈变化，往往没有办法预测。价值投资者在市场情绪不好的时候积极介入，在情绪过分乐观的时候离场。价值投资是在不预测市场中短期情绪的前提下，利用情绪波动获利的长期投资模式。现在中国白酒股投资者的悲观程度远远超过正常水平了，有的已经达到极端悲观。我认为目前贵州茅台的投资机会也许是中国股市的最大机会。如果有提价能力的快速消费品，如民族高端白酒品牌，仅有11倍的市盈率，你还认为它是有风险的，那么你根本就不适合做股票投资。

贵州茅台2012年的市盈率是13倍，2013年的市盈率是11倍，在短期内以11倍市盈率交易有什么风险？我不清楚人们急什么、怕什么，在这些基础常识面前有什么可怕的？

高端白酒行业成长的原因——经营简单提供成长基础[一]

高端白酒行业出现成长股绝对不是偶然的,其背后必然存在着某种规律性原因。我们努力寻找高端白酒行业成长的基本逻辑,认为经营和产品简单是其持续成长的基础保障。贵州茅台与中兴通讯的员工学历如表1-3所示。

表 1-3　　　　　　　　　　　　　　　　　（单位：人）

	中专、高中学历	大专学历	本科学历	研究生以上
贵州茅台	18 319	3 600	4 490	159
中兴通讯			23 688	21 954

资料来源：上市公司财报。

酒类企业的员工学历大部分是初高中,真正的高学历员工所占比例非常低,而且技术人员的比例也很低。这样的数据反映出酒类企业不是靠知识、人才支撑经营的。我们还可以看到,酒类企业的领导者并不都是这个行业的行家里手,比如五粮液的唐桥原来是当地的一位政府官员,老领导王国春原来是学机械制造的；古井贡的领导者自称是酒类企业的外行。酒类企业的核心高管从其他行业进入,带动企业成长本身没有多少难度,不像其他行业非得在这个行业摸爬滚打十

[一] 本文写于2011年3月10日。

几甚至几十年，才能驾驭。

无论是员工还是领导者都不需要有丰富的行业经营履历，也不需要有深刻的行业理解，就可能把酒类企业带上发展的轨道，这是值得思考的。为什么呢？答案是酒类企业的生产经营过程比较简单，不需要高学历的员工，同时由于生产经营过程比较简单，对高管专业能力的要求也不是特别高。

人类酿酒据说有几千年的历史了，酿酒的基础技术、环节却几乎没有发生任何改变。在新技术、新知识日新月异的今天，酿酒的原理、方式、过程不需要进行改革。实际上，对很多名酒来说，越古老的东西越有价值，像老窖、陈缸的价值就是古老的流程、工艺、生产条件创造的。

对酒类的生产过程来说，越新的东西越没有必要。没有必要不断引进新设备、新工艺、新技术，以及对应所需的资金和人才，也不存在驾驭不了新技术、新流程带来的失败危机。与简单生产工艺对应的是酒类企业简单的生产原材料。酒类企业的主要成本来自包装箱、玻璃瓶、粮食。酒类的原材料中的任何一项都是随时可以获取的，而且价格也不会发生重大变化。

我们可以做一个类比，东阿阿胶的原料是毛驴皮，贵州茅台的原料是高粱。如果某一天发生了瘟疫，毛驴出了问题，东阿阿胶的生产会受到一定的影响，但是我们很难想象高粱会出现什么问题。如果农业歉收，可以进口粮食，但是毛驴不一样，外国没有那么多毛驴供你进口。乳品企业也是，牛奶是由奶牛生产出来的，如果奶牛出现了问题，会影响生产，但是粮食、包装箱、玻璃瓶在获取难度和成本上几乎不会有任何波动和不可预期的情况发生。

另外，酒类的销售和市场推广也很简单，很多白酒企业都在制造概念、包装自己，但实际上真正知名白酒的销售在很大程度上依赖于其历史形成的消费者认知。贵州茅台是中国做广告最少的白酒企业，为什么？因为它本身的品牌认同已经由历史牢牢地刻入了中国大众的头脑中，根本不需要进行宣传，只要把产品陈列到销售渠道就可以了。

高端白酒的特点就是越不做广告，越容易卖掉。当然，不是说做广告就不容易卖掉，我想表达的是真正的高端白酒有历史品牌价值，不需要大量的广告投入就很容易被市场认同。名酒上百年甚至上千年的经营历史决定了消费者会主动地选择和购买它们，不存在推广难度。基于以上所述，高端白酒的生产过程、原材料采购以及销售过程相对简单，因此其成长确定性大大提高。

世界上主要的长期牛股可口可乐、麦当劳和中国的酒类企业都有一个特点，它们均不是人才密集型企业，也不是技术密集型企业，更不是资金密集型企业。这些已经持续成长几十年的企业都是简单劳动型企业。麦当劳、可口可乐均劳动技术简单，资金需求量小。这就让我们不得不思考一个问题，为什么看上去技术含量不高、管理不复杂的行业反而比高科技企业如IBM、英特尔、微软更具有成长的耐久性、持续性和确定性呢？

中国股市出现过很多科技型大牛股，像早年的深科技、东软股份，还有其他一些高科技股，这些股票在短期内出现了10倍、几十倍的上涨，但一拉长时间的维度，股价就陷入了困境，最典型的是四川长虹。那些非资金密集、非管理密集，看似具有简单劳动特征的行业却始终在不断成长。我认为这些广泛存在的现象揭示了一件事，能几十年持续不断成长的企业可能不在技术密集、资金密集、人才密集的行业里，而在以简单劳动为基础的行业里。麦当劳、可口可乐等虽然不是技术、人才、资金密集型企业，但它们是管理密集型企业，有些中国高端白酒企业的管理水平很低，贵州茅台也是一家管理相对简单的企业，但它能持续成长。这是一个需要深思的问题。

习酒"远嫁"利多贵州茅台[一]

近期作为贵州茅台子公司的习酒在港股独立上市,[二]而非市场预期的将并入贵州茅台。对这一消息,资本市场给出了负面评价,股价也做出了负面反应,对此,我认为习酒"远嫁",对贵州茅台是实实在在的利多。理由如下。

习酒的利润是贵州茅台的几十分之一,却与贵州茅台有基本相同数量的员工、基本相同金额的净资产。由此可知,习酒的劳动生产率、利润率、净资产收益率只是贵州茅台的几十分之一甚至百分之一。合并习酒对贵州茅台利润增长的影响微不足道,然而对贵州茅台的资产状态、员工数量、利润率却产生了较大影响。合并后贵州茅台的员工数量增加了一倍,净资产增加了一倍,利润基本不增长。

因此,贵州茅台的净资产收益率、利润率、劳动生产率将下降。从长期来看,合并降低了贵州茅台的价值。假设在某个时间段白酒需求萎缩,对于习酒来讲,它本已很少的利润极有可能在市场环境波动的背景下消失,但是其员工工资、设备维护费用却并不会减少。这个包袱就扔给了贵州茅台。

[一] 本文写于 2012 年 7 月 29 日。
[二] 由于相关规定,已于 2019 年 10 月终止。

企业越是轻资产，抗风险能力越强，成长确定性越高；越是重资产，抗风险能力越差，成长越差。如果合并导致企业资产变重，劳动生产率、利润率变低，实际就是在毁灭价值。贵州茅台合并习酒，资产会由轻变重！大秦铁路收购的太原局资产，虽然在收购时对大秦铁路的利润有所促进，但是收购带来的10万名员工在近期经济放缓、需求下滑、员工工资整体增长的背景下，成为了大秦铁路的负担。10万名员工每人1年增加5000元工资，就是5个亿。

2009年之前，我曾经投资盐湖钾肥，一家非常优秀的成长型公司。但在与母公司盐湖集团合并之后，其股价就像断了线的风筝一路下跌。合并毁了盐湖钾肥的成长性，合并进来的母公司资产质量很差，劳动生产率低、利润率低且员工众多。虽然财务报表上的被合并资产看上去盈利能力不错，可是一合并进来就很快影响了企业价值。

今天习酒"远嫁"不与贵州茅台合并，对贵州茅台是战略性的利多，否则习酒的众多员工和庞大的固定资产对贵州茅台的影响必然会像太原局对大秦铁路、盐湖集团对盐湖钾肥的影响一样。我们应该庆幸这种战略性的利空没有发生，而不是对此感到失望。

投资者必须从资产基础质量出发来思考问题，不能以短期业绩增减来看待问题。某些资产的基础质量不行，但短期利润大增，然后把它合并到一个优秀资产中，很多投资者并不知道这些资产基础质量本身并不好，短期业绩提高后的合并是在毁灭价值。优秀的资产只有在和比它更优秀的资产合并时，才能增加价值。优秀的资产和一个基础质量不如自己的资产合并，从长远和根本上看确定无疑是在自毁价值。打个比方，让我管理的否极泰和巴菲特的伯克希尔－哈撒韦合并，合并的条件是除了我本人并入之外，我再倒贴钱给巴菲特。这样的优惠条件对伯克希尔－哈撒韦是利多还是利空呢？很简单，无论我倒贴多少钱，否极泰与巴菲特的伯克希尔－哈撒韦合并，都会减少后者的价值。

有人说习酒也是酱香酒，独立发展会影响贵州茅台的地位，我想这是杞人忧天了。贵州茅台的地位和口味有关，但这不是最重要的，贵州茅台还是文化、品牌、体验和面子。单凭口味让人们不买贵州茅台是不可能的，即使某种酒的口味比贵州茅台更好。在贵州茅台的竞争优势中，口味所占的比重不大，不要把贵州茅台酒视为食品饮料，要把贵州茅台酒视为精神文化产品或者礼品，这样就不会纠结于酱香这个概念。

白酒泡沫详解[一]

中国白酒行业的成长速度与餐饮业的成长速度有一致性。1991年至今，中国餐饮业的营业收入连续20年以18%的速度增长。无酒不成席，餐饮业的成长必然推动白酒行业成长。餐饮业被上百万家中小企业瓜分，集中度非常低，白酒行业集中度虽然不是很高，但比餐饮业高。

餐饮业能够20年保持高速成长，白酒行业集中度更高，则可以实现更久的成长。餐饮业的高速成长是经济发展后消费升级和社会消费能力的表现。餐饮业的成长根基是消费升级，同时餐饮行业也是白酒行业成长的根基，因此可以说消费升级是白酒行业成长的根基。

我对白酒行业的某些泡沫现象进行了研究，认为主要包含以下几类。

过分的子品牌化

五粮液有1000多个子品牌，泸州老窖、山西汾酒有几百个子品牌。这些品牌都是白酒企业和一些酒类营销公司合作开发的。白酒企业只负责生产，将市场全面交给酒类营销公司，对市场销售不闻不问，只负责生产。只要酒类营销公司进货量大，

[一] 本文写于2013年2月20日。

白酒企业就生产。这样的模式导致白酒企业总产量非常大,而核心主品牌的产量并不大。泸州老窖、山西汾酒、五粮液的主品牌占整个企业总产量的比重都不大,主品牌都供不应求。白酒企业的利润主要由主品牌贡献,过度开发子品牌是白酒泡沫的一部分。贵州茅台、洋酒、古井贡没有开发过多子品牌,它们都自己运作推广子品牌。其他大量开发子品牌的白酒企业有可能面临行业调整过程中产量萎缩的问题。

一味与贵州茅台比价

市场已经有一个共识,即只有贵州茅台涨价的时候其他酒才能涨价,还有的企业的涨价理由已经变成了贵州茅台涨价,所以它们也要涨。这些企业不是基于自身的供需关系涨价,其提价策略是紧盯贵州茅台。贵州茅台的提价速度赶不上贵州茅台酒零售价的上涨速度,其他白酒在紧盯贵州茅台提价之后却出现了批发价与出厂价倒挂的严重问题。五粮液渠道价格(批发价减出厂价)价差与市盈率(PE)如图 1-4 所示。

图 1-4

注:暂未考虑其间存在的补贴政策。
资料来源:渠道调研、华创证券。

以五粮液来看，它的批发价始终赶不上出厂价的上涨，导致五粮液经销商利润率微薄，以至于出现目前的倒挂。如图1-5所示，可以看出五粮液的经销商已经几乎没有收益了，这正是五粮液没有基于自身的供需关系，一味紧盯贵州茅台提价造成的。一些白酒企业主观地认为自己的产品和贵州茅台的一样供需紧张，若不涨价就会被贵州茅台甩开。这种情况在行业高涨时不会出问题，但在潮水退去时就会暴露出问题。目前五粮液等一些白酒企业零售价下行，价格倒挂，使经销商无利可图，进一步影响到销售体系，甚至很多白酒企业为了维持零售价不得不大幅度缩减供应量。这是当前白酒行业面临的普遍问题。

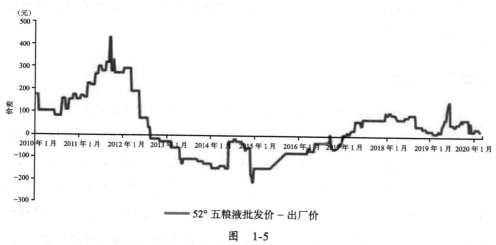

图 1-5

资料来源：渠道调研、华创证券。

突破原产地，公开做"假酒"

有一次我买了一瓶酒，感觉口味不如平常的好喝，百思不得其解，后来无意中看到包装上的产地根本就不是原产地，是某白酒企业收购的一家外省酒厂生产的。酒的质量与工艺有关，但更重要的是生产地的气候和窖池。气候使窖池里经过长期酿酒形成了菌群，菌群决定发酵质量。酒的质量是气候条件和酿造历史、工艺决定的，所以白酒绝对不能脱离原产地生产。这与服装鞋帽、啤酒、乳品有巨大差异，白酒脱离了原产地味道就完全不一样了。脱离原产地对于其他产品可能不是问题，但对于白酒来说就会变成"假酒"。贵州茅台酒离开茅台镇就不能叫贵州茅台酒，因为贵州茅台酒是由茅台镇的生态环境和酿造历史形成的菌群决定的。目前中国的某些白酒企业在原产地外无限扩展，这样生产出来的酒其实是合法的"假酒"。

部分企业滥用了人们对品牌的信任

品牌是重要，可是品质更重要。有部分企业在不尊重质量的背景下过度透支了品牌。无限开发子品牌、不顾原产地的做法都是在透支品牌，有些企业甚至用食用酒精勾兑产品。

总结以上几点

我认为白酒行业的泡沫不是整体性泡沫，不是行业整体产能过剩、整体需求减少。这种泡沫是一种非总量的泡沫、非整体的泡沫。根本原因是生活越来越好，行业成长太快。萝卜快了不洗泥，在过快的发展速度和过高的利润驱使下，部分企业不按规律经营、不按传统工艺生产，看重眼前利益，形成了局部泡沫。比如，一家酒厂过去每年产量300万吨，现在每年产量1000万吨，不可以就此认为300万吨是合理的，产量应回到300万吨。酒类的需求量增加是客观事实，酒类需求量与消费能力正相关，也许800万吨才是正常的，量的回调是有限的。过剩是低端的过剩，不是高端的过剩，是企业为挣快钱开发的子品牌过剩，不是主品牌过剩。知名品牌的核心主品牌不会过剩，而是供不应求。

我还想说，有些高管能力较强的企业往往存在更多的问题，因为他们急于抓住市场机会。而一些保守的企业相对比较稳健，贵州茅台的高管作风比较保守，最坚守传统工艺，最少开发子品牌，在经营过程中几乎没有出现行业中普遍存在的问题。

贵州茅台合理估值是多少[一]

合理估值=业绩水平×估值水平。根据PEG估值法，估值水平为标的未来2～3年的利润增长率。因此贵州茅台的合理估值取决于业绩水平和未来2～3年的利润增长率。根据我的研究和推算，2012年贵州茅台的每股收益为13～13.5元，未来2年的利润增长率将不低于30%。关于为什么贵州茅台的每股收益不是市场预期的12.5元，我不做论述，因为很快就会揭晓。我重点解释为什么贵州茅台未来2年的利润增长率将不低于30%。

贵州茅台高管说："2013年1至2月，贵州茅台的销售收入54.98亿元，较上年同期增长了14.42%，其中茅台酒销售收入53.19亿元，较上年同期增长19.75%。2013年贵州茅台预计将实现销售增长23%，实现436亿元销售收入。"[二]贵州茅台将贵州茅台的销售收入增长目标从18%提升到了23%。

贵州茅台销售收入目前主要靠股份公司和习酒实现，其中股份公司销售收入占贵州茅台销售收入的90%。据我的调查，2013年习酒销售收入下降得要比股份公司严重，说明股份公司2013年要实现不少于23%的销售收入增长，即利润有

[一] 本文写于2013年3月。
[二] 资料来源：人民网。

30%以上的增长，这是相当大的确定性事件。

历史上贵州茅台每年都是超额完成目标的，平均超额幅度在10个百分点之上，因此我认为贵州茅台2013年不仅能完成，而且会超额完成目标。2013年，贵州茅台的利润增长率一定会超过30%。

我们将目光投向2014年，2014年贵州茅台的增长情况会是怎样的？2014年卖的贵州茅台酒是2009年生产的，2008年贵州茅台酒的产量比2007年增长了24%，这意味着2013年可供销售的贵州茅台酒数量增长了24%。贵州茅台酒在2012年9月1日提价30%，同时贵州茅台计划2013年销售收入增加23%。这意味着2013年贵州茅台的销量不增加，于是2013年可供销售的24%的增量就推后到2014年。而2014年销售的贵州茅台酒是2009年生产的，2009年生产的贵州茅台酒要比2008年多出16%（比2007年生产的贵州茅台酒多出$1.24 \times 1.16 - 1 \approx 44\%$），也就是说到2014年，可供销售的贵州茅台酒整整比2013年实际销售的贵州茅台酒数量增长了68%（=24%+44%）。

有这样一个巨量增长，2014年贵州茅台增长的逻辑基础就异常扎实。问题是2014年的市场需求能不能消化这个巨大的增量？关键要看2014年经济发展情况，2014年是新一届政府班子上任的第二年，我不指望经济有大的突飞猛进，出现一个小幅的兴起是符合常识的。也许到时市场吸纳不了68%的供给增长，但至少能吸纳20%～30%的增量，这样就可以给贵州茅台带来30%～40%的增长，这就是贵州茅台2014年的经营状态。

很多人会说虽然可供销售的贵州茅台酒数量会增加68%，但到时会因为反腐卖不出去！2013年以来，我对贵州茅台、五粮液的经销商做了广泛调查，得到的信息是目前五粮液的经销商经营好的勉强保本，经营差的已经亏损。五粮液已经答应给经销商某种补贴，但研究了3个月还没有具体确定。现在，一些五粮液的核心经销商正在以比出厂价低的价格抛售库存！而贵州茅台的经销商节后淡季批发价还在1000元之上，批发利润大约有200元，零售价和团购价不低于1300元。行业波动只是降低了贵州茅台经销商的利润，由过去200%的利润率变成了

30%～50%的利润率。2011年，五粮液的经销权转让价为200万元，现在转让价为0元，只要接手库存就可以获得五粮液的经销权。2011年贵州茅台的经销权转让价不低于1000万元（年配额5吨），现在的转让价大约为500万元。人们都认为反腐对贵州茅台的影响最大，贵州茅台的困难最多，但事实是贵州茅台的经营最正常。我调查得到的这些信息清楚地说明一个问题，贵州茅台的经营非常正常，仍然供不应求，企业未来经营没有不确定性，市场担心、恐惧其价格下跌是错误的。只有经济进一步恶化，贵州茅台的销售才会停滞。贵州茅台的销售根本上决定于经济，而不是反腐，认为其销售和企业经营决定于反腐是一个真实的流行性错误认知。正是这个流行性错误认知造就了贵州茅台史无前例的低估值。

其实，即使经济进一步恶化，贵州茅台手上也还有一系列好牌，一是打假，二是抢夺竞争对手的经销商资源。

有多少假茅台谁也说不清，但有一点可以确定，假茅台的数量可能不少于真茅台。通过打假来扩大真需求简单易行、行之有效、立竿见影！我不想就打假会扩大茅台的销量说什么了，这太显而易见了。

我还想说说五粮液的经销商，如果贵州茅台给五粮液的核心经销商写一封信，告诉它们只要放弃五粮液，就会将贵州茅台的经销权给它们，局面会怎么样？在当前白酒行业陷入衰退的大背景下，中国白酒经销商普遍处于泥沼之中，目前只有贵州茅台经销商处于盈利中，贵州茅台可以就此将中国最好的经销商收于帐下，同时获得竞争对手的销售渠道。从深层次看，这次危机其实扩大了贵州茅台相对于竞争对手的优势。实事求是地讲，行业危机可以帮助贵州茅台瞬间击垮竞争对手，只要贵州茅台愿意把经销权向其他高端白酒经销商开放，68%的增量瞬间就能消化，同时会给竞争对手以毁灭性打击。贵州茅台的高管是保守的，但如果贵州茅台的销售的确有大的下滑，我想贵州茅台完全可能采取这种做法。

不需要很复杂的计算，就可以知道贵州茅台2013年和2014年的利润率不会低于30%，贵州茅台的经营不确定吗？贵州茅台的不确定性都是想象出来的。

贵州茅台的合理估值区间应在 20～30 倍市盈率。关于贵州茅台的合理估值，我一直认为不应该低于 20 倍，也许 25 倍非常合理，因为世界范围内就没有市盈率低于 20 倍的快速消费品企业。我们必须承认一个普遍的经济规则，快速消费品企业包括乳品、酒类、饮料及综合食品企业，在世界范围内 20 倍市盈率是正常水平。贵州茅台作为一个有提价权的快速消费品企业，历史复合利润增长率高达 40%，未来几年的复合利润增长率不低于 30%，不应该低于世界范围内的快速消费品行业的平均估值水平。2013 年是白酒行业困难的一年，在如此动荡的环境中，贵州茅台利润增长率仍旧为 30%。大家要看到中国股市 80% 的企业永远都不会出现利润增长 30% 的情况，而贵州茅台在不利的年份也实现了 30% 的增长。历史上只要贵州茅台提价，其他白酒企业都会跟风，但 2012 年贵州茅台提价后谁也没敢跟风。结合世界范围内快速消费品行业平均不低于 20 倍的市盈率，以及贵州茅台超过 30% 的利润增速和提价权，25 倍的市盈率是可以接受的。

10 多天前我参加了中央人民广播电台经济之声关于贵州茅台的讨论。在做节目之前，编辑给我发来一份中金公司的研究报告（说实话自 2005 年之后，我就再也没有看过任何人写的研究报告）。为了了解编辑的意图，我看了一下这份报告。令我非常费解的是，报告中反复论述贵州茅台的价值中枢发生了变化，认为 13 倍市盈率是贵州茅台的合理价值中枢。中枢的本意是指门的门轴，门轴稳固门才能正常开关。中枢必须是恒定的，不具有恒定性就不是中枢。就像汽车的车轴，车轴与地表的距离是一定的，这样才能支撑转动的滚子。如果一辆汽车的车轴与地表的距离是不固定的，汽车还能开吗？在中金公司的这份报告中，价值中枢和估值水平不是恒定的，中轴是波动的。有趣的是，和我一起做节目的招商证券的研究员也持有这种观点，认为贵州茅台的成长速度下来了，所以中枢也下来了，13 倍市盈率是合理的。问题是根据贵州茅台高管的发言，贵州茅台 2013 年的利润增长率是确定能达到 30% 的。按照 PEG 估值法，贵州茅台的市盈率应该为 30 倍，至少 20～30 倍是合理的，平均 25 倍。现在主流机构说 13 倍市盈率是合理的，我认为这是违反常识的。

综上所述，2012年贵州茅台的每股收益13～13.5元，未来2年利润增长率不低于30%，2013年的每股收益在18元附近，合理市盈率20～30倍，因此贵州茅台2013年的合理股价为360～480元。

如果你不相信，就只能走着瞧了！

高端白酒已经完成基本面调整，中端白酒面临不确定[一]

近期我发表了几篇关于贵州茅台的文章，在《贵州茅台的成长是由收入水平驱动的，不会停止》中提到高端白酒的定价与人均收入和购买力水平稳定相关。此文受到部分白酒行业人士关注。2012年4月初，北京某代理贵州茅台、五粮液的酒商就此文中提到的贵州茅台定价原则约我见面交流，在交流过程中我们对白酒行业的未来做了深入的交流讨论。通过和老牌酒商的交流，我对整个白酒行业有了更进一步的了解，形成了一些关于白酒行业的认识。以下是我将整个白酒行业作为一个生态系统，立足于行业整体，对行业调整的本质原因和未来走向的思考。

我认为一个行业、一个企业的命运大体上是受制于几个核心基础要素的，分别是需求、竞争结构（包括竞争者数量、上下游关系等），还有行业的生产工艺、技术变革以及管理制度。用我的企业研究思维模式思考现在的白酒行业，我发现这一轮行业波动和调整主要是供需关系出现了问题，需求不足导致的，其他基础要素没有变化。

需要指出的是，本轮白酒行业的需求不足从本质上看并非饱和性过剩。所谓

[一] 本文写于2012年4月10日。

饱和性过剩可以通过水泥行业的过剩来理解。当水泥供给过剩时，通过降价不能拉动需求。因为水泥是以建筑工程量为需求源泉的，如果没有建筑工程，降低水泥的价格对需求几乎没有影响。还有航运行业，中国远洋最近几年连续亏损，合计几百亿元，原因是全球贸易量减少，需求大幅下跌。需求大幅下跌导致航运价格大幅下跌，但是价格怎么跌都换不回需求。全球贸易量减少了，航运公司的价格再跌也不能凭空产生出需求，这就是饱和性过剩的含义。

今天白酒行业的需求萎缩并非饱和性过剩，而是一种价格失衡导致的供需不平衡。简单地说，如果贵州茅台和五粮液都把价格压到500元，常识可以告诉我们，需求会瞬间回来。同样，将二线白酒的价格降低30%，二线白酒的需求就会回到供需平衡。也就是说，白酒过剩在一定意义上是价格过高导致的，只要调整价格，需求会自动增加。于是白酒过剩的问题就变成了价格问题，可以通过价格下调解决掉。从这个意义上讲，我认为目前采取控量保价的策略是逆天而动，会遇到大麻烦。过去在行业景气时高价策略有正面价值，今天整个行业价格下行，在转向过程中，控量保价极有可能出现价保不住，市场也丧失掉的情况。当前白酒企业是早降价早解脱、晚降价晚解脱。把价格放下来让需求快速恢复，整个行业的危机就会尽早过去。如果不能意识到这一点，继续控量保价，将会被行业的客观事实淘汰。无论高端还是低端白酒，共同的问题都是迎接价格下跌带来的挑战，高端和低端白酒都必须主动适应价格下跌、推动价格下跌，这是白酒行业走出本轮危机的捷径。

此外，本轮价格下跌使白酒行业竞争结构发生了深刻变化。我想说的是白酒行业中存在着几个独立的子系统，分别是高端白酒、中端白酒和低端白酒。这三个子系统虽然都是白酒，但它们的业务互不交叉，独立性非常高，高端白酒和中低端白酒不是实质性竞争关系。因此本轮白酒危机引起的竞争结构变化，也必须分别从这三个子系统来分别看待。

我们先看高端白酒。很明显，在零售价几乎下跌1000元的态势下，高端白酒竞争主体数量在减少。很多过去发展高端产品，以参与高端白酒竞争为发展战略的酒类企业一方面在客观的价格大崩溃前遭到了市场淘汰,价格狂跌,被挤到二线;另一方面,已经意识到自身在高端白酒竞争中不能取得更有利的地位,且对高端白酒未来的态势形成了不乐观的预期,于是主动缩减在高端白酒上的投入,回归、发力中低端白酒。

因此,高端白酒竞争结构更加简单、清晰,竞争主体数量减少,行业的垄断性和集中度加强,从竞争结构的角度上看,高端白酒进一步寡头化,企业的确定性加强了。一个清晰的事实是,目前零售价能卖到1000元的白酒就剩贵州茅台了,泸州老窖、五粮液都回归1000元之下。还有个别企业控量保价,有价无市。这一轮行业危机清理了高端白酒的竞争者数量,强化了龙头企业的地位。

在中端白酒层面,一场比较激烈的决战或将上演,大量企业回归中端白酒(高端向下进入中端,低端向上进入中端)是市场的客观态势,也是大部分企业的发展战略。目前我们看到中端白酒已经云集了几十家企业,竞争者多,竞争激烈、残酷,必然有一场大血拼,出现一场大战。未来一段时间内,中端白酒的不确定性和竞争激烈度会明显增加,之后有可能出现几家真正意义上的强势中端酒类企业。

近期中端白酒价格突然快速大幅下跌,资本市场似乎意识到了原来的众多"高端白酒"都纷纷向中端白酒发力,使得后者竞争关系恶化。白酒竞争价格带的区间变化如图1-6所示。

将高端白酒五粮液、贵州茅台与中端几家白酒企业过去半年市盈率变化进行对比,可以发现贵州茅台、五粮液市盈率首先下跌,且一直在低位徘徊。在贵州茅台等市盈率下跌的过程中,中端白酒保持相对稳定的20倍市盈率以上的估值水平。近期(2013年3月),中端白酒的市盈率快速大幅下跌,市场正在修正此前认为本轮危机主要影响高端白酒的认知。市场此前一直认为中低端白酒是可以继续成长的蓝海,危机只限于高端白酒,所以资本市场出现了贵州茅台、五粮液市盈率下跌,中端白酒维持估值稳定的情况。随着形势的发展,市场认识到白酒需求不足是全行业的问题,中端白酒市盈率快速走低正是对此前错误认知的一种修正。白酒价格的下降是全行业的，不是只限于高端白酒。虽然从价格下跌的起点看，的确是高端白酒价格先行大幅下跌，但绝不是只限于高端。

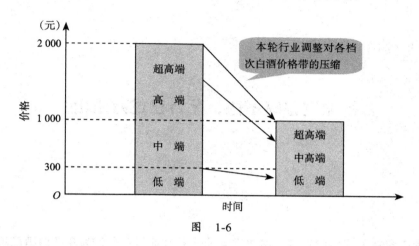

图 1-6

低端白酒因与投资无关，此处不做讨论。

从整体上看，我认为白酒行业的调整是分板块的，不存在统一的调整方式和时序。高中低端的异质性极大，调整的时间周期差异也极大。高端白酒率先调整，以零售价狂跌 1000 元为代价已经调整完毕，形成了贵州茅台一家独大的格局。整个高端白酒格局已经变得清晰明朗，不存在大的不确定性和无法判断的问题。随着时间的推移，市场对高端白酒的误解，尤其是对贵州茅台的误解会逐步修正，估值修复也将展开。中端白酒的调整刚开始，目前还看不清何时能到位。部分中端白酒目前的估值水平可以承受业绩 50% 的下滑，但因为中端白酒竞争结构不明朗，可能会出现类银行股的较长时间保持低市盈率的情况。

行业调整啼不住，茅台已过万重山[⊖]

承接我在上文中的观点，本文重点论述的是贵州茅台作为高端白酒已经进入了新一轮稳定成长周期。摆在贵州茅台面前的已经不是衰退和调整的问题了，贵州茅台将迎来更加健康、稳定、持久的新一轮成长周期。

我在上文中的主要思想是：白酒行业调整的本质是价格的调整，只要价格下跌，供给过剩和需求不足就会被消化。白酒降价可以换来需求，降价是行业危机的客观要求，也是摆脱危机的根本方法。因此，判断一家白酒企业的调整是否结束，可以看以下几点：①零售价是否明显下跌；②下跌是否引发、启动了新的需求，使供需关系实现了平衡；③零售价下跌对企业的影响是否已经充分反映出来。我按照这个原则考察了贵州茅台。贵州茅台零售价已经大跌了1000元，并且在大跌之后引发了真实的民间需求。更进一步讲，零售价大跌没有影响到企业经营，贵州茅台已经跨越了本轮危机。

贵州茅台在淡季短期内价格小幅倒挂是见底信号

部分业内人士认为贵州茅台的苦日子开始了："今年第一季度茅台还能勉强

[⊖] 本文写于2013年4月17日。

维持价格,但从 3 月底、4 月开始,不限于一些投机经销商,一些茅台长期合作的,甚至 5~10 年的大经销商也开始甩货了。接下来直到 9 月都是白酒消费淡季,茅台会面临销量与价格更严峻的考验,价格倒挂是早晚的事,只是最终零售价能到一个什么价位,还无法预估。"㊀淡季里贵州茅台酒一批价接近出厂价,这种现象可能是贵州茅台酒价格见底的信号,因为贵州茅台酒的销量淡旺季差异巨大。

"贵州茅台酒淡季销量占全年的比例是多少?"对此问题,我访问了超市销售员、经销商、商场经理,得到如下回答。

超市销售员说:"元旦到春节旺季的销量是淡季的 7~8 倍。"

贵州茅台经销商提供的数据是:"贵州茅台酒的淡季和旺季销售之比是 1:3 到 1:4。"

我助手的同学在商场干了多年楼层经理,现在是整个商场的经理,他的回答是:"春节和中秋这两大传统节日,白酒销量各占 25%,两个节日加起来能占到 50%。而高端白酒春节能占 50%,中秋能占 30%,两个节加起来占 80% 没问题。"

以上调查显示,贵州茅台酒淡季和旺季的销售比大约为 1:4。保守估计,贵州茅台酒淡季销量占全年 25%,旺季销量至少占 75%。其主要需求集中在从中秋到春节的旺季,这段时间的价格水平才是贵州茅台酒供需关系的真实反映。贵州茅台酒淡季的价格非常类似于冬季结束后,羽绒服、羊绒衫这些商品的反季销售价。在某些淡季,羽绒服、羊绒衫的价格甚至能以五折销售,此时的价格比旺季低一半,但是这个价格不能反映羽绒服、羊绒衫的客观供需关系,也不能由此说明在旺季来临后羽绒服、羊绒衫价格会明显下降。这时的价格是没有销售支撑的淡季特殊价格。价格有意义的必要前提是在这个价格上有足够的成交量,且占整个商品销量的比例比较高。如果没有实际销量,价格高或低是没有意义的。投资者做股票都理解这个道理,没有量配合的价格没有意义甚至是假象。淡季的贵州茅台酒零售价接近出厂价的现象没有指导意义,不是对供需关系的真实反映。

㊀ 摘自《第一财经日报》(2013 年 4 月 12 日)。

商家在旺季的价格政策是供需关系的客观反映，淡季的价格不能代表真实的供需关系。做过生意的人都知道，对于淡旺季销售差异巨大的商品，淡季保本或小幅亏损都是很正常的，只要在旺季能够实现合理利润就可以整体盈利。此类商品的盈亏决定于旺季，旺季的价格、供需关系和销量才是真正有决定意义的。

淡季销量最多不超过全年销量的25%，此时的价格倒挂没有意义，只有旺季的批发价和出厂价倒挂才能说明供需关系严重失衡。事实上，其他高端白酒在2012年冬天就发生了倒挂。贵州茅台在2012年旺季，经销商利润率一直较高，即使淡季的批发价短期小幅跌破出厂价，也不是下跌的信号，而是企稳的信号。因为几个月后需求会增加3～4倍，那时价格一定会大幅提高。

有人说："董宝珍无视形势变化，反腐、限三公消费会使贵州茅台旺季不旺，用过去的老皇历预测未来是刻舟求剑！"对此，我的看法是白酒行业的季节性差异不完全是由气候引起的，真正的差异是社会文化原因形成的。中国有长期的农耕文化，节庆和礼尚往来活动大部分安排在冬季的农闲时，所以白酒冬季比夏季高出几倍的需求。高端白酒不是一种纯粹的饮料，是中国礼尚往来文化特征的载体之一。人们动不动就批评贵州茅台酒买的不喝、喝的不买，仿佛这是一种不正常的罪过，必须消灭。这是错误的。作为一个东方民族，礼的概念太重要了，礼尚往来是中国人的人生历程中与生存问题几乎一样重要的问题。为了体现礼，维持人际关系，客观上需要大量的礼物存在，这种需要根植于中国几千年形成的文化基因，具有恒久永固的特点，是不会因为任何原因改变的。中国人对高端白酒的需求以及需求时间是由历史决定的，这种由民族特有文化产生的礼品需求，无论是规模还是时间都不会改变。你没有办法让中国人不送礼，中国人送礼的时间大体在几千年前就定好了，不会改变。

个别白酒经销商出现了恐惧情绪和过度反应

也许投资者会说贵州茅台经销商经营了这么多年都看不清楚未来，你董宝珍怎么能看得清未来呢？是的，经销商很有经验。但我在调研过程中，确实感受到一些基层经销商对目前形势有点茫然，存在着一定程度的恐惧。我清晰地感受到过去两年贵州茅台零售价突破 2000 元，又跌破 1000 元，如过山车一样的价格变化对经销商的情绪冲击巨大。贵州茅台、五粮液均有部分经销商恐慌性抛售，高端白酒经销商群体出现了金融系统的过度反应和过度恐惧。目前出现的某些极端低价，可能是个别经销商在一定条件下的情绪反映。在这种情况下，淡季出现的价格下跌甚至未来某个时点出现的价格倒挂，其实并不具有真正的客观性。如果价格在淡季里压得很低，经销商大量低价抛售，2013 年旺季贵州茅台酒库存将大量减少，旺季价格很可能出现 V 形反转。

客观消费能力不支持价格进一步下跌

根据我的统计和调查，在本轮价格下跌之前，零售价在 1000 元之上的高端白酒合计销量在 3.5 万吨左右。今天除了贵州茅台酒，其他白酒都跌下 1000 元。这就有一个问题：过去愿意且能花 1000 元买高端白酒的 3.5 万吨需求会何去何从？我个人认为，由于经济减速和其他原因，这 3.5 万吨的需求量本身可能会有 30% 的减少，即有 1.1 万吨会退出 1000 元之上的白酒消费，剩下 2.4 万吨。高端白酒的自饮需求是很少的，大部分是用于人际交往。人们更重视礼品的品牌，所以我认为仍然会有不低于 50% 的需求买贵州茅台酒，也许有 70%。从这个意义上讲，需求足够消化贵州茅台酒的产量。根据推算，2013 年投放到市场的贵州茅台酒不高于 1.3 万吨。关于为什么 2013 年投放到市场的贵州茅台酒不多于 1.3 万吨，请参见我写的《贵州茅台非正常需求的量化分析》。

我们可以假设贵州茅台酒零售价跌破 1000 元，最后停留在 800～1000 元。已知 1000 元之上的白酒需求量不少于 3.5 万吨，那么 800～1000 元的这个价格区间有多少吨的需求量？这个价格区间云集几乎所有老八大名酒高端产品，以及地方区域名酒的高端产品。依据常识，800～1000 元白酒的需求量绝不少于 1000 元以上的白酒需求量。保守估算，800～1000 元白酒的需求量与 1000 元以上是一样的，也是 3.5 万吨。这意味着当贵州茅台酒零售价回归到 800～1000 元时，合计至少有 6 万～7 万吨的潜在需求。当贵州茅台酒、五粮液、老八大名酒、地域品牌白酒都以 800～1000 元销售，消费者会买哪个？我相信大部分人会买贵州茅台酒。保守假设 800～1000 元的 6 万吨需求中有一半选择贵州茅台酒，那就是 3 万吨。贵州茅台酒的产量根本不可能满足 3 万吨的需求，2013 年贵州茅台酒的供应量最多不会超过 1.3 万吨，这就意味着供不应求，强大的需求将把其零售价推升到 1000 元之上。

通过以上分析可以得出结论，基于目前中国白酒行业的整体供需关系，贵州茅台酒零售价不会跌到 1000 元以下。贵州茅台酒零售价降到 1000 元后，会在 1000 多元的价格水平上企稳。这是有逻辑依据和事实证据的结论。

虽然贵州茅台酒零售价会在 1000 元之上企稳，但零售价狂跌 1000 元难道不会对贵州茅台的经营和业绩造成严重影响吗？这是一个非常重要的问题。从一般角度讲，一个企业的主要产品零售价跌了 1000 元，经营必定会受到重大影响。如果不进行细致的研究和分析，很容易就会接受这种观点，但是真相往往需要深入分析才能得到。贵州茅台酒零售价大幅下跌前后产销价值链利益分配如图 1-7 所示。

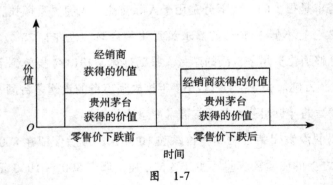

图　1-7

图 1-7 中左边的方框是贵州茅台酒零售价没有下跌的时候，贵州茅台产销价值链的价值和利益分配情况，方框的面积代表价值。产销价值链被贵州茅台和经销商两个主体分别占有。可以看出在贵州茅台酒零售价没有下跌前，经销商占据

的价值远大于贵州茅台。贵州茅台仅占有产销价值链 1/3 的价值，2/3 被经销商占据了。图 1-7 中右边的方框代表零售价下跌 1000 元之后，产销价值链的价值。可以看出零售价下跌导致产销价值链整体价值减少，其中经销商的利得大幅减少了，而贵州茅台的利得没有什么大变化，还小幅上扬（原因是 2012 年 9 月 1 日贵州茅台提价 32%）。

经销商在承担了 1000 元的大暴跌之后，利润水平仍是目前中国白酒行业最丰厚的，也是整个中国商业流通领域利得最丰厚的。经销商过去的高利润是极不正常的，价格下跌是对这种不正常状态的合理修正，修正之后经销商正常利益没有受到影响，工作热情、进货都不会受到影响。我们可以得出结论，零售价下跌 1000 元没有影响到贵州茅台，经销商承担了这个下跌的影响，不过其本身仍旧是有利可图的，因而会继续稳定持续地工作。

综上所述，贵州茅台酒零售价在下跌 1000 元后将在 1000 元以上的某个价位企稳，不会再跌了。下跌 1000 元的影响由经销商承担了，但其本身的经营不受影响。贵州茅台已经渡过这一轮危机，消化了行业调整和政策的影响。在这一轮危机中，贵州茅台毫发无损，唯一的变化是增长速度从 50% 回归到 20%～30%。目前，贵州茅台的供需关系是平衡的，需求是足够的，经销商是稳定的，基础要素没有变化。唯一的变化是在极端动荡的环境下，经销商和其投资者有一些情绪波动，但在进入新一轮白酒行业销售旺季后，一切危机都会烟消云散。

2013 年第二季度是贵州茅台新一轮需求周期和成长周期的开始，从这个季度开始，在相当长的一段时间内，贵州茅台将延续一个较温和、较长时间的中等程度的稳定成长期。一方面，民间需求正逐步成为主要需求，使贵州茅台的成长基础更为健康；另一方面，由于其他高端白酒需要面临更长时间的调整期，贵州茅台拉开了与其他高端白酒的距离，对高端白酒的垄断更强。在行业调整的初期，贵州茅台已经率先结束调整，跨越了行业周期，这是非常清晰的。贵州茅台毛利率 92%，净利润率 53%，ROE 45%，无一分有息负债，应收账款几乎为零，预收账款 50 亿元，极具垄断性，有 3000 亿元的市场空间，生产方式简单且成本低廉、轻资产、固定资产仅60亿元，拥有远超通胀率的提价能力。因为某些原因，在贵州茅台市盈率只有10倍左右的时候，人们却纷纷抛售，这给理解贵州茅台的人提供了难得的机会。2013年第二季度，无论是购买贵州茅台酒，还是投资贵州茅台股票，都是一个极为难得的最佳介入点。

当然，我不能预测未来，我的一些判断最终可能被事实证明是错误的，我也期待着最终的结果。

白酒危机何时了

本轮白酒行业危机是整体性的,但摆脱困境则是次第性的。在龙头企业贵州茅台已然脱困并划出"道"的情况下,二三线白酒企业唯有改变策略,方能在2013年下半年销售旺季有望脱困。

持续至今的白酒行业调整是全行业的,高中低端无一幸免,其核心在于经济放缓导致的需求萎缩,限制三公消费只是诱因。

在龙头企业贵州茅台率先调整,将零售价基本稳定在1000多元后,白酒行业新的价格带已经划定,加之新的旺季正在来临,因此2013年后半年是中端白酒的关键脱困期。

需求萎缩是整体性原因

有观点认为,本轮白酒危机是一场高端白酒危机,这是错误的。

虽然白酒是消费品,但它不是生活必需品,而是人际关系交往的中介。在经济放缓的背景下,商业交往减少,人际沟通需求下降,消费能力也随之降低。因此,经济放缓对白酒的需求必然造成整体性不利影响,高中低端白酒的需求必然

○ 本文发表于《证券市场周刊》2013年第39期。

全面下跌。

需求萎缩对中低端白酒的打击不逊于高端白酒。白酒行业的竞争和牛奶、啤酒行业的竞争不一样,后两个行业的竞争是在同一个价格下不同企业之间的竞争,但白酒的竞争是在一个宽广的价格区间展开的。这个价格区间的高点来自高端白酒,当高端需求被打击,价格下跌后,全行业的价格区间会收窄。在此情况下,中低端二三线白酒的价格也必须同步下降,不可能独善其身。

过剩是价格虚高性过剩

这是由白酒行业的固有特征导致的。本轮白酒危机是需求不足和供给过剩导致的,这种过剩并非饱和性过剩。今天白酒行业的需求萎缩是价格虚高,民间购买力无法消化,是在高价格水平上的需求不足。降价既是本轮白酒危机的表现,又是走出危机的手段。所以,无论高端还是低端,白酒企业的正确做法是早降价早解脱,把价格降下来让需求恢复,危机就会过去。

因此,观察白酒行业摆脱危机的考察点有以下几个:价格是不是下来了;渠道库存是不是清光了;价格下来清理渠道库存支付的成本由谁承担;由企业承担的代价是否已经体现在财务报表中。当完成价格下跌和渠道库存清理消化且相应的成本已反映在财务报表中后,将迎来白酒股的最佳投资机会。

危机的摆脱是非整体性的

白酒危机的脱困不同步、不同时,由高端到低端逐步脱困是行业固有特点决定的。白酒企业不是在同一价格下竞争,而是在不同价格带下的分区竞争,高端白酒价格区间决定次高端白酒竞争价格,次高端白酒价格区间约束中端白酒价格区间。在高端白酒价格区间没有明确的情况下,中端白酒将面临无法形成自身价格区间的尴尬局面。如果贵州茅台还在寻找自身的价格区间,没有稳定在某个价格水平上,五粮液和其他中端白酒的价格区间将会难以确定,竞争也没有办法展开,脱困就会遥遥无期。

在贵州茅台稳定在某个价格区间后，次高端和中端白酒才能有确定的价格区间，之后经历激烈的争斗，最后把自己在行业中的地位确定下来，摆脱危机，之后才是低端白酒。整个白酒行业竞争带具有高端约束和划定低端价格带的特点，中低端要想稳定必须高端先稳定。

高端白酒是无竞争性的、唯我独尊的。以贵州茅台、五粮液为例，几乎没有人会买比贵州茅台酒便宜200元的五粮液，只有五粮液比贵州茅台酒便宜300～500元，才能分割贵州茅台酒的需求。次高端几大名酒之间是一种相对的弱竞争，有竞争，但是激烈度不高。中低端白酒则竞争激烈，彼此你死我活。这种在白酒行业从高端到低端的竞争结构上由无竞争、弱竞争，到激烈竞争的特点，使得次高端和中低端白酒在需求萎缩的态势下，还面临竞争激烈度提升和竞争结构复杂化的压力。当高端白酒因各种原因价格大幅暴跌50%的时候，白酒企业的目光都投入中端白酒，挺进二线，导致中端白酒不确定性比高端白酒高，脱困时间长！

次高端和中端白酒复苏的时间要滞后于高端白酒的原因还在于，次高端和中端白酒的渠道承载力弱。这可以通过贵州茅台酒零售价暴跌50%来理解。贵州茅台酒零售价真实下跌50%并没有影响到贵州茅台本身，只是压缩了经销商的利润率。在零售价暴跌以前，贵州茅台经销商的整体利润率达到了200%。这种畸高的利润率使其在零售价暴跌50%后，利润率还能够维持在30%～50%的水平，这就是渠道承载力的含义。

长期以来，次高端和中端白酒经销商利润率整体维持在百分之几十的水平。在价格下跌的过程中经销商利润率日益降低，目前有相当一批次高端和中端白酒经销商的利润率已经无以为继。以五粮液为例，其出厂价730元，目前网上报价是650元，实体店零售价也只是700～800元。这意味着五粮液的经销商在现有的价格水平下是无利可图甚至亏损的，不能大量清掉库存。

一些次高端和中端白酒存在侥幸心理，明明看见经销商已经无法承受价格下跌，但是仍旧不主动采取减压措施，希望白酒价格再次大幅上涨，靠时间化解矛盾。现在随着贵州茅台向市场增加几千吨供货，白酒行业价格带稳定在贵州茅台划定的这一价格区间已经不可避免，相关次高端和中端白酒的侥幸心理和不作为，耽搁了自己的复苏。

另外，中国的高端白酒在生产和质量管理上都是全行业做得最好的，而中低端白酒存在着食用酒精勾兑以及过度营销的问题。中国纯酿古法白酒从来不过剩，而是稀缺，过剩的是酒精勾兑酒。中国白酒60%以上是食用酒精勾兑的，真正用粮食和传统工艺酿造的传统白酒越来越少。

2012年，某上市公司证券部工作人员在回答投资者提问时，承认在2012年其生产了不少于10万吨的食用酒精勾兑的"白酒"。但我对该上市公司过去10多年的财务报表进行阅读，发现其过去10年的年报中没有提到过酒精，未披露任何关于酒精的信息。该企业年报中为什么没有关于酒精的信息呢？是有意隐藏了。这就是中低端白酒的特殊情况，迟早会演化出更严重的问题和危机。从这个意义上讲，中低端白酒的复苏也要缓慢一些。

贵州茅台已经摆脱危机

2013年第二季度，贵州茅台酒零售价大跌1000多元，几乎腰斩，而据2013年4月末我们完成的市场调查，贵州茅台经销商的库存已不足一个月，这意味着贵州茅台已经完成了价格调整和清库存。

由于价格下跌50%，贵州茅台的民间需求上升，在较短的时间内消化了历史大规模渠道库存，堵上了巨大的需求缺口。未来贵州茅台将会进入一个新的民间需求渠道的成长期，而且在1000元之上的高端白酒目前只有贵州茅台一家，五粮液和贵州茅台的差距大幅拉大，贵州茅台寡头地位将加强。

宏观经济在短期内不会发生重大变化，中端白酒凭什么脱困？答案是继贵州茅台之后，大幅降价以刺激需求，通过降价提升产品的性价比，撬动需求。类比贵州茅台的降价幅度，我个人认为中低端白酒降价幅度在20%～30%可以激起民间需求。2012年贵州茅台降价幅度50%～60%，才有效地激起民间需求。中端白酒的脱困也必须靠降价，没有更好的选择。必须记住，经济放缓、限三公消费都不会在短期内改变。

投资机会越来越明显

调整过后，白酒行业长期成长的基本态势没有变。

第一，行业需求规模巨大与行业集中度过低的矛盾决定龙头企业的兼并式成长模式将长期存在。2012年，中国白酒行业销售额近5000亿元，比中国所有葡萄酒、啤酒、乳品、果汁饮料、茶饮料的总市场规模还要大。但白酒行业集中度非常低，一直没有实现寡头化，甚至根本没有实现过像样的行业集中，目前5000亿元的市场规模被几千家白酒企业分割。在相当长时间内，白酒行业将经历行业集中度提升的过程，这一过程给龙头企业提供了挤压式、兼并式扩张的成长机会。未来白酒行业的成长机会主要属于部分龙头企业，齐涨齐跌式的成长时代已经结束了，只有那些能够挤占兼并弱势企业市场份额并不断全国化的白酒企业才能不断成长，弱势白酒企业生存将会异常艰难。

第二，中国白酒不是一种纯粹的饮料。它是一种人际交往、沟通情感的载体，其价格始终与购买力正关联。当购买力提升时白酒价格整体同步提升，这一点在中高端白酒上尤其明显。面粉过去几十年价格涨了十几倍，而大部分白酒涨了几十倍，有的涨了上百倍。原因在于面粉是一种生存性商品，价格构成主要是生产成本；白酒的价格构成中成本不重要，重要的是品牌白酒能提供给消费者的独特精神感觉。拥有极其强大品牌的高端白酒，其价格随购买力提升而上涨的内在本质属性不会受到任何影响。在未来一段时间，中国白酒行业竞争主要体现在放量，通过放量挤压中小企业的市场份额，以份额的提升实现成长。在一段时间后，白酒还会进入价格提升过程中，这会使高端白酒再次进入高速成长阶段。

第三，白酒企业比一般消费品企业有更加特殊的优势。中国白酒行业整体负债率为零，生产白酒不需要巨额负债，其毛利率、净利率、净资产收益率几乎是中国所有上市公司中最高的，具有超强的盈利能力，而且白酒也不会有国际化竞争的压力。对于一个已经存在上千年的传统消费品，白酒在中国人的生活和人际关系沟通中起着重要的作用，只要中国人不改变人际交往方式，白酒的需求就会无限存在下去。比较中国主要白酒企业与伊利股份、双汇发展、云南白药等的主要财务数据，可以看到白酒企业表现优于其他消费品企业。当前市场的估值水平是医药企业 40～60 倍市盈率、乳品企业 30 倍市盈率、猪肉食品加工企业 30 倍市盈率、白酒企业个位数市盈率。因此，白酒行业战略投资机会越来越真实，越来越清楚，越来越巨大。

贵州茅台从戴维斯单杀到戴维斯双击的未来之路[一]

贵州茅台中报披露之后股价跌停，市场对其判断分歧很大，中秋节股价再次大幅下跌，其间风声鹤唳、草木皆兵。我应约与国际投资机构和国内资产管理界人士对贵州茅台的现状、未来进行了交流，大家对贵州茅台表达了极大的关切，在某种程度上也表达了焦虑。过去我写的分析贵州茅台、白酒行业的文章不下几十万字，对一些具体事件进行了分析，目前似乎没有什么需要进一步分析的新东西了。因此，我以历史研究资料为基础，结合近期同某国际投资银行研究人员电话交流的内容，整理了一篇相对比较系统的中长期视角分析。我努力不站在个别事件上思考问题，尽力从整体、系统的视角看问题，包括在时间上兼顾短中长期，呈现对必要的具体事件的分析过程等，努力将这些事件放在行业整体发展及事件前后演化过程中来分析，希望得到一个全面的、系统的、有历史延续性的整体认知。以下是我对贵州茅台的系统思考。

贵州茅台的产量、销量数据和普通酒[二]、年份酒相关折算数据如表1-4所示。

[一] 本文写于2013年10月5日。
[二] 普通酒代指普通贵州茅台酒，余同。

表 1-4

年份	总产量（吨）	年份	总销量（吨）	营业收入折合普通酒销量（吨）	年份酒折合普通酒销量（吨）	年份酒收入占比（%）
2001	8 610	2006	6 458	9 441	2 983	31.60
2002	10 686	2007	8 015	12 209	4 194	34.30
2003	11 794	2008	8 846	11 150	2 304	20.70
2004	15 010	2009	11 258	11 498	240	2.00
2005	8 610	2010	6 458	12 236	6 458	52.80
2006	17 095	2011	12 821	17 675	4 854	27.50
2007	20 214	2012	15 161	23 004	7 843	34.10

注：2001 年产量对应 2006 年销量，以次类推。
资料来源：上市公司财报。

我提出一个概念，就是年份酒折合普通酒销量。比如 2012 年贵州茅台大约售出 1.52 万吨贵州茅台酒，2012 年普通酒出厂价为 685 元。假如 2012 年贵州茅台销售的 1.52 万吨都是普通酒，则营业收入只有 190 多亿元，与 265 亿元的营业收入相比有较大差距。原因是 2012 年贵州茅台销售的 1.52 万吨贵州茅台酒还有 15 年、30 年和 50 年年份酒。多出来的 70 多亿元是年份酒的营业收入。以 2012 年为例，贵州茅台大概销售了 1.52 万吨贵州茅台酒，如果全折合成普通酒的销量，大约 2.3 万吨。由此可以看出，贵州茅台的营业收入中有约 1/3 来自年份酒。

我们再看一下表 1-5 中的贵州茅台平均单瓶成本。

表 1-5

年份	出厂价	毛利率（%）	平均单瓶成本（元）	净利润增长（%）
2001	198.8	83.19	33.42	31.20
2002	218	82.17	38.87	14.94
2003	230.5	80.86	44.12	55.70
2004	268	85.85	37.92	39.86
2005	268	83.22	44.97	36.42
2006	303.3	84.78	46.16	33.93
2007	349.7	89.91	35.28	88.67
2008	438	92.00	35.04	34.28

(续)

年份	出厂价	毛利率（%）	平均单瓶成本（元）	净利润增长（%）
2009	499	92.38	38.02	13.42
2010	563	92.87	40.14	17.17
2011	619	93.54	39.99	73.47
2012	685.7	94.17	39.98	52.98
2013上半年	819	94.57	44.47	3.70

资料来源：上市公司财报。

平均单瓶成本是我的助手通过统计贵州茅台的营业成本和历年实际销量计算得来的，等于贵州茅台的营业成本除以实际销量。经过统计，可以看到2003～2013年，贵州茅台的单瓶成本大体在35～47元波动，除2011年外没有大幅变化。统计平均单瓶成本的意义在于这一指标能够揭示每年高利润率的年份酒占销量的比例是多少。比如某年平均单瓶成本大幅升高，达到45元，就意味着这一年高利润率的年份酒占比下降，销售的主要是普通酒，拉高了平均成本。反之若某年平均单瓶成本下降，达到35元，则意味着这一年贵州茅台高利润率的年份酒占比大幅提升。这就是我们统计平均单瓶成本的意义和目的。

以上两组背景数据是为解读贵州茅台2013年半年报做基础的，现在我们查看其2013年半年报披露的营业成本和营业收入（除系列酒），如表1-6所示。

表 1-6

	2013年第一季度（亿元）	2012年同期（亿元）	同比变化（%）	2013年第二季度（亿元）	2012年同期（亿元）	同比变化（%）
营业成本	3.8	3.45	10	3.52	4.43	-21
营业收入	68.16	55.16	23.56	66.12	67.48	-2
剔除涨价因素营业收入	52.43	55.16	-4.95	50.86	67.48	-24.63

资料来源：上市公司财报。

我们先看2013年第一季度。第一季度的营业成本比2012年同期上升了

10%，剔除涨价因素营业收入下跌了近 5%。这一数据的特点在于第一季度贵州茅台的营业成本是上升的，这意味着第一季度贵州茅台的销量是增加的，因为营业成本只包含原材料成本和生产工人的工资。我向贵州茅台相关人士咨询过，贵州茅台的年份酒、普通酒的营业成本基本差不多，存储费用不计入营业成本。假如第一季度营业成本增加 10%，增加的是年份酒，那么高利润率的年份酒增加 10%，营业收入将会增加百分之几十。事实是第一季度的营业成本增加 10%，剔除涨价因素营业收入反而下跌了 5%。这告诉我们第一季度销量增加的绝不是年份酒，而是普通酒，高利润率的年份酒占比在第一季度下跌了。普通酒占比增加、年份酒占比下跌的合计效果，表现为营业成本增加，营业收入下跌（剔除涨价因素）。

进入第二季度，我们看到可以反映销量的营业成本比 2012 年同期大幅下跌 21%，相比第一季度也下跌明显。于是又回到同一个问题，销量下跌的是年份酒还是普通贵州茅台？答案很简单，如果是年份酒，营业收入的跌幅将会超过 50%，事实上我们看到剔除涨价因素营业收入下跌了 24.63%，这种营业成本下跌幅度与营业收入下跌幅度基本一致的现象，说明第二季度销量大幅下跌的是普通酒，即第二季度极难看的数据是普通酒销量下跌导致的，年份酒销量没什么变化，与第一季度的情况差不了多少。

表 1-7 是我的助手统计的 2013 年第四季度到 2015 年第一季度 6 个季度大概的贵州茅台单季销售情况，误差在 10% 以内。我们进一步追问，为什么第二季度普通酒销量占比比第一季度明显减少？大体原因如下。

表 1-7

时间	营业收入（亿元）	净利润（亿元）	销售商品收到现金（亿元）	应收账款增加额（亿元）	应收票据增加额（亿元）	真实销售收入（亿元）	真实销售收入同比增长（%）
2013 年第四季度	89.86	40.67	109.54	0	1	110.54	
2014 年第一季度	74.5	36.99	72.38	0.02	−0.09	72.31	

（续）

时间	营业收入（亿元）	净利润（亿元）	销售商品收到现金（亿元）	应收账款增加额（亿元）	应收票据增加额（亿元）	真实销售收入（亿元）	真实销售收入同比增长（%）
2014年第二季度	68.72	35.31	68.21	−0.01	0.13	68.33	
2014年第三季度	73.96	34.63	79.85	0	8.59	88.44	
2014年第四季度	98.56	46.57	113.41	0.02	6.88	120.31	9
2015年第一季度	85.44	43.65	102.55	−0.04	9.6	112.11	55

资料来源：上市公司财报。

第一，贵州茅台的计算外批条价卖不动。2013年第二季度贵州茅台酒批发价最低达到830元，在市场中800～900元就能买到，然而贵州茅台的计算外批条价是999元。这个时候没有必要从贵州茅台批了，于是贵州茅台计划外批条收入可能为零，正常计划外批条价销量我推算大概每年1000～1500吨，每季度平均300～400吨。

第二，直营店收入消失了。直营店2013年第二季度零售价为1519元，这个价格比市场价高出500～600元，所以基本卖不动。直营店1年正常能卖500吨左右，于是就有几百吨销量消失了。

第三，第二季度渠道整体大恐慌。部分经销商可能没进货，因为当时贵州茅台有一个政策，如果库存很多可以延后进货。估计有500～600吨的经销商配额没有被使用，合计第二季度普通酒进货量减少了1000～1200吨。第二季度的数据其实是渠道大恐慌的一种反应，8～9月渠道大恐慌将成为历史。从这个意义上讲，第二季度难看的数据是对极端情况的滞后反应，不是新危机的暴露和开始。第二季度年份酒占比和第一季度差不了多少，相差的只是普通酒。请大家特别注意，普通酒目前在市场上实实在在拥有民间需求。中秋节前后贵州茅台一批价稳定在900元之上，因此第二季度没有进货的经销商一定会补货，哪怕自己卖不动，加 50 元卖给同行也可以。不像第二季度一批价 830 元，市场价 819 元，进货也没有买家。另外，经销商不会轻易抛弃普通酒的配额。普通酒是很容易找到下家的，经销商只会延后进货，不会抛弃配额。

市场有一种认知，认为 2013 年第二季度贵州茅台面临销量大幅下降，其实这不是真的。财务数据已经告诉我们，年份酒销量的下降在第一季度就开始了，第一季度的增长本身就是在年份酒销量大幅下降的基础上形成的，第二季度销量严重下降的只是普通酒。分析这些的目的是说明第二季度难看的数据不是危机更进一步的信号，而是恐慌的滞后数据表现。

2013 年下半年，贵州茅台的经营一定会恢复。

我们现在知道 2013 年 7 月贵州茅台向市场额外投入了 2000～3000 吨，价格是 999 元。与 2012 年同期出厂价 744 元（对提价因素加权平均）进行对比，相当于多投放了 2680～4000 吨。这样一个投放使贵州茅台 2013 年下半年的经营数据锁定在了某个确定的水平上。我们可以计算一下，假设 2013 年下半年贵州茅台向市场以 999 元投入了 2000 吨的额外供给，经营条件跟上半年相比不发生任何变化，其业绩水平是多少？假设投入的是 3000 吨，业绩水平又是多少呢？

我认为 2013 年上半年衰减的普通酒销量下半年会回归。道理很简单，现在普通酒最低批发价没有在 920 元（据 2013 年 9 月 8 日调查）以下的，任何人现在以 819 元的价格买入普通酒，都很容易在第二天找到买家，至少能挣 80～100 元。上半年因为市场价格暴跌和恐惧情绪，一小部分普通酒配额经销商没有使用，到下半年就没有理由不使用。面对 920 元的批发价，上半年未进货的经销商是一定要进货的。2013 年 9 月 8 日，我对北京几个大经销商进行调研，最低批发价是 920 元。大家都知道北京市场的批发价相对比较低，贵州茅台给北京地区的供货量占全年产量的 1/10，因此这个批发价保证了任何一个经销商以 819 元拿到货都可以快速出手并获利，上半年没有进货的配额确定会回归，也是 2013 年下半年确定的成长保障。

进入第三、四季度，随着旺季的来临，经销商进货会恢复正常，恐慌消失。贵州茅台高管也针对性地推出了相应政策，贵州茅台宣布1～8月集团收入增长10%。根据贵州茅台的半年报收入和贵州茅台股份公司的对比可以知道，2013年贵州茅台非股份公司的其他业务整体衰退大约50%。2012年贵州茅台股份公司收入占集团收入比例是90%，2013年提升到95%。如此一来，可以1～8月集团收入增长10%推导出贵州茅台股份公司1～8月的营业收入大约200亿元。2012年1～9月股份公司的收入是199亿元，大体上1～9月贵州茅台股份公司的营业收入需要比2012年同期增长10%～15%。对应地，利润要同比增长15%～20%。这个推算可能有误差，但不会太大。

后危机时代的余波走势

　　从2013年春天到现在，有一个非常重要的事实被大家忽略了，即在酒价和股价的波动过程中，贵州茅台完成了一个历史性大转折——存在于贵州茅台需求几十年之久的三公消费隐患被不知不觉处理掉了。2013年下半年，贵州茅台解决了历史遗留问题，但数据比较难看。因此，很多人又开始担心了，民间需求真有那么大吗？价格能稳住吗？2013年的中秋节和国庆节，贵州茅台史无前例地没有涨价，2014年淡季酒价会不会再次大幅下跌？我已经完成了对这些问题的调查，并形成整体结论。结论很确定，贵州茅台已经回归大众消费品属性，我称其未来的价格走势为"后危机时代的余波走势"，但详情需要等第三季季报公布后发布。

2014年贵州茅台进入纯大众消费品时代

　　展望2014年贵州茅台的经营态势和背景，有利的方面如下。
　　第一，三公消费的影响衰减了。2013年，在一系列数据波动和价格动荡中，贵州茅台已经不知不觉地把几十年历史积累的三公需求消化掉了。2014年贵州茅台的需求是民间驱动的、纯市场化的需求。

第二，2013年因为经济放缓和限制三公消费，年份酒销量的下降颇为明显，但2014年这种下降不会再持续了。年份酒销量大幅下跌是2013年的典型特征，进入2014年后这种下降将趋于见底。

第三，没有大量的渠道库存。2013年9月，相关研究和分析共同指出贵州茅台经销商库存不多，历史多年累积的库存已经消化完毕。

2014年，限制三公消费的影响没有了，年份酒销量大幅下降的情况没有了，大量渠道库存需要消化的问题也不存在，都使得2014年贵州茅台的经营能保持自然平稳的状态。反过来我们也要看到一个事实：没有涨价因素。在2014年一系列问题消失的情况下，涨价因素这个利多也不在了。2014年之后贵州茅台的经营将变成以普通酒为主，以普通大众为消费对象的纯大众消费品态势。贵州茅台经营数据的变化不会太大，以稳为主，其经营环境是结束过去、开辟未来的环境。当然，这一年是恢复阶段，不可能跑得太快，这是个过渡年，不是大幅成长年，也不是大幅衰退年。2014年开始之后，贵州茅台将进入以民间化、大众化为主的时代，这是2014年最大的特点。贵州茅台已经彻底完成了客户转型，2014年的主要矛盾将是普通酒的产能与民间需求之间的矛盾。

从历年产量的数据可以看到，2008年和2009年的产能分别对应2013年和2014年的销量。历史数据显示2009年贵州茅台酒比2008年产量增长了20%。根据粗略的计算，2009年可供销售的贵州茅台酒大约18 000吨，主要指普通酒。2013年由于行业动荡，实际贵州茅台销售的普通酒只有14 000～15 000吨。2013年可供销售的普通酒没有全部销售完，移到了2014年，同时大量的年份酒也被积压到2014年。因此，2014年可供销售的贵州茅台酒比2013年多了20%～30%。这样一来，供应是没有问题的，只需要研究需求。

民间对普通酒的需求

我认为民间对普通酒的需求约为20 000吨，理由如下。

第一，中国高端白酒中能卖到1000元的酒在2012年的时候合计40 000～

50 000吨，贵州茅台14 000吨，五粮液10 000吨出头，泸州老窖几千吨，3家合计30 000吨；其他八大名酒开发的高端产品也有10 000~20 000吨，总计40 000~50 000吨。我们假设有一半需求消失了，价格在1000元以上且有销量的只有贵州茅台酒，所以市场对普通酒有20 000吨的需求量是客观的。

第二，根据我的统计，在过去30年乃至更长时间里，贵州茅台酒零售价和人均月工资收入有一个确定的波动关系。历史上贵州茅台酒零售价始终在人均月工资收入的1/3到1/2波动，一旦低至1/3就会上涨，一旦高至1/2就会下跌。今天人均月工资收入已经超过了3000元，大体在3500元，相应1/3就是1000元出头。依此也能确保当前的价格是有相当需求的。

第三，我们还要看到一个现实情况，4月贵州茅台酒的价格逆市上涨了，渠道库存的消失和价格逆市上涨证明2012年上半年市场就消化了10 000吨普通酒，否则价格上不来。这也意味着民间有20 000吨普通酒需求量具备相当的可能性。

目前经销商的利润率能够维持在30%。过去30年，贵州茅台经销商在20世纪80年代初利润率最低，为25%，现在的利润率是30%。出厂价819元的贵州茅台酒零售价能达到1050元，批发也有10%~15%的利润。现在经销商的利润率比前几年低多了，接近历史最低，不过我要说的是，由于中国高端白酒唯有贵州茅台酒能给经销商提供盈利，所以这种较低的利润水平对贵州茅台经销商来说也是非常让人满意的，因为别的经销商更困难。

2014年，供需关系存在较低程度的供不应求，逻辑需求20 000吨，实际供给17 000~18 000吨。因此，2014年贵州茅台的整体经营已经比较确定，基本上是向好的。

2014年贵州茅台的定位是纯大众消费品，供需结构以及消费主体都是比较平稳和确定的，动荡性因素基本都不存在。当然，时间还没有走到那一天，具体分析不免会有错误，所以我就谈到这里。

贵州茅台的估值中枢如表1-8所示。

表 1-8

年份	每股收益（元）	市盈率	股价（元）
2009	4.35	37.19	169.82
2010	5.35	34.38	183.92
2011	8.42	22.95	193.3
2012	12.82	16.22	209.02
2013 上半年	6.98	10.77（年化）	150.28[①]（年化）

① 2013 年 9 月 6 日数据。
资料来源：上市公司财报。

可以清晰地看到 2009～2013 年上半年，贵州茅台的每股收益增加近 2 倍，股价下跌近 20 元，市盈率从 30 多倍降到了 10 倍。这组数据非常值得思考和重视，业绩增长（每股收益）、股价下跌，估值水平（市盈率）下跌。表 1-8 非常清晰地反映了一个事实，贵州茅台的股价对基本面业绩的增长没有任何反应。写到这里，我必须做个自我检讨，如果一个公司不断成长，它的股价却不断下跌，此时投资者应该感到高兴，而不应该把这种现象视为不正常。很显然我尚未达到这种境界。

贵州茅台持续 4 年多的业绩增长完全没有在股价中体现，这是为什么呢？主要是对需求不足的担心，贵州茅台未来或陷入需求不确定的局面，使得市场不看好茅台。既然这个问题是贵州茅台股价不能上涨的原因，我们就需要问现在贵州茅台的需求处于什么状态？我不准备再重复，目前三公消费需求在贵州茅台的报表和实际销售中已经没有了，这一点已经显而易见。

贵州茅台的估值中枢没有变化

一些国内著名白酒行业分析师近年来给贵州茅台的估值可以说是股价越低，估值水平越低。我不由得想起了小时候玩的猴皮筋，这个估值可以称为猴皮筋估值法，它是随着股价变化而变化的，只要股价降低，估值水平就降低，反之则拉高。

我想借机谈一下估值中枢是由什么决定的。估值中枢是由一家公司最深刻的基础性经济特征和经营特点决定的。这种基础性的经营特点是长期极难发生根本改变的，只要基础要素不变，其估值中枢本身就不会变，变化的是业绩。现在来看，贵州茅台最基础的要素变化了吗？这一轮调整和下降的本质是什么？是发生了需求结构和需求主体的变化。在生产工艺特征、竞争结构上发生的变化是良好的变化，高端白酒格局已经完全成了贵州茅台一家独大，原来的竞争者几乎全部退出了"千元"价格带。这些竞争结构的变化对贵州茅台是有利的，真正变化的只有需求特征，是需求主体和需求规模的变化，而需求主体目前已经完成了接力和转换，需求规模的变化也能够明显地量化出来。总量的下降主要集中在年份酒上，普通酒只要价格下调到1000元左右，老百姓是完全能消化的。在这样的视角下，我们可以看到贵州茅台深层的基础结构和经济要素整体没有变化，需求规模适当缩小的负面影响和竞争结构寡头化程度增加的正面影响可以相互抵消。由此，贵州茅台在这波调整中，估值中枢整体上是没有变化的，然而资本市场的看跌让贵州茅台的估值水平下跌了60%，这是不正确的。

未来3~5年的经营态势

贵州茅台90%的营业收入来自贵州茅台酒，而贵州茅台酒又分两类：第一类是面向普通大众的普通酒，第二类是超高端的年份酒。普通酒定价1000元出头，属于大众消费品。我说的大众消费品不是说大众天天喝，而是说达到作为礼品、在宴席上逢年过节喝一次的酒的水平，老百姓能消费得起。普通酒的需求主要与社会收入水平和购买力相关联。如果经济形势好转，大众的消费能力提升，会导致供应紧张，因为贵州茅台产量每年增加不到20%，于是价格就会上涨。普通酒待经济好转后还可以适当提价。

第二类是年份酒。年份酒是不面向大众的，它是一种特殊的较小范围内的高端消费，更加依赖宏观经济。如果宏观经济长期低迷，那么年份酒的需求一定是维持在较低水平的；如果经济好转，年份酒的需求将会增加。年份酒的利润率相当高，因此在经济好转的情况下，年份酒可以放量，贵州茅台的业绩会出现一个新的周期性高涨。

贵州茅台酒价格、需求走势和经济的关系如图1-8所示。

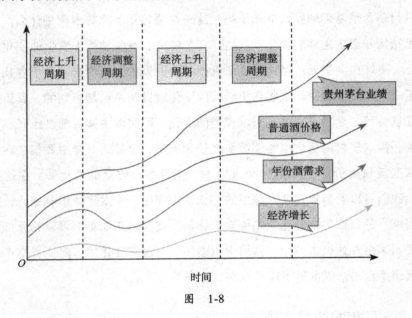

图　1-8

贵州茅台的业绩增长本身是有周期性的。当然，这种周期不是普遍意义上的经济周期。2003～2013年，贵州茅台除了2013年第二季度从没有负增长过，它的最低成长速度接近10%，最高成长速度超过50%。由此可见，贵州茅台不是一个普通的消费品企业，贵州茅台酒不是日用消费品，而是一种高级的精神文化产品。这种需求与经济周期有内在关联，从而使贵州茅台的成长具有周期性，而且波动比较大。我们必须承认这一点。

2013年后的3～5年，宏观经济应该会从相对低点向上演化。这个过程一旦出现，贵州茅台就会加速成长。贵州茅台每隔3～5年就会出现一轮快速成长，是与经济周期紧密关联的。2013年是宏观经济的低点，也是贵州茅台的低点。随着时间的推移可能会出现新一轮的经济上升周期，这意味着未来3～5年贵州茅台会逐步走出低谷，伴随着可能的经济增长再次进入一轮超高速成长。这里不排除我有过分乐观的成分，但这个可能性相当大。向未来看，贵州茅台没有影响经营的严重问题，产品本身也回归到了大众消费，因此它的估值水平应该参照消费品企业，市盈率在25～30倍。

实际上，贵州茅台与大部分消费品企业相比最大的不足就是它具有周期性，与宏观经济关联度较大。但反过来，贵州茅台也有其他大部分消费品企业没有的特点，如轻资产、高利润率，几乎所有消费品企业都没有。两相比较，贵州茅台和普通的消费品企业有相同的估值水平再正常不过了。如果说之前贵州茅台固有的周期性是估值的不利因素，那么现在其周期性就是有利因素，因为它出现了戴维斯单杀。当业绩和估值同时下跌时是双杀，现在贵州茅台业绩没有下降，估值却狂跌60%～70%，这就是戴维斯单杀。当它"杀"到底部的时候，随着形势的好转，将迎来一个戴维斯双击，估值和业绩将会双提升。当然，有可能这个周期很长，但是未来态势只会如此发展。贵州茅台的基本面将会随着时间的推移迎来一个高成长期，目前它处于衰退期，不过这个衰退已经达到了极限。

目前贵州茅台的戴维斯单杀已完成，随之而来的将是一个戴维斯1.5击。所谓1.5击是指市盈率恢复和业绩缓慢增长的结合，我不认为2014年贵州茅台会有高速增长，也不认为它会衰退，其增长速度将处于偏低的水平，对业绩的推升作用不高（0.5）。在这一阶段，估值水平的回归是主要力量，之后随着宏观经济在某个时点复苏，贵州茅台将会迎来新一轮发展，从而使1.5变成双击。我觉得这个大的框架相当有确定性，但在时间的细化上可能存在着一些不确定性。对此我有一些思考，在此不展开讨论。

从行业发展周期看白酒行业未来：经营必然大分化[一]

2013年白酒行业并没有发生全面的经营衰退，而是出现了明显的分化。严重衰退的几家公司均不是大家公认的受影响最强烈的公司，如贵州茅台、五粮液等。如郎酒、水井坊、沱牌舍得衰退超50%，在某种程度上和外部环境关系不大。为什么2013年白酒企业的实际经营结果与基于限三公消费为出发点的研究判断不一样？

我想将其类比为一种中医病名"中风"。很显然，"风"只是一个诱因，归根结底是患者的身体出现了问题。"风"只是让长期潜伏于患者身体内的致病因素爆发、体现出来。

回到白酒行业，限三公消费是一种"风"，使得长期潜伏于白酒行业内的深层矛盾体现出来。倘若白酒行业内部没有长期积累深层矛盾，外部的"风"无论多么强烈都不足以使其发展出现大的衰退。所以，我们需要回归到白酒行业自身所处的发展阶段，以及行业竞争结构等问题上来思考。白酒行业出现的调整无论深层原因还是未来走向，实际上是行业生命周期自我发展的结果，是行业竞争结

[一] 本文写于2014年1月28日。

构自我优化的必然。

拐点是什么性质的拐点？

2012年白酒行业出现了拐点论，后面的演化证明了拐点论是正确的，问题在于拐点是从哪里到哪里的。从行业生命周期来看，一个完整的行业生命周期有三个重要拐点。

第一个拐点是从幼稚期到成长期的拐点。一旦行业越过了这个拐点，就将迎来一波波澜壮阔的高速成长，需求快速增加、企业利润率和营业收入同步增加、行业内厂商数量增加，大家的日子都红红火火。在财务特征上体现为利润率和收入规模的双增长，在这个阶段所有企业的成长都非常快。

第二个拐点是从成长期进入成熟期的拐点。到了这个拐点后，行业的需求不再增长，不足以让为数众多的企业都过上好日子，于是行业内部发生大规模的兼并和淘汰。通过兼并，强势企业在行业总需求不增长的情况下挤压淘汰弱势企业，实现成长。最终，行业内部大分化，强者越强、弱者越弱。一段时间后，行业内部的竞争结构从自由竞争转向为寡头垄断。这个阶段是大型龙头企业产生和壮大的阶段，财务特征是利润率不再增长，但龙头企业的收入规模持续大幅增长。

第三个拐点是成熟期到衰退期的拐点。这个拐点来临后，全行业陷入收入规模和利润率的双衰退。

足够多的证据证明白酒行业目前的拐点不是成熟期到衰退期的拐点，而是成长期向成熟期过渡的拐点。

第一，全世界范围内烈性酒的生产和经营均没有进入衰退期，欧美烈性酒生产企业明确目前处于成熟期，如表1-9所示。

欧美烈性酒龙头企业的收入水平保持个位数以上增长，利润水平保持百分之十几的增长，成长速度不高但仍旧在成长。资本市场对其估值在18倍市盈率之上，同期可口可乐市盈率20倍，麦当劳市盈率17倍。如果烈性酒行业处于衰退期，则不会有如此高的估值。

表 1-9

公司名称	毛利率(%)	净利率(%)	2010～2013年累积收入增长率(%)	2010～2013年累积利润增长率(%)	市盈率[①]
帝亚吉欧	61.00	21.70	16.90	52.50	20
保乐力加		14.00	40.00	40.00	18
金宾酒业	58.30	15.50	24.50	57.50	25

① 2014年1月数据。
资料来源：作者根据相关资料整理。

需要说明的是，欧美的人均收入水平远高于中国，而且烈性酒并不是其首选酒类饮料，葡萄酒才是。目前中国的社会人均收入水平相对较低，还有较大成长空间。在收入增长没有停止的前提下，白酒作为中国人际交往的首选酒类饮料不会结束成长。

第二，在衰退期到来之前，行业格局一般已经成了寡头垄断。在正常情况下，如果一个行业处于无限多的企业自由竞争阶段，一般不会直接进入衰退期。在产业经济学里有一种不经历寡头垄断，就从自由竞争阶段直接进入衰退期的行业，叫夭折行业，如传呼机行业。现在中国白酒行业尚未进入寡头垄断阶段，行业集中度极低，前10家企业的销售额占比不足一半，预计到2020年，前10家企业的销售额占比为55%，前30家占比为80%。

传统的白酒行业不可能像传呼机行业一样，因技术革新而成为夭折行业，它一定会在完成行业寡头化之后，才进入衰退期。

经营大分化是必然

在成熟期来临的时候，行业的齐涨局面被此消彼长代替，少部分优势企业通过兼并与挤压获得持续不断的超行业成长。在这一点上，已经走过成长期进入成熟期的乳品行业和啤酒行业提供了客观依据。

乳品行业和啤酒行业的历史数据显示了一个共同的规律：前两大龙头企业

的收入和利润未因行业进入成熟期而停止成长，反而加速成长。与此同时，处于第三、第四的企业，如光明、惠泉啤酒，收入和利润都出现了滞涨和衰退。这是因为行业进入成熟期后，成长机会不再利益均沾，必然是强者恒强、弱者恒弱。

回到白酒行业，2013年白酒行业的经营数据分化不是偶然的分化，而是规律性分化，是行业进入成熟期之后的必然体现，还将在2014～2015年得以强化。

进入成熟期后，大型龙头企业的未来就较为乐观了。

企业的成长大体上有两种方式：①利用成长期需求快速膨胀的有利市场环境。从某种意义上讲，这一阶段的成长是外因推动的，甚至可以说这一阶段"猪也会飞"。②在行业成熟期，企业成长依靠的是内功。在乳品行业的幼稚期、成长期，蒙牛、光明、伊利是同步成长的，然而进入中后期的成熟阶段后，光明大幅落后，蒙牛和伊利异军突起。

今天的白酒行业整体上也已经进入了成熟期，必然会重演乳品行业、啤酒行业曾经发生过的分化，即优势企业成长、劣势企业被挤压和淘汰。值得一提的是，因为进入成熟期的中国白酒行业集中度太低，有10 000多家白酒企业，极端碎片化（相比较而言，欧美的帝亚吉欧和保乐力加的合计市场份额是58%，行业集中度已经进入超寡头垄断阶段，潜在的可兼并市场空间已经很少了），为强势龙头企业挤压对手、抢占市场份额提供了优势。因为弱势企业的市场份额非常大，所以强势企业的抢占空间也非常大，其成长前景不仅不悲观，而且相对乐观。白酒行业还有一个最大的特点，即价格与人均收入同步上涨。中国的人均收入还在增长过程中，所以名优白酒企业目前仍然处于适度成长期。中国名优白酒企业要比国际烈性酒巨头的成长性更高，因此其估值应该高于后者10%～30%。

我个人认为，从行业经济特征、长期以毛利率、净利率、净资产收益率为指标的盈利能力看，白酒行业强于啤酒行业和乳品行业。从收入增长率和利润增长率来看，白酒行业不逊于啤酒行业和乳品行业。因此，白酒行业的长期合理估值水平不应低于啤酒行业和乳品行业。同时，相对于国际烈性酒巨头的成长优势，中国名优白酒企业的估值应该更高。

基于这些逻辑，我认为目前名优白酒企业的市盈率只有个位数是被整体打了三折。

白酒行业调整见底，白酒股估值修复渐行渐近[一]

白酒行业已逻辑见底，需求萎缩已经结束

一件事情发生必然要在逻辑和道理上说得通，同时事情发生时总有一个或多个蛛丝马迹，于是我们可以通过逻辑分析，同时考察是否存在已经处于萌动状态的蛛丝马迹预判事情的未来发展。

"白酒行业已经见底"这个观点能够成立的前提是在逻辑层面有依据，同时在事实层面有相应的事实证据。在逻辑上，本轮白酒行业调整是什么原因导致的？答案是需求萎缩。需求萎缩最早始于2011年末，在2012年强化，2013年加速。2014年，需求萎缩已经结束（见图1-9和图1-10）。

[一] 本文发表于2014年5月27日的《华夏酒报》，同期还有一篇文章发表于2015年6月1日的《新食品》杂志。这些文章是我对白酒行业调整见底的分析，从某种意义上也仅代表一种个人的理解。《新食品》杂志和《华夏酒报》认为这些看法无论对错都有独立的视角，有拿出来进行讨论的价值，我也本着学习提升的态度盼望有专业人士批评指导。

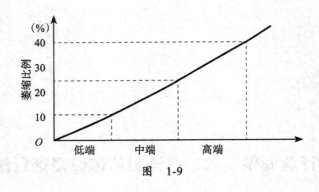

图 1-9

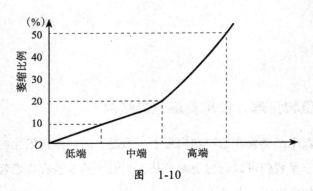

图 1-10

　　是什么导致了白酒行业需求萎缩？一是以硬着陆的方式出现的限制三公消费，二是始于 2011 年的经济放缓。这两个因素共同导致了白酒的需求萎缩。三公需求退出是极其快速的、一夜之间消失的、一步到位的。目前三公需求退出已经完成，在今后一段时间内影响白酒需求的变量主要是经济状态，具体来说就是 GDP 增长率。GDP 增长率如何变化我们无法预知，但政府已经给出了一个确定的边际，那就是 7% 的 GDP 增长率是保增长、保就业的底线。现在 GDP 增长率是 7.4%，换句话说现在 GDP 增长率在底线附近。由此可以说，整个 GDP 的下行空间已经被封住，因为经济发展速度变化导致的白酒需求变化也相对见底，进入稳定期。影响白酒需求的两个变量一个消失了，另一个稳定了，因此整个白酒行业的需求动荡已经结束了。实际上，本轮调整从本质上讲是白酒行业对中国经济进入新发展阶段的适应和反映。目前白酒行业新需求与新经济背景已经达成一致，未来将长期依托于相对稳定的经济政治背景发展变化。目前，白酒行业正处于需求动荡结束、厂家和相关经营主体重新适应新需求的新阶段。

中国白酒行业的需求萎缩不可能是无限的，迟早要终结，到时白酒行业的经营环境也就会结束动荡，进入一个新的稳定状态。在逻辑上导致需求萎缩的两个主要因素，三公需求退出已经完成，不会再对白酒行业需求造成影响，经济放缓的影响力则大幅弱化。在这种态势下，白酒行业需求已经进入了新的稳定状态，于是可以得出结论：至少在逻辑层面萎缩已经见底。

龙头企业的真实销售开始回升

目前，已经有较多的迹象表明当下白酒行业的需求萎缩已经终止，需求状态趋稳。

上市公司发布的主营收入数据的变化包含着上一个财务年度的预收款。在预收款的影响下，主营收入数据的增减与实际销售不一样，最能代表真实的经营状态是将经销商汇款形成的现金流入与应收票据增加额相加计算出的真实销售。

所谓真实销售指的是企业在经营期限内实际收到的总进货款，包括三个方面：①经销商直接汇来的进货现金；②经销商用于进货的银行承兑汇票（在性质上等效于现金，只是晚一段时间变为现金）；③以赊销的方式形成的应收账款。

白酒企业有非常强的上下游谈判能力，经销商在行业大调整的情况下普遍没有赊销机会。因此白酒企业几乎没有赊销形成的应收账款，进货款主要体现为现金和票据。

贵州茅台、五粮液、古井贡的真实销售已经开始回升：贵州茅台营业收入增加3%，真实销售同比回升了20%；五粮液的营业收入下降22%，真实销售同比回升了9.7%。以贵州茅台、五粮液为代表的高端白酒的真实销售开始回升。这意味着零售端需求增加，经销商库存下降，库存的消化日益不再是问题。

即使企业真实销售同比下滑的下降幅度也普遍低于营业收入。泸州老窖、山西汾酒、酒鬼酒的营业收入下降幅度都高达50%，而真实销售大体下降30%。高端白酒贵州茅台、五粮液真实销售回升，其他白酒企业的真实销售下降情况也要好于营业收入。这表明白酒行业的经营形势和供需关系出现了新的变化。

名优白酒价格指数淡季不跌，出现见底迹象

白酒是一个有强烈季节性、周期性的商品，历史形成了其稳定的季节性和周期性。一般来讲，每年8～10月，白酒价格会快速上涨5%左右，并迎来旺季；10月直至次年2月，白酒价格会在高位维持稳定；3～4月后白酒价格会快速下跌5%左右，进入淡季，5～7月在低位保持稳定。这种季节性变化与白酒的季节性销售特点相一致。然而，我们可以看到进入2013年之后，2013年旺季白酒价格却没有上涨，反而小幅下跌了1%。同时，2014年春节后的3～4月，白酒价格没有下跌而是趋于平滑。2013年旺季不涨，2014年淡季不跌，这从某种程度上反映出一种新的平衡正在形成。2013年旺季白酒价格没有上涨，导致出货量大幅提升，进而促进了清库存的完成。从贵州茅台和五粮液零售端销售的情况看，2013年末至2014年春节，销量创出了历史新高，贵州茅台出现了局部断货，五粮液也出现了快速出货、消化库存的局面。2013年旺季不涨换来了需求大增，消化了历史库存，因此，2014年淡季在库存已消化的背景下，价格趋于稳定。如果供需关系还是比较严重的供大于求，在2014年的3～4月淡季时，价格应沿着过往的规律进一步下跌。能够在淡季维持价格稳定，说明白酒的供需关系已经不存在严重的供大于求。

大幅下滑的财务数据中包含非经常性衰退

主要上市白酒企业收入和利润数据的大幅下降，不能不令人对白酒企业的前途担忧，不过这些严重下降的数据背后包含着非经常性衰退。白酒的特征不同于冰棍，是一个适合存储而且越存储越值钱的商品。这种特征会刺激经销商在价格上升周期主动加大力度进货，提高库存。然而，当下行周期来临的时候，库存就变成了烫手的山芋，经销商的本能反应是快速抛售库存。本轮调整最大的特点

是来势汹汹，一夜之间需求大幅萎缩、价格跳水，几乎没有过渡，甚至没有中间过程的反弹。整个 2012 年和 2013 年价格单边下跌，在这种态势下，经销商恐慌性抛货，同时大幅减少从白酒企业的进货，以便集中清理库存。于是，在价格变化最激烈的时间段出现了一个特殊的阶段。在这个阶段，经销商通过大幅降价促销，实际上零售销量是增加的，但经销商向厂家的进货是大幅减少的。数据显示，2013 年末贵州茅台、五粮液的零售端实际销量在 2013 年创出了历史新高。这个阶段是特殊的，不是长久的。一旦清光库存，经销商就会恢复进货，整个价格水平会适当回升。现在，各大白酒企业经营数据的大幅下滑当然是客观事实，但这不是一种常态，而是过渡期的特殊阶段。一旦特殊期结束，白酒企业的经营数据会随着经销商逐步恢复进货而适度回升。现阶段至少在高端白酒的层面上，经销商库存清理已经结束，这个动荡期已经结束。一系列事实非常客观地证明了当下的需求已经通过价格下跌被激活，这种需求目前主要用于消化、清理经销商巨大的历史库存，随着库存清理的完成，经销商必然会恢复进货，财务数据的下滑也会逐步终止。

从发展态势上看，白酒行业需求萎缩趋于结束，已经不太可能出现一个整体性更加恶化的行业形势。在需求萎缩趋于结束，龙头企业真实销售回升，整体名优白酒价格走势趋于稳定的背景下，白酒行业这轮的调整已经见底。

龙头企业的相对优势增加

在需求萎缩结束后，白酒行业进入新的发展阶段。我认为调整后，白酒行业告别了需求、价格同步持续大幅上涨的时代，回归到了像啤酒行业那样的状态，行业的稳定性大于波动性，整个行业的增长性降低，增幅与 GDP 大体相同，机会不再被所有企业共享，而是集中在大型名优白酒企业身上。经过 2012～2013 年极速的需求萎缩，白酒行业真正具备了兼并整合的条件，进入了放量驱动成长时代。所谓放量驱动成长，就是某些强势企业通过持续放量，挤占、兼并其他企业的市场份额，在壮大自己的同时促进行业集中度的提升的扩张模式。

目前，白酒行业有 10 000 多家企业，中等规模以上企业 1000 多家，如此离散的行业结构在世界上也是少有的。这一轮白酒行业调整的极终目的是提高行业集中度，实现行业寡头化。调整之前，白酒行业是人人吃饺子，小企业过得甚至比大企业还好，这是不正常的。调整之后，白酒行业将变成个别强势大企业吃肉，弱势中小企业喝粥。现在，白酒行业已经走到了大兼并的门口，兼并中小企业的过程，挤占其市场份额的过程必然是大型龙头企业扩大规模、做大收入、增加利润的过程。

白酒行业和资本市场流行很久的看法是："这一轮调整始于反腐，始于高端白酒，高端白酒受到的冲击较大，且高端白酒的价格泡沫最大，低端中小企业生产的民间自饮酒受冲击较小，需求较稳定，于是这轮调整将会使大企业受到重创，小企业乘势崛起。"事实确实是大企业的价格泡沫最大，需求受冲击最严重，然而大企业克服困难，以及开拓民间需求的能力是人们想象不到的。这轮调整贵州茅台遭受的冲击是所有公司中最大的，接近一半需求一夜之间消失了。2013 年春天，有业内分析人士预测，贵州茅台业绩会大幅下滑 50%。但是，贵州茅台在中国人心中特殊的精神感受无人能比，贵州茅台对民间需求的吸引力巨大，只要把价格调整到位就能启动巨大的民间需求，困难虽然最大，但解决困难的能力更大。已经发布的财务数据已经证明，真正遇到重创的是中小企业。

在白酒行业进入一种战略性转折的调整背景下，龙头企业的经营数据比过去有所下滑，但其竞争优势和基本面优势实际是加强的。调整使白酒行业内的生存和成长资源减少，大型龙头企业对稀缺的竞争资源的控制力则大幅加强。在调整开始后，行业发展的战略资源日益集中到龙头企业手里，龙头企业控制行业成长资源的能力提升了。贵州茅台通过把零售价控制在 1000 元，有效地抢占了民间高端白酒份额，使得过去贵州茅台、五粮液共同占有高端民间需求的格局变成了一家独占。这种对高端白酒稀缺资源的强有力掌控为贵州茅台长期、稳定的发展提供了基础，同时将竞争对手挤压到场外。同样，五粮液降价后强势挤占了 600～700 元白酒的需求，在壮大了其自身的同时也控制了市场资源。

名优白酒的民间需求日益增长

　　白酒是一种有民族文化背景的传统快速消费品，其需求的稳定性和持久性是与民族文化的稳定持久性相一致的。整个白酒行业的需求长期不振，只能发生在中国人不再饮用白酒，不再以白酒作为情感交流载体的情况下。我们无法相信中国白酒的未来会发生这种变化。实际上，白酒行业龙头企业的未来态势和发展机会甚至比危机调整前更加真实和具体。我们看一组数据，中国民间每年奢侈品消费额及其增长情况，出境游的增长以及出境购物的情况。

　　中国民间出境游1年的消费额是1020亿美元，折合6000亿元。中国民间奢侈品消费额也是1000亿美元，折合6000亿元，两者合计高达1.2万亿元。这组数据让我们看到一个事实：中国目前的社会发展水平已经逐步进入"生存无忧，享受兴起"的时代。人们有大量的剩余消费能力，可以用于非生存性的精神文化和享受需求。在这个背景下，高端白酒带来的心理感受和人际关系社会评价的改善，使其拥有巨大的民间市场。目前，以贵州茅台为代表的高端白酒合计消费额只有几百亿元，只占1.2万亿元的百分之几，未来增长空间非常大。

　　"中国大妈"是调侃我国中年女性大量收购黄金，引起世界金价变动的一个新名词。2013年4月15日，黄金价格一天下跌20%，大量中国民众冲进最近的店铺抢购黄金制品，一买就是几公斤。"中国大妈"现象出现的本质是中国民间消费能力超乎想象，且这些消费能力的主要兴趣点集中在非生存性的享受和投资上，中国日益增长的巨大民间消费需求正在向享受型需求转化。民间高端白酒的需求不是有没有、能不能持续的问题，而是会越来越强劲。只要人均收入在增长，生活水平在提高，高端白酒的需求规模就会越来越大，越来越强劲。

龙头企业优势产能还需要继续扩大

　　白酒行业整体产能过剩供大于求，但这并不意味着高端白酒的产能也是过剩的。实际上，高端白酒具有持续大规模放量的潜力和市场需求，社会对高端白酒的需求是远远大于现在的实际产能的。只有拥有足够优势产能的高端白酒企业，才能提供大量的优质白酒，以不太高的价格创造高性能价格比，赢得消费者、实现成长。总量过剩和优势产能过剩不是一个概念，因此高端白酒需要不断地扩大产能。白酒的生产极其特殊，今天的产量需要在5～10年之前建设，如不然在需要产能的时候是没有办法临时拿到的。这是白酒的生产特征所决定的，所以过去5～10年谁在优质产能建设上投下了足够多的资金，谁就在今天的优质白酒放量时代占据优势。有些企业忽视产能建设，在某种程度上其实已经在这一轮放量成长中落后了。谁能够提早未雨绸缪扩大自己的优势产能，谁就在放量成长时代拥有先机和优势。在放量背景下，白酒企业在下一轮竞争中胜出的必要前提是储备巨大优势产能，而且这种储备是要提前实现的。所以，高端白酒企业在产能建设上投资多少都不过分。谁大胆投资、大规模投资、提前投资，谁就胜出。

贵州茅台、五粮液、洋河的存货量非常大，尤其值得一提的是洋河的存货量逐年提高。这种巨额的存货量是在下一轮行业整合中成长的"武器"，没有"武器"是不可能打胜仗的。重销售、重营销、轻生产，不能在产能建设上提前布局、对生产高度重视的白酒企业没有长期确定的未来。

以贵州茅台、五粮液为代表的龙头企业在产能上的投入和对产能的高度重视，为其开始新一轮放量成长提供了先机和优势。

白酒股估值修复渐行渐近

在行业处于调整期的当下，我国龙头企业的估值水平远远低于国际烈性酒巨头的估值水平，也大幅低于2008年金融危机发生时的估值水平。不过，低估值是估值修复的前提，不是估值修复的充分条件，何时修复并不是低估值本身决定的。表1-10是根据第一季度财报推算的主要白酒企业预估市盈率。

预估方法是假设2014年第一季度的增长幅度就是2014年全年的增长幅度，基于此推算出2014年每股收益与当前股价相应的市盈率。很多白酒企业第一季度的营业收入和利润占全年业绩的三分之一,所以不能用第一季度数据乘以 4 的方法推算全年业绩。

表 1-10

公司	2014 年第一季度	2013 年每股收益(元)	2014 年预期每股收益(元)	2014 年预估市盈率[①]
贵州茅台	3.56	14.58	15	11
五粮液	0.69	2.1	1.5	11.5
伊力特	0.21	0.62	0.77	12.38
洋河	1.86	4.63	3.95	14
泸州老窖	0.35	2.46	1.05	15.7
古井贡	0.57	1.24	1.16	17
青青稞酒	0.34	0.83	0.78	19
山西汾酒	0.4	1.1	0.5	29
老白干	0.11	0.47	0.32	69
金种子	0.06	0.24	0.03	250
沱牌舍得	0.0238	0.0344	0.005	2060

① 基于 2014 年 4 月 29 日数据计算。
资料来源:上市公司财报。

若想知道在什么情况下低估值将会修复,就需要先搞清楚什么会导致低估值?答案是一个或一组不明朗、不清楚、不确定的坏消息。不明朗、不清楚、不确定的某种被人们意识到但还没有发生的坏消息会造成低估值。银行股的低估值始终是在业绩增长的情况下发生的,迄今为止银行业目前连一个负增长的企业都找不到,没有传出任何实实在在的坏消息,却长期处于低估值水平。原因是部分投资者觉得银行业隐含着某种即将要发生的、潜在的坏消息。同样的情况也出现在 2013 年上半年的白酒股身上,当时白酒企业的经营业绩没有大幅下滑,但那时白酒股估值已经跌下十位数。

低估值的根源不是坏消息,而是被人意识到却尚不明朗的潜在坏消息。当一个潜在的坏消息变为客观真实的坏消息后,估值修复就开始了。一句话,估值修复开始于潜在的被人们担心的坏消息实实在在地爆发出来,从不明确到明朗的转变是估值修复开始的发令枪。回看白酒行业，2013年上半年各家企业的财报还看不出什么问题，但是担忧已经出现。到2014年第一季度的时候，白酒企业的财报出现了全面的负增长，部分企业出现亏损。人们担忧的不明朗的不利事件已经随着2014年第一季度财报的发布而变成一个确定、明朗的事件，而此前估值已经降到史无前例的低点。这时，估值修复开始展开。

不明朗的事件、令人担忧的潜在坏消息是造成低估值的原因，而确定的、明朗的已经表现出来的坏消息是估值修复的开始。

龙头企业估值低，中小企业估值高，数据反映出资本市场看好中小企业，看淡龙头企业。这是错误的，在行业进入集中度提高的兼并时代时，发展机会将会规律性地集中在大型企业身上，龙头企业估值修复力度会更大。

白酒股的估值修复已经开始

在白酒行业基本面经历了供给过剩、需求萎缩，经营数据全面下滑后，处于罕见低估值水平的白酒股已经开始估值修复。例如，泸州老窖第一季度业绩大幅下滑50%～60%，但是股价并没有同步大幅下跌。洋河第一季度业绩下滑15%，引发了股价的大幅上涨。洋河、五粮液在年报和季报报告业绩均下滑的背景下，股价分别上涨了50%和20%。资本市场不再将白酒行业业绩下滑视为预期之外的事情，而是当成预期之内。当业绩没有下滑或小幅下滑的时候，股价就会大幅回升、修正预期。经营业绩的好坏会影响股价，但经营业绩对股价的影响是建立在估值水平的基础上的。如果估值很高，业绩增长股价也会下跌。假如目前白酒企业的估值是25倍市盈率以上，在季报公布后恐怕会有多个跌停。反之，如果估值很低，企业业绩下滑，股价就会上涨。洋河、五粮液、古井贡这些企业都出现了业绩下滑股价上涨的情况。多个白酒企业业绩下滑股价上涨，实际上反映的是低估值白酒股已经整体进入了估值修复阶段。

图1-11是白酒行业基本面与股价变化的示意图。

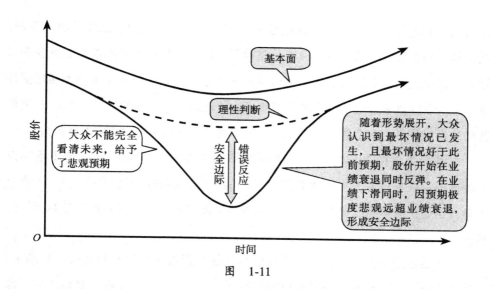

图 1-11

图中的虚线是合理价格。之所以是虚线，是因为它只在理论上才能存在，现实中大部分时间股价变化都和基本面不同步。该虚线表示市场准确预测到了基本面的恶化，股价恰到好处反映了基本面的恶化，与其保持一致。由于在基本面恶化初期，事实不明朗、整个行业处于极难判断的情况下，市场会做出极端悲观的预期。这种悲观预期会与事实出现较大偏差，随着客观事实逐步展现，大众会渐渐认识到悲观预期超过了最坏的情况，此时会形成一种基本面还在恶化，但股价却在回归的现象。例如，2008 年，巴菲特在《纽约时报》发文呼吁人们买股票时举了两个例子：在经济大萧条时期，道琼斯指数在 1932 年 7 月 8 日跌至 41 点的历史新低。到 1933 年 3 月富兰克林·罗斯福总统上任前，经济依然在恶化，但那时股市却涨了 30%。第二次世界大战初期，美军在欧洲和太平洋遭遇不利。1942 年 4 月，美国股市跌至谷底开始上涨，当时距离盟军扭转战局还很远。今天白酒行业整体处于超低估值水平，面临着和巴菲特所说相似的情况。

两个阶段、两种性质的估值修复

白酒行业估值修复存在着两个阶段和两种性质的估值修复。第一阶段是在经营数据还在恶化，完全没有好转迹象的情况下发生的。洋河、五粮液业绩下滑，股价却大幅上涨的现象，就是这种估值修复。此种估值修复并不需要业绩复苏和增长，在业绩大幅衰退的过程中估值修复就开始了。根本原因是市场预期过度悲观，股价下跌程度超越了业绩的下滑程序。从白酒行业目前的情况来看，10倍市盈率的贵州茅台、五粮液、洋河、泸州老窖整体上都具有这种估值修复机会。

白酒行业将在2014年第一季度财报整体公布后，自然消灭10倍市盈率以下的估值。在从现在开始不太长的一段时间内，白酒股估值整体会回归15倍市盈率，这是在基本面没有进一步恶化也没有全面好转的情况下对过度悲观预期的修正。

当低估值修复完成后，进一步的修复就靠经营数据的复苏和增长来推动了，此时只有那些经营数据开始复苏和增长的企业才会进入第二阶段的估值修复。这个阶段的修复要依赖于基本面的好转。目前来看，现在明确能进入第二阶段的是贵州茅台（贵州茅台的业绩和基本面已经明显复苏，而且市盈率比较低），其他的几大白酒企业业绩复苏的时间可能在几个季度后。现在，白酒行业经营业绩明显分化，各企业的复苏时间差异较大，从高端到低端依次复苏。白酒股估值修复的进程将贯穿2014年全年。

当下中国投资者过多关注了行业调整对白酒企业的短期经营业绩的影响。短期成长数据的降低是真实客观的，但这种状态持续时间不会长。市场对行业调整启动了一个新的以提升行业集中度为目的的行业整合时代视而不见，对行业整合时代最大的受益对象——大型龙头企业预期悲观过度。白酒是有历史文化精神属性的快速消费品，拥有超强的盈利能力，行业经济特征优势明显，即使在罕见的调整中，各大企业也基本处于盈利状态。当前白酒企业经营的恶化绝大部分已经体现在股价和估值水平上，市场恐惧情绪也正在逐渐消退，估值修复可能已经开始了。

为何此轮调整江淮名酒站稳，川酒却落后

区域垄断和大单品是企稳企业的共性

从 2014 年中报我们可以看出，以洋河、古井贡为代表的江淮名酒在营业收入和净利润这两项关键指标上的下滑是比较小的（古井贡的营业收入增加）。而与此形成鲜明对比的是川酒的全面衰退——最强势的五粮液净利润下滑 30.89%，泸州老窖、沱牌舍得净利润下降 50%～70%，水井坊更是大幅亏损。目前，白酒行业调整已经走向中后期，这时展现出来的经营状况是与行业内在的深层次矛盾直接关联的。如同一场马拉松比赛，在赛程 40 公里时表现出来的优劣，一定是选手体能和战术合理性的深刻反映，绝非偶然。在我看来，洋河与古井贡的相对优势意味着一种新的行业趋势。

关键性指标持续增长或较为稳定的白酒企业一般具有两点共性：①在一定范围内高度垄断。贵州茅台在全国绝对垄断，伊力特在新疆高度垄断，这种垄断增加了经营的稳定性。②有大单品。这轮调整，贵州茅台年份酒和低端系列酒业绩是全部下滑的，飞天贵州茅台这一个品类占到了贵州茅台销售额的 90%。也就是

⊖ 本文发表于 2014 年 9 月 15 日《新食品》杂志。

说，贵州茅台是靠一个产品在一个价格水平上实现绝对垄断，形成稳定经营的。洋河的海之蓝则在 100～200 元价格带上形成了竞争和市场份额优势，这个单品占到了洋河目前销售额的一半。这就说明了一个规律：强势品牌在一定地域推行单品，并靠单品形成稳定垄断。区域垄断加大单品就是它们成功的原因。

川酒为何数据难看

五粮液、泸州老窖、水井坊的成长是以"高端化+全品类+贴牌"为发展模式的，这种模式已经与调整后白酒行业的潮流格格不入。过去 10 年，白酒行业的成长一方面靠高端化，另一方面，贴牌放量也是一大动力。贴牌放量模式始于五粮液，最后在全国遍地开花，覆盖了全产品链。其中，以五粮液和泸州老窖最具代表性，它们都有几百个品牌，产品从几元到上千元的都有。如此多的品牌大部分是贴牌商独立运作的，白酒企业主要负责生产。

我认为行业变革可能会弱化并淘汰这种方式，未来的潮流是单品为王的时代，各主要白酒企业都需要拿出自己的拳头产品，集中自己的全部资源在某一两个特定的价格带上占据高市场份额。白酒企业先要给自己定位，在哪个价格带上参与竞争？之后再把精力集中在这个价格带，通过一两个品牌实现影响力的扩大和市场份额的提升，靠特定价位的大单品在某价格带成为领导者。贴牌放量的模式固然能做大量，但这种量是虚的、不能持久，没有竞争力。大部分人不记得除了 52 度普五之外，还有哪款五粮液子产品具有全国性的影响力；大部分人不知道除了国窖 1573 之外，还有哪款泸州老窖的子产品有口皆碑。虽然五粮液和泸州老窖这两家白酒企业旗下合计品牌有上千个，但由于没有深入人心，所以绝大多数都很难持续发展下去。不少人认为洋河崛起是因为营销策略对路，这个判断当然有一定的道理，但洋河产品集中，较少甚至不搞外包贴牌的产品结构特征，也是非常重要的原因。

川酒在 2014 年中报里大面积的业绩下滑并不是偶然的，是由川酒普遍在产品结构、市场体系、经营模式上与正在日益明显的新的白酒行业发展潮流与模式不一致导致的。这是一种有着深刻原因的落后。

自本轮行业调整以来，各白酒企业的应对特点在川酒身上的表现是比较集中的。例如，五粮液和泸州老窖双双逆市提价，反映出两大川酒龙头企业的战略判断能力和对行业态势的把握能力有所欠缺，没有及时认知到白酒行业已经迎来一个新的民间化时代。虽然今天五粮液和泸州老窖已经分别对逆市提价的策略做了调整，但这种调整在相当程度上是因为遭受不利局面压迫而被动为之的。保增长、保量、保营业收入的经营思路很有可能为进一步大规模贴牌放量和做全品类开绿灯，泸州老窖的负责人曾在回答为什么泸州老窖会在行业调整过程中放松对贴牌放量的管制这一问题时说道：这个一定会得到很多批评，我也知道这个结果。所谓的批评就是你的品牌乱了。确实乱了，增加了肯定要乱。但是我先要生产，最重要的是活下来。不怕没柴烧的前提是留得青山在。所以，我们作为企业，适者生存是基本的法则。

由此我们可以看出，泸州老窖的策略是想尽一切办法增加当前的销量，不追问增加当前销量的做法是否符合行业潮流。如果不能度过眼前，也就不可能有未来，但是完全以眼前为导向，不涉及深层行业潮流地思考，就无法占据战略制高点。五粮液的高管则反复强调要做全品类。实际上，在行业发生深刻变化的背景下，要做一个全品类的公司就必须拿出全新的策略体系，但五粮液的策略还是原来那套：大规模招商，由大经销商承包买断。这套策略已经成功地运用了将近20年，其有效拉动五粮液成长的动力已经递减了。我认为五粮液需要通过对行业新态势的深入研究，构建一系列与行业新潮流相适应的策略体系来实现其目标。在行业已经发生全面深刻的变化之后，仍靠老模式是不行的。

在行业全面转型的巨大挑战面前，川酒起步慢了，因此亟须重建观念、模式，任务艰巨。如果不能实现深刻变革，川酒的行业地位就会面临挑战。需要强调的是，川酒在巨大挑战的面前，仍旧是中国最重要的白酒生产地，虽然出现了经营数据上的大衰退，但其总规模依然巨大，在产能和基础要素领域依旧强大。可以说，川酒真正面临的问题是观念性和模式性的，主要集中在"软件"层面，其逆转颓势的"硬件"资源是比较丰富的。

江淮名酒崛起

洋河与古井贡均为老八大名酒,并未像山西汾酒那样主动挑战高端白酒,投入战略资源跟贵州茅台叫板(在我看来,山西汾酒业绩严重下滑与其坚决挑战高端白酒有直接关系)。洋河与古井贡的战略重点是在中低端实施单品放量,即在某个中低端价格带实现相对垄断,靠单品的品牌塑造实现大额销售。2014年中报业绩下滑幅度较小的深层次原因是,洋河与古井贡产品结构和经营模式顺应了未来白酒行业发展的态势——在某个特定价格带形成超级单品的垄断。我认为未来国内白酒行业将形成超级单品垄断某几个价格带上,并收获大规模盈利的格局。高端化和全品类这两个过去的成长动力,已经不适应未来白酒行业的发展潮流。通过产品高端化获得高利润的时代已经终结。过去,白酒企业搞全品类经营,一搞就是四五百个子品牌,靠群狼战术获得规模,没有一个全国认知、全国聚焦的单一品牌。这样的发展模式已不合时宜,取而代之的将是单一产品集中定位,在特定价格带实现大规模销售并占据尽可能多的市场份额的模式。洋河的海之蓝就是代表。

弱势企业会无理由衰退

从2014年中报的数据来看,有历史品牌,产品结构集中在有限单品上,且定位于中低端价格带的白酒企业将会崛起,其中品牌是一个非常关键的因素。以业绩大跌的金种子为例,虽然其与洋河、古井贡同属江淮名酒,但品牌上的弱势却造成了其几乎无理由的衰退。有不少相关研究人士都在寻找金种子业绩表现不佳的具体原因,但在我看来根本原因就是白酒行业结束了齐涨共跌的时代,已经从发展机会人人共享转变到少部分强势企业成长,大部分弱势企业衰退乃至消亡的时代。在这种时代背景下,无论高端、中端还是低端白酒,都会规律性地出现部分企业强势上涨,其他持续无理由衰退的情况。这种无理由衰退是市场形势变化后必然的结果和表现。弱品牌在当前的市场状况下无理由地衰退并不奇怪，因为高端白酒的垄断已经完成。未来白酒行业市场份额的竞争将主要集中在600～700元、300～400元、100～200元这三大"战场"之上。产品结构与白酒行业未来的发展潮流相适应的企业，可能会迎来大规模发展。

白酒行业的未来新趋势——单品垄断

我认为，中国白酒行业未来可能形成4～5个鲜明的价格带，并会出现相应的寡头。例如，贵州茅台现在一家独大，垄断千元价位。五粮液在600～700元价格带形成相对垄断，国窖1573和梦之蓝等其他品牌参与竞争，但市场份额不及五粮液。在300～500元这个价格带，目前有十几家到几十家的品牌参与竞争，尚没有明显的领先者和寡头。这个价格带存在着巨大的机会，领先者将一统价格带，最终成为龙头企业，并成功驱逐其他竞争者以壮大自己。在100～200元价格带，目前已经形成了海之蓝一家独大的态势。海之蓝通过这种相对的垄断支撑了洋河的成长，这种模式将会成为未来的行业潮流。品牌数量的减少也从整体上提升了白酒行业集中度。在这种态势下，如果一个企业搞群狼战术，开发数百个产品，是没有办法参与一场以市场份额提升为表现形式的价格带寡头化进程的。

白酒行业进入大集中时代[一]

几乎所有的白酒经营者都在思考历经两年的大幅调整，白酒行业发生了哪些深刻的变化，出现了什么样的新趋势新潮流。这些问题对白酒的生产者和销售者都非常重要。为了寻找问题的答案，需要思考两个问题，一是什么作为根本原因引发了这一轮罕见的大调整，二是调整前后行业到底发生了什么样深刻的变化。这两个基础问题清楚后，行业的潮流和去向也就自然清楚了。我个人认为导致白酒行业调整的根本原因是行业集中度过低，行业调整前后发生的变化本质上是白酒行业从膨胀期进入收缩期。以下是我从行业调整的根本原因和行业调整的本质变化两个视角，对未来行业潮流的思考。

过去对于白酒行业调整有很多分析，人们普遍认为是限三公消费诱发的。实际上，限三公消费只是诱因，并不是根本原因。限三公消费能引发白酒行业如此广泛大幅度的调整，根本在于行业内部存在着深刻的问题。这个深刻的问题就是行业集中度过低，太散太乱。假如行业内部不存在集中度过低的问题，外部变化不足以引发如此强烈的调整。调整的根本原因是白酒行业的行业集中度过低，终极目的是提高行业集中度。

[一] 本文发表于 2014 年 11 月 1 日《新食品》杂志。

从一般经济学规律看，任何一个行业的发展过程都必然是寡头化逐渐加强的过程，行业发展最终的归宿是日益强烈的寡头化和垄断。国内的乳品行业、啤酒行业是由几个大企业垄断的。在更极端的情况下，全世界的某类商品供应都被几家全球寡头垄断。但是白酒行业似乎不受这种经济学规律的约束，多年来成千上万的白酒企业在竞争，而且每个企业拥有为数众多的品牌。中国中等规模以上白酒企业有1000多家，如果每家有几十甚至上百个品牌，合计中国白酒企业拥有的品牌就至少超过10 000个。这种情况是不正常的。白酒行业的未来趋势是行业集中度提升，行业集中度提升的过程是企业数量减少的过程。要想使企业数量减少，一定会发生品牌数量的减少，一方面企业数量减少，另一方面品牌数量增加，这是不可能的。因此，在企业数量减少之前，品牌数量一定会大规模减少，也只有这样才能最终实现企业数量的减少。品牌数量的减少会对已经行之有效近20年之久的多品牌、贴牌放量经营模式产生颠覆性影响，未来白酒行业的竞争趋势可能会出现要么垄断地域市场，要么某单一产品成为某特定价格带垄断品牌的情况。谁能及早认识到这一点，从多品牌向有限品牌快速转型，谁就能顺应这一轮调整的新趋势和新潮流；谁继续沉浸于多品牌大规模贴牌放量的旧模式，谁就将被行业潮流淘汰。

渠道大变革将使多品牌经营模式失去存在基础

由分散到集中的变革始于渠道，因为白酒产业链上渠道的离散度最严重，行业地位也最弱势，因此积累了较多问题。变革不可避免地从问题较多的渠道开始，并由渠道影响生产。渠道的问题之一是行业膨胀期过度繁荣时积累下来的。在因行业处于膨胀期而利润高企的行业背景下，渠道规模大幅膨胀。我们可以看到大街小巷上最多的是烟酒专卖店，不仅数量上为数众多，而且经营方式多样化，有团购、专卖、批发，批发还分为一批、二批乃至三批。渠道在数量上规模巨大，在层次结构上非常复杂，销售链条长。

过去中国白酒之所以能出现上万个品牌都有良好销售的情况，是因为渠道数量众多，为这些品牌提供了销售通路。在行业成长期，很多白酒企业大量开发子品牌。这些子品牌由经销商买断经营，白酒企业只负责生产不管销售，也没有广告支持。买断贴牌的子品牌一般销量不高，但是能存活，原因在于其单瓶利润率非常高。在行业调整以来，零售端曾出现过数量众多的特价促销，平时单瓶卖100～200元的，现以10～20元销售，买的不如卖的精，卖家不会亏损。大幅降价销售意味着部分子品牌过去利润率高达1000%，几倍的利润是常态。这类贴牌产品以单瓶高利润率为生存根基，量并不重要。此种模式构建在渠道多级化、经销商众多的基础之上，由众多的渠道参与者把多种贴牌产品销售出去，同时销售过程中需要高渠道利润率来保证该模式正常运营。为数众多、结构复杂的渠道与品牌数量巨大的贴牌经营模式互为生存条件，庞大的渠道数量支持多品牌大规模贴牌放量的经营模式，后者反过来为数量巨大的经销商队伍提供生存的条件，彼此互相依存、互相促进。

白酒行业进入收缩期后最直接的变化是渠道利润率萎缩。目前整个白酒行业渠道的平均利润率不超过30%，而过去利润率超过100%。这导致渠道必然"瘦身"，数量上大幅减少，结构上销售链条缩短。由于渠道全面萎缩，支持不了上万个品牌，利润率也大幅降低，渠道商没有足够的销量就不可能存活下去，于是单品放量取代单品高利润成为渠道的存活模式。低毛利率下的单品放量是渠道变革的潮流，渠道整体上必然要走向单品放量的模式。

过去中国白酒销售主要走专卖店和专门的销售门店，商超是个配角。根据中金公司的研究，2013年商超的白酒销售量只占总量的1/3。现在白酒行业发展进入民间化时代，销售对象的转型自然强化了商超的地位，毕竟民间老百姓的购物主渠道是商超。专卖店适合于向特定的大客户销售，发达的专卖店是三公消费时代的特色，商超不可能在三公消费为主的时代成为白酒的销售主渠道，因为三公消费为主的时代主要消费者不是老百姓。现在白酒结束了三公消费时代，进入了民间化时代，商超自然崛起。

一个商超所能提供的白酒展台最多容纳10个品牌，没有那么多展柜供几百家、上万个品牌展示，这一点要引起人们的注意。过去专卖店时代由于巨额的高利润存在，每一个品牌单独都能养得起专卖店，可以靠发展自己的专卖店来展示产品。但随着利润率降低，渠道无法靠单一产品来支撑一个门店，因此独立的专营店将会萎缩，商超的份额会提升。现实中商超只能提供有限的展位给有限的品牌，导致大量的品牌没有展示的机会，没有出现在消费者面前的机会，只有有限数量的品牌能够出现在商超的展柜上与消费者见面。另外，商超在选择品牌时看重的一定是高知名度、高社会认同度，群众基础好、有利于销售的品牌才会被陈列在商超展柜上。

渠道利润率大幅降低后，专门的销售门店无法支撑某些品牌的展示和销售，专卖店的衰退和商超的崛起将直接导致一些无法放量、社会认同度不高的贴牌品牌被淘汰，这是白酒行业变革最显著的特点。与此同时随着白酒行业调整的深入，连锁酒类销售平台和白酒电商正逐渐兴起。连锁酒类销售平台和白酒电商是以低价低利润、大规模放量销售为发展模式的，低价放量是其生存之本。它们用低价做大销量，再以销量为基础从厂家大规模进货，获得较低的进货价。销售平台和电商讲究放量，没有放量就不能发展，因此其一定会主打某个主流产品。销售平台和电商逐渐扩大市场份额的过程也是强化大单品的过程，销售平台和电商先天排斥高利润和多品类，其兴起将强化部分主流品牌的持续放量，弱化、抑制高毛利率、低销售量的传统贴牌经营模式。

在销售平台和电商兴起的背景下，白酒销售渠道会进入长期的低利润单品放量阶段，渠道利润率长期维持在较低的水平，压缩大量传统渠道的生存空间，逐步使白酒渠道连锁化、集中化、扁平化、低利润化，经销商数量、利润率大幅下降，多品牌经营模式失去基础。本轮调整之后出现的渠道利润率极速萎缩，使过去单瓶高利润的模式无以为继。

挤压增长需要从多品牌向有限单品转型

白酒行业极端离散状态的原因在于过去10年整个白酒行业处于膨胀期，各资源要素都在高速增长，经营者之间没有尖锐的对立和竞争。在行业膨胀期里不扩张，不主动占有不断增加的资源是违背市场规律的，应把自己所有的马都放出去。膨胀期是跑马圈地的时代，如果自己的马不够还可以借别人的马，搞贴牌生产。这也是过去10年白酒行业贴牌生产、多品牌全覆盖的经营策略比较成功、流行的原因。企业面对一个极速膨胀增长的行业环境，不可能不进行跑马圈地式的扩张。然而，行业进入调整以来，持续10年的白酒行业膨胀期历史性地终结了，进入了资源要素持续减少的收缩期。在这个阶段，几乎所有经营要素都在萎缩、减少。收缩期资源要素的减少决定了白酒行业各经营主体彼此之间的竞争强度大幅提升，企业获取资源的难度大幅增长，行业不仅容不下那么多的经营者，而且需要大量淘汰各个环节上的经营者。膨胀期形成的经营策略随之丧失了可行性，为了获取日益减少的资源，企业必须投入比膨胀期多若干倍的资源和财力来抢占市场。

每个企业的资源和财力都并非无限，如何将有限的资源投放到超高强度的竞争中去，答案只有集中。经营者需要在广泛的领域中集中，需要对自身的资金、人力、物力进行集中。高中低端全覆盖的策略违反了收缩期的行业特征，分散了资源。要想不被挤压并且还能挤压竞争者，企业必须先将主要力量集中在特定价格带上。

在行业进入收缩期后，企业不能挤压对手、不具备抢占市场资源的能力就意味着死亡和被淘汰，已经发布的白酒股财务数据显示，白酒行业主要上市公司经营数据的好坏决定于其对外挤压竞争对手的能力。部分企业财务报表中的经营数据没有下滑或幅度较小，根本原因在于其强势单品挤压了竞争对手，抢占了市场份额；财务报表中数据大幅下滑的企业的共同特点在于品牌影响力不足，同时又没有超级单品，市场份额被挤压。当行业进入收缩期后相当长一段时间内，白酒企业的经营结果都决定于挤压能力。挤压能力将成为未来白酒行业的核心能力，这是一种常态。在这种态势下，白酒企业如何提高对竞争者的挤压能力和反挤压能力？答案是集中优势资源打"歼灭战"。这是行业从膨胀期走向收缩期之后，企业必须采取的规律性做法，不能拿膨胀期的有效策略在收缩期使用。多品牌策略的有效性只能出现在膨胀期，集中资源支撑有限品牌是行业进入收缩期的必然。

企业应在自己最容易成功的价格带上安营扎寨，在最适合自身条件的价格带上展开挤压与反挤压，不要试图全覆盖。白酒行业非常特殊，高中低端白酒彼此在需求特征、竞争结构、经营管理上存在着巨大的差异，这种差异之大甚至超过两个不同行业彼此之间的差异。多个价格带的全覆盖在某种程度上等效于跨行业经营，难度非常大。企业应该回避全覆盖，回归具体价格带的集中经营，选定一个价格带进行定位。如果没有在特定价格带集中发展的思路，搞高中低端全覆盖、全面出击这种分散资源的做法，与行业收缩期的客观背景是直接冲突的。在低端白酒市场成为一个占据高市场份额的企业，综合效果和在中高端白酒市场取得成功没有差别。在特定价格带扩大市场份额最容易成功，也是与行业收缩期最合拍的做法。

除了要集中在特定价格带上经营之外，产品的品类也必须要集中在有限单品上。行业进入收缩期之后，每个产品实现销售和获取市场的难度都增加了，单品销售需要投入更多的资源。单品对资源的需求增加决定企业不能再搞多产品策略，多个产品多路出击对资源的分散必然导致每个产品都出现资源不足的问题，从而无法形成强大的对外挤压力量。因此，将资源、人力、资本全面集中在有限单品上，才能形成对外强大的竞争优势和挤压能力，适应收缩期行业的经营环境。特别要说明的是，渠道变革已经日益明显地走向单品放量阶段，企业需要集中资源打造出有放量能力的超级单品，才能与渠道需要相一致。渠道变革本身需要企业从分散化转向集中化，内在需要企业在产品数量上集中。企业必须进行品牌集中、资源集中，在有限品牌上做大规模，让一些品牌放量。这些放量的品牌会受到商超和销售平台的欢迎，越做越大，不能跑量的则会自然消失。为实现这种低利润、高销量模式，企业需要提供强大的广告支持，单品需要在消费者心中有强烈的认知。企业在经营过程中要把主要的精力集中到几个单品上，给予其综合支持，从宣传到推广到促销集中投入，以做大销量。

无论是渠道连锁化、集中化、扁平化、低利润化趋势，还是白酒企业由多品牌向有限单品转型，本质上都是为了顺应行业集中度提升的要求。所有的要素、经营形势变化都指向了一个事实，白酒行业各个领域都在进行集中。各个环节将要发生的新变化本质上都是为了顺应白酒行业集中度提升的大潮流，一切变化只要立足行业集中度的提升就能看清本质。

所有的具体变化归根结底都是白酒行业正在实现集中化的表现。白酒行业集中化、规模化是调整过后未来白酒行业的本质潮流，一切与集中化不一致的做法都将面临严峻的挑战。未来白酒企业的发展必须顺应、服从行业集中化的大势，谋篇布局。销售领域小而散的专卖店模式将会萎缩，销售平台、电商、商超等将取而代之；白酒企业多而杂的子品牌将会逐步消失，市场将会被有限品牌集中占领。大规模生产和销售是未来行业的发展方向，为了实现大规模放量，白酒企业要大力扩张产能。在行业总产能过剩的情况下，只有大规模扩张产能才能挤占竞争对手淘汰对手，因行业总产能过剩而停止扩张产能的做法是与行业潮流相悖的。渠道则需要构建大平台，如果自己不能构建一个大平台就需要设法将自己融入一个大平台。小而散的模式大势已去，白酒行业进入了"大"时代！

2012～2014年贵州茅台酒三次价格下跌分析[一]

2015年春节前,在全年最旺的销售季,贵州茅台酒批发价持续下跌,最低跌到了820元。主流观点认为这已经是过去两年来贵州茅台酒第三次价格下跌,接二连三的价格下跌证明贵州茅台酒的长期供需关系出现了失衡,需求严重不足,因此春节过后贵州茅台酒必将出现跌破出厂价的情况。对此我发表了不同看法,认为贵州茅台酒不会跌破出厂价。之后白酒行业专业人士王安石先生发表了文章《2015年"春节后贵州茅台价格能稳住"是基本确定的!》,阐述了同样的观点。我通过对三次价格下跌前供需关系的变化进行分析得出结论,如果价格低于1000元,贵州茅台酒1年的社会需求为2万～2.5万吨,贵州茅台酒的基本供需关系在一定程度上供不应求。

在任何时候,发生价格下跌,一定是当时的供需关系供大于求,这是确定无疑的。但眼前出现的价格下跌与长期供需关系是否失衡没有必然关系甚至完全没有关系,只有持续的长期价格下跌才意味着长期供需关系失衡,这是市场经济条件下最基本的市场原理。因此,在考察包括贵州茅台酒在内的任何商品,分析其长期供需关系时,不能以短期的价格变化和涨跌作为判断依据。基于不能持续的

[一] 本文写于2015年2月25日。

短期价格上涨，无法得出将会形成长期供不应求的结论。同样地，不能持续的价格下跌与长期供大于求没有必然关系。

2012～2014年，贵州茅台酒在三次价格下跌时，供给都大幅增加。2013年初，渠道库存杀出，供给增加；2013年底和2014年底，贵州茅台增加了额外供给，因此供货量大幅增加。供给集中增加当然会影响供需关系和价格，但从没有一次价格下跌持续3个月以上。过去两年多，贵州茅台酒价格接近出厂价的合计时间不超过6个月，在绝大部分时间内贵州茅台酒的零售价与一批价都维持在正常合理的水平，价格下跌都是短期和瞬间的，始终没有出现长期价格下跌。供给增加只对短期的价格产生了影响，说明贵州茅台的长期需求没有出现断崖式减少。价格的多次下跌是在需求突变、供给突增时，出现的瞬间供需失衡，但这种失衡不会持续很长时间，稳定的市场需求很快消化了增加的供给。短期价格下跌主要是供给突然增加，经销商产生巨大心理压力，因此采取不挣钱策略，快速抛货以测试市场的真实容量。于是出现了批发价830元、850元、820元的情况。在测试结果出来之前，经销商采取了以接近出厂价出货的方式，采取跑量第一、利润第二的策略，以便获取市场的客观真实容量，因此在测试期间价格极速探底。

在价格被压低之后，巨大的需求快速消化了经销商抛出来的供给，使得经销商的存货很快就清掉了。这时价格又开始上涨，在这个过程中经销商也完成了对市场需求的实际测试，知道了真实的市场需求能够消化厂家的供给，从而就不再超低价抛货。

贵州茅台酒的每一次价格下探都很快回归正常，其他高端白酒的价格倒挂有的则已经历时两年左右。贵州茅台酒价格走低后，几乎都是自动恢复的，没有进行过明显的人为干预；其他高端白酒减少甚至停止发货，价格的倒挂也没有被纠正。从贵州茅台酒价格波动与其他高端白酒价格波动的对比可以看出，贵州茅台酒的价格波动只是短期集中供给过大导致的，不是供需失衡。

三次价格下跌证明市场需求

贵州茅台酒三次价格下跌之后又回归正常,印证了在现在的经济政治环境下,中国社会需求能消化贵州茅台酒增加的供给。依据在于,在贵州茅台酒三次价格下跌时,都发生了短期供给超过1万吨,价格最后快速反弹的情况,证明市场能够在短期消化1万吨供给。

据统计,2013年初渠道释放的库存加正常厂家供给至少1万吨。在正常销售过程中,渠道会有1～2个月的库存,因此较多库存在逻辑上一定要高于3～4个月的渠道销量。假如库存不足3个月的销量,就不再是问题。事实上,中高端白酒都存在着较大的渠道库存,相当于正常1～2个季度的销量,这是很普遍的。历史上,贵州茅台只备货1个季度的库存,1个季度的销量约为4000吨;加上贵州茅台的正常供给6000～7000吨,两者合计不少于1万吨。2013年上半年共消化了1万吨的供给。上半年是白酒销售淡季,既然能够在淡季销售1万吨,那么旺季至少能销售1.2万吨,2013年的价格波动表明市场有能力消化2万多吨的供给。

2013年底,因为厂家新增经销商,并向老经销商开放额外增量许可,年底多出了3000吨的供给,加上正常供给合计1万吨,在1～2月的春节旺季被消化。

2014年底到2015年春节前,渠道的供给量同样是正常供应量加老经销商增量,这一期间因为贵州茅台向老经销商提供增量的门槛非常低,因此老经销商纷纷增量。据初步了解,至少有70%的老经销商增量了,这时短期供给大幅超过1万吨。

过去两年,在行业突变、价格暴跌、供需关系动荡的巨大压力下,很多人只从表面看问题,不能深入本质,持续误读和误判贵州茅台,不能正确解读贵州茅台的经营,过于悲观。最著名的几个误判是"贵州茅台2013年的业绩会衰退50%""贵州茅台向社会增加供给是违反市场规律的压货行为,必将引发严重的问题""贵州茅台价格下跌激发的民间需求是不可持续的脉冲需求""贵州茅台一批价多次触及出厂价是供需关系战略失衡"。这些广泛流行的认知目前被客观事实证明是不成立的。

在对贵州茅台的分析上,就事论事成为过去两年主流的思维方式。在行业罕见的大调整和大转型背景下,主流认知没有透过现象进行深刻追问,始终不能超越现象,照相机式地只看眼前。

贵州茅台所处行业的复杂度要比周期性行业低得多。预测贵州茅台这样一个简单的快速消费品企业的未来,要比预测诸如大宗商品、石油价格的变化容易得多。按理说对贵州茅台这种企业,市场不至于出现持续整体性误判,但事实却是误判一个接一个。虽然每一次误判都很快被客观事实证明是错误的,但人们仍旧不能理性分析其原因。贵州茅台被持续多年的特殊社会舆论包围,使人们失去了客观性。整个社会几乎形成共识,即贵州茅台必然衰落。白酒行业调整以来,20%上市白酒企业亏损,30%业绩下滑50%以上;除了贵州茅台以外,大量高端白酒价格长期倒挂,但人们并不担心这些企业,却对唯一保持业绩增长(相比调整开始时2012年的业绩)并顺价销售的贵州茅台提心吊胆。

认知总是在某种社会背景、某种主流观念的基础上形成的,有价值有意义的认知往往不受主流认知的约束。能够不受外界干扰和约束,保持一颗纯粹的、求真求实的心,坚持实事求是,是形成正确认知的最重要前提。从这个意义上讲,大部分时候我们不是因为智力不足误判,而是因为挣脱不了主流认知的约束,无法对事实进行独立思考而误判。思考是与知识、智力相关的,但加上"独立"二字就不仅和智力、知识相关了,而是成为一个社会和人性问题。

主流认知关于贵州茅台的偏见有可能是中国资本市场开放以来,流行最广、时间最长、偏差程度最大的,是行为金融学研究的最好样本。贵州茅台给投资者认知偏差的相关研究留下了一个宝贵案例。

贵州茅台在 2015 年前两个月销量增长 39% 的原因和意义[○]

3 月 11 日，我接到了海外对冲基金的电话，它们对贵州茅台酒 2015 年前两个月销量增长 39% 进行了研究，认为这有可能意味着贵州茅台的基本面和经营形势发生了重大变化。于是，该对冲基金与国内的主要研究机构和投资机构进行了电话沟通，但结果令对冲基金非常意外。国内机构都不认为贵州茅台销量的增长是可持续的，也不相信其经营形势会逆转，不认为销量大增 39% 有特别的意义。因此，该对冲基金与我进行了电话沟通，希望讨论一下为什么会出现 39% 的超高增长。我谈了一些看法。

有人认为 2015 年贵州茅台不增量，因此前两个月销量增长 39% 很难理解，但贵州茅台的惯例是经销商可以在 1 月把上半年或者前三季度的配额一次性用完。前两个月销量增加 39% 说明，大量的经销商 1 月一次性拿到上半年的货，集中在春节销售。零售端大范围断货的事实说明提前进的货已经卖完，39% 的销量增长是合理健康的。

39% 的销量增长为什么能出现？答案是贵州茅台的民间需求巨大。过去两年贵州茅台遇到的挑战本质上就是如何在三公需求消失后找到新的需求，本质上是

○ 本文写于 2015 年 3 月 19 日。

新老需求的替换。民间需求有没有、有多大，是贵州茅台能不能成功转型、能不能重新成长的关键问题。假如没有民间需求，或者民间需求达不到足够的规模，没有持续性、增长性，转型就不能成功。贵州茅台的命运决定于民间需求的规模和持续性，这是研究贵州茅台必须牢牢抓住的问题。

过去两年和最近发生的事

第一，在巨大挑战面前，贵州茅台历时两年完成了民间消费转型，转型过程中贵州茅台的经营没有陷入衰退。

第二，2015年前两个月贵州茅台销量增长了39%，增长发生在完成转型之后。

贵州茅台完成转型意味着民间存在大规模需求，表明中国社会存在可持续的巨大需求。在1000元价格附近具体有多大的民间需求？答案是2万～2.5万吨，具体参见我的文章《贵州茅台、五粮液、汾酒经销商大会思考》，此处不再赘述。

民间巨大需求被某些表象掩盖

在转型过程中，民间巨大需求被某些表象掩盖住了，使人无法感知到。2013年初，贵州茅台酒批发价跌到830元，在那时完成了去库存。在去库存阶段，民间需求同时消化了当年的供给和长期累积的渠道库存。但是由于从来没有一个研究机构统计过渠道库存量，所以大家都不知道渠道库存的精确数量。在民间需求短期快速消化渠道库存的过程中，如果民间需求规模1年达不到2万吨，累积的历史库存量不可能3～4个月就快速清理完。民间需求是消化库存的无名英雄，但因为我们不知道有多少历史库存，所以无法感受和量化民间需求。

2014年，贵州茅台酒销量增加了50%左右，但是年报总销量没有增长。这是因为普通酒销量要对冲年份酒业绩大滑坡和需求缺口造成的局部衰退。于是2014年出现了民间需求倍增，但总销量不增加的情况。贵州茅台民间需求、三公需求、总需求的关系如图1-12所示。

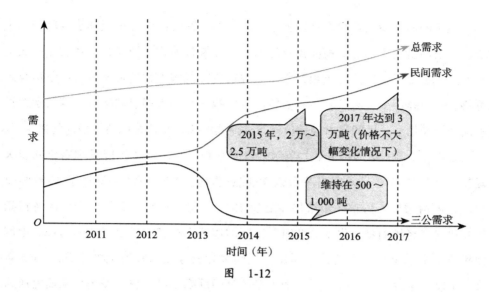

图 1-12

2013～2015年春节前,贵州茅台价格大幅下跌,民间需求倍增。贵州茅台北京办事处在春节招待会上发布了一组数据,如图1-13所示。

> **第二、北京大区工作回顾**
> 2014年,在公司领导的正确决策和关心指导下,在广大经销商朋友和各团购客户的大力支持、积极配合下,北京大区上下一致、群策群力、克服困难、锐意进取,各项工作均得以稳步推进,销售业绩、品牌形象、市场份额等得以提升,市场信心得以巩固、增强。
> 一年来,我们加大营销创新和品牌建设力度,尝试了跨界营销,赞助了一些高端商务活动,提高了品牌美誉度;我们广开思路,创新联谊会活动,组织了大型体育比赛,增强了厂商凝聚力;我们建立健全了各项内部管理规章制度,随时查找工作中的不足,提高了工作人员的效率和积极性;我们还规范客户服务流程,解决了不少经销商关心的焦点难点问题,提高了共同应对市场风险的水平。
> 就北京市场来说,在各位的共同努力下,2014年我们销售茅台酒1532吨,销量与前一年总体持平,但其中我们的经销专卖客户销售了茅台酒1000吨,较2013年大幅增长了56%;在酱香系列酒方面,2014年我们完成了茅台王子酒165吨、茅台迎宾酒184吨、汉酱仁酒12吨,保持了茅台系列酒在北京的市场占有率。

图 1-13

资料来源:贵州茅台官网。

北京的经销专卖客户销量增长了50%，但北京地区的总销量几乎没增长。传统的三公消费几乎归零，民间需求以倍增式的增长消化了缺口，但我们在报表上看不到数据增长，民间需求被掩盖了。现在研究机构不相信贵州茅台销量增长是可持续的，是因为没有孕育过程直接出现大幅增长，人们感到突然。其实孕育过程是被掩盖住了，民间需求伴随价格下跌持续增长，在持续地消化增加的供给。

　　如图1-14所示，2013年上半年渠道库存杀出后，市场供应量和需求同步大幅飙升。2013年7月，贵州茅台以30吨进货量招揽经销商，增加了3000吨供给，总供给增加，需求同步增加。之后2014年初和年底，贵州茅台两次通过招商和放量老经销商加大供给。此时，实际的市场供给和需求已经大幅增加，但因为年份酒业绩下滑、三公需求退出，贵州茅台营业收入没有大的变化。2015年第一季度，渠道库存、三公需求消失等关键问题都已经解决，经销商提前完成第二、三季度的任务，于是贵州茅台销量增加了。销量直接表现为销售收入，于是贵州茅台第一季度前两个月销量增加39%，销售收入增加30%以上。

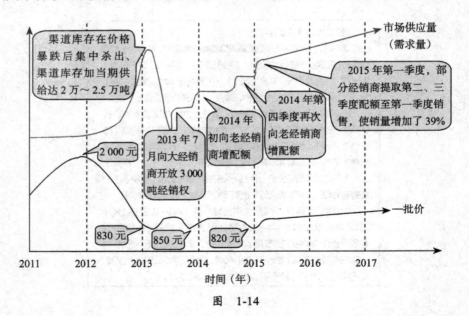

图 1-14

2015年第一季度的增长是新增长期来临的前兆

2015年第一季度，历经两年多时间的调整，贵州茅台的需求已经是纯粹的民间需求，同时贵州茅台也没有推出额外扩大经销商措施。因此，2015年第一季度的经营数据是对民间需求规模进行判断的现实基础。作为第一个完全由民间需求支撑，且没有额外市场供货的季度，这一季度形成的销量、营业收入、现金流入和利润指标不仅能反映出第一季度的民间需求，而且是未来10多年贵州茅台成长性的先兆。

2015年前两个月贵州茅台销量增长39%，是潜藏的强劲民间需求释放出来的自然表现，是民间需求从地下走向台前的必然表现。在贵州茅台没有负增长，历史性地完成民间化转型后，随之而来的必然是新的成长。这种强劲的民间需求是中国社会财富增加、消费能力提升的反映，是社会进步、生活水平提高的表现。民间需求不仅巨大，而且会越来越多，因为中国社会的消费能力在高速增长。贵州茅台民间需求的现实规模和潜在规模都远远大于三公需求。

在贵州茅台销量实际增长39%的事实前仍然持否定和怀疑态度，不理解这一增长的合理性，是长期负面宣传下人们的心理反应。

贵州茅台财报宣布新成长周期来临[一]

贵州茅台的 2014 年年报和 2015 年第一季度财报于 4 月 21 日晚发布,其 2013～2015 年第一季度营业收入、利润、现金流入如表 1-11 所示。

表 1-11

	2013 年（亿元）	2014 年（亿元）	增长率（%）	2014 年第一季度（亿元）	2015 年第一季度（亿元）	增长率（%）
营业收入	310.71	322.17	3.69	75.82	87.6	15.54
利润	159.65	162.69	1.90	39.53	46.28	17.08
现金流入	332.24	333.85	0.48	72.38	102.56	41.70

资料来源：上市公司财报。

我们可以看到在营业收入、利润和现金流入上,贵州茅台在 2015 年第一季度有明显的快速增长。贵州茅台真实销售的变化如表 1-12 所示。

2015 年第一季度,贵州茅台真实销售出现了超过 50% 的大幅增长,增长强劲,使得 2015 年第一季度成为贵州茅台发展历史上的分水岭和战略拐点。之前贵州茅台处于转型期,第一季度财报的强劲增长标志着贵州茅台的历史性转型彻

[一] 本文写于 2015 年 4 月 22 日。

底完成，2015 年之后是其民间需求时代的新成长期。现在转型已经结束，新的成长已经开始。

表 1-12

	营业收入（亿元）	净利润（亿元）	销售商品收到现金（亿元）	应收账款增加额（亿元）	应收票据增加额（亿元）	真实销售（亿元）	真实销售同比增长（%）
2013 年第四季度	89.86	40.67	109.54	0	1	110.54	
2014 年第一季度	74.5	36.99	72.38	0.02	-0.09	72.31	
2014 年第二季度	68.72	35.31	68.21	-0.01	0.13	68.33	
2014 年第三季度	73.96	34.63	79.85	0	8.59	88.44	
2014 年第四季度	98.56	46.57	113.41	0.02	6.88	120.31	9
2015 年第一季度	85.44	43.65	102.55	-0.04	9.6	112.11	55

资料来源：上市公司财报。

贵州茅台完成了转型并进入新的成长阶段

贵州茅台这组增长数据表明其民间化转型已经完成，完成了消费对象的转换、经营模式的转型。贵州茅台转型需要解决的几个关键问题是：渠道库存、新的量价平衡点、民间需求取代三公需求。这些问题已在 2014 年成功解决，因此出现了 2015 年的增长。

贵州茅台 2015 年第一季度财报成长的数据之一是其对经销商的出货。经销商对消费者的出货状况是一个关键问题，历史上曾出现某些白酒企业向经销商出货实现业绩增长，但经销商无法向消费者出货，企业报表呈现一种假象的情况。贵州茅台不存在这种情况，2015 年春节贵州茅台酒在全国范围内出现了一定程度的断货。年份酒整整 1 个月没货，贵州茅台和经销商都没有预见到民间有如此强劲的需求。进入 2015 年第二季度以后，有的贵州茅台经销商甚至在淡季出现了断货。

事实表明，经销商进货积极性的无限高涨推动了贵州茅台业绩强劲增长。经销商大范围出现断货，意味着经销商对消费者的出货同样畅通，没有形成渠道积压。2015 年，贵州茅台形成的经营态势是一个顺畅地从企业到经销商，再到消费者的健康过程，证明目前贵州茅台民间需求规模巨大，渠道库存合理，2015 年的增长是健康的增长，也是其进入新成长阶段的表现。2015 年第一季度，在贵州茅台没有增加经销商数量、没有扩张渠道网络、没有加大额外供给，需求由纯民间需求构成的背景下，形成的收入增长是民间需求强劲的真实反映，是市场容量的体现。

贵州茅台未来的成长速度会超越过去

表 1-13 是我的助手帮我统计的 2001～2013 年，贵州茅台主要财务指标的复合增长率。

表 1-13

利润分配		复合增长率（%）
每 100 股利润分配		19.38
在职员工		12.41
生产酒量		14.92
实际出厂价		10.72
销售酒量		12.91
流动资产	货币资金	21.72
	存货	26.20
非流动资金	固定资产	23.78
总资产		24.26
所有者权益	所有者权益	24.28
收入和成本	营业收入	25.48
	营业成本	16.91
	营业税金及附加	18.19

(续)

利润分配		复合增长率（%）
收入和成本	销售费用	17.51
	管理费用	23.57
	营业利润	31.66
	所得税费用	26.22
	净利润	34.28
经营现金	支付职工	31.08
	支付税费	24.82

资料来源：上市公司财报。

过去的13年时间里，贵州茅台营业收入复合增长率为25.48%，净利润复合增长率为34%。我通过分析认为，在未来的民间化时代，贵州茅台营业收入和利润的长期增长率一定会高于过去10年。这是一个目前还不容易被人接受，但却有充分证据的观点。

企业的成长动力来自两方面，一方面是需求规模和需求成长率，巧妇难为无米之炊，需求是最根本的成长动力；另一方面是竞争优势，竞争优势是企业抢夺市场需求的能力和保证，没有竞争优势需求就会落到竞争对手的手中。

贵州茅台竞争优势大幅强化

贵州茅台在这一轮行业调整中不仅成功解决了自身的问题，而且强有力地扩大了与竞争对手的差距，目前其相对于竞争对手的优势是历史上最大的。巴菲特一直念念不忘竞争优势，认为只有竞争优势越来越多的企业才值得长期投资。巴菲特给出了一个评估竞争优势的简单方法："企业的竞争优势＝企业的成长速度－行业平均成长速度。"表1-14是2012年末行业调整尚未发生时，主要白酒企业的利润和增长率。

在表1-14中贵州茅台的增长率虽然很高，但是与竞争对手相比高不了多少。表1-15是2013～2014年主要白酒企业的利润和增长率。

表 1-14

公司	2011年利润（亿元）	2012年利润（亿元）	增长率（%）
贵州茅台	93.5	140.09	49.83
五粮液	63.94	103.36	61.65
洋河	41.37	61.52	48.71
泸州老窖	30.56	45.43	48.66
山西汾酒	9.25	13.87	49.95
古井贡	5.66	7.26	28.27
平均	40.71	61.92	47.85

资料来源：上市公司财报。

表 1-15

公司	2013年利润（亿元）	2014年利润（亿元）	增长率（%）
贵州茅台	159.65	162.69	1.90
五粮液	83.22	60.58	−27.21
洋河	50.02		
泸州老窖	35.38	9.76	−72.41
山西汾酒	9.85	3.58	−63.65
古井贡	6.22		
平均	57.39		

资料来源：上市公司财报。

表 1-15 清楚地反映出名优白酒中只有贵州茅台一家实现了增长，竞争对手大多都陷入了严重的衰退。2014 年贵州茅台领先竞争者的幅度大大高于 2012 年，这意味着经历了罕见的调整后，贵州茅台相对于竞争者的竞争优势强化了。竞争优势强化后，贵州茅台发展的动力也得到了强化，这是贵州茅台之所以能够在未来 10 年继续保持，并超越过去 10 年成长速度的根本原因。长期成长速度是长期竞争优势的反映，在长期竞争优势提升的情况下，企业成长性一定会提高。

互联网商业的崛起促进贵州茅台更快速增长

过去 10 年，贵州茅台价格明显大幅上涨，这种价格上涨形成的利益大部分被经销商获取。经销商是过去价格上涨的主要受益者，因此他们不重视销量，只是想尽办法通过推动价格上涨提升单瓶利润获利，对扩大销量兴趣不大。这种机制实现了渠道利益最大化，但影响了贵州茅台的长期发展，因为价格过高会抑制需求，从而影响贵州茅台的整体销量。

此前贵州茅台的经销商可以轻松获取暴利，但现在互联网商业崛起，其控制价格的可能性没有了。互联网商业的本质是打破地域分割、信息不对称，以大规模的开放平台实现极端的薄利多销。分割的、封闭的高价无法继续存在下去，低利润率下的大规模销售成了所有商业的共同生存模式。存在了几千年的传统商业模式随着互联网崛起，历史性地告别了高利润率，走向超级薄利与超级多销的结合。包括贵州茅台经销商在内的所有渠道都必须走薄利多销之路，在薄利基础上扩大销量是首要甚至唯一的生存策略，不可能再维持追求单瓶高利润率的商业模式了。未来贵州茅台价格上涨的利益将全部回归贵州茅台，图 1-15 是在互联网商业时代，贵州茅台价格上涨后新的利益分配模式：价格上涨带来的利益增长 100% 回归企业，渠道始终获得 20% 左右的正常利润率。

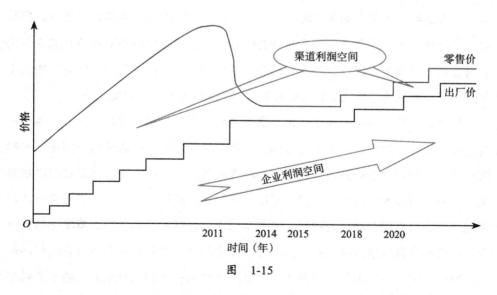

图 1-15

行业调整和互联网商业的崛起使贵州茅台夺回了贵州茅台酒的零售价定价

权。过去定价权掌控在经销商手里，其通过控制定价权，把贵州茅台的利润占为己有，而且高价格抑制了消费需求，损害了贵州茅台的发展。现在薄利多销成为唯一的商业模式，于是价格更真实地受供需关系影响，价格上涨的收益100%流入贵州茅台，从而增加了贵州茅台的成长动力，推动贵州茅台更快地增长。

贵州茅台主动变革推动企业更快发展

2012年之前，我曾经在拜访贵州茅台专卖店时遇到了以下场景。下午3～4点商业销售的黄金时间，某贵州茅台专卖店却大门紧锁，工作人员在里面看电视，敲开门之后工作人员说了几句就又去看电视去了。还有一个我亲历的情况是某贵州茅台经销商没有店铺，从事的主要业务是炒卖提货单，不面向市场，只是把自己的配额加价卖给第三方。

过去10年，贵州茅台处于严重的供不应求，在这种情况下企业不可能开展经营创新，也不会开拓新的市场。原来贵州茅台没有条件进行民间化转型，也没有条件主动变革。在行业调整来临后，需求由极度供不应求转向了适度供不应求，一方面给贵州茅台的经营增加了压力，另一方面为其经营提供了动力，使其具备了市场开拓、经营变革和产品开发的条件。于是我们看到贵州茅台成立了定制酒公司、酱香系列酒营销公司、赖茅经营公司、电子商务公司。所有这些进步都是在供需关系从供给极度紧张到适度供不应求的转变下，才能完成的。

过去长期的供不应求其实伤害了贵州茅台的发展根基，使其沦为一个纯粹的生产型公司，在经营层面无法进行创新。就像营养过剩和生活优越不利于人的健康一样，贵州茅台也需要适当经历一些环境的压力才能成长。贵州茅台的困难是没有压力，很多人说贵州茅台管理层能力不行，这是错的！这一轮调整贵州茅台管理层几乎是名优白酒企业中唯一没有犯错误的，其对策最合理，节奏把握最恰当。事实和经营成果证明贵州茅台管理层能力很强，尤其是对白酒行业的深层规律的理解，对白酒作为传统精神文化产品的理解是一流的，真正的问题是贵州茅台优秀的管理层没有机会展现他们的能力。在供需关系走向适度供不应求后，管理层完成了中低端产品开发、个性化定制酒开发、电子商务公司等一系列新领域的开拓,管理经营的变革成了贵州茅台新的成长动力。

一个连续在白酒牛市中成长了10年,在史无前例的挑战中遇到最多困难的企业交出了全行业最优异的成绩单,其管理层却被认为没有能力。如果他们没有能力,怎么可能在这么短的时间内以如此小的代价实现转型呢?贵州茅台管理层能力非常强,他们过去的问题是没有发挥的机会,现在机会来了,管理层可以展现他们的能力。我们要对这个领域的经营创新给予重视,我认为管理层行动起来创造的收入增长应该在5%左右。

综上所述,民间需求总规模和增长速度的强劲增长会推动贵州茅台继续增长。互联网商业的崛起使渠道进入了扁平化时代,大量经营利得将流入白酒企业,渠道无法继续分享因供不应求出现的提价利得。贵州茅台竞争优势加强,可以获得更多成长资源,管理层在新环境下也有条件充分发挥自己的能力,从而推动企业成长。基于一系列原因,我的结论是未来10年贵州茅台的利润和收入增长率会超越过去10年!

时间是好企业的朋友,贵州茅台未来增长速度到底如何只有时间才能证明,让我们等待时间给出最后的答案吧!

贵州茅台的戴维斯双击之路已经开始^㊀

各位合伙人大家好！当贵州茅台2015年第一季度财报发布后，客观数据显现出强劲的增长，围绕贵州茅台的恐惧、担心、悲观被一扫而空，所有流行的看空贵州茅台的认知都被客观事实证明是错误的。贵州茅台股价对过去的不正确进行了修正，甚至出现了连续的涨停。贵州茅台股价复苏后，我们的市值也发生了较大增长。在这场围绕着贵州茅台的大博弈中，我们因为正确认知获得了理所当然的回报。

今天我特别想感谢各位合伙人对我工作的支持和理解。在贵州茅台负债经营，遇到罕见股价下跌，我仍看上去毫无章法、完全不符合社会一般原则地超级集中投资贵州茅台的局面下，各位合伙人始终支持我按照自己的意愿行为，尤其是在我们巨亏60%左右的情况下，能够让我继续按照自己的意志，驾驶这个看上去马上就要沉没的毫无章法的船，是我们取得成功的关键。正是这种充分的信任使我们迎来了如此收获。我们毫不动摇地持有贵州茅台，从客观的层面讲，必定会获得成功，因为贵州茅台是中国股市为数不多的最有长期确定性的公司，必定会摆脱过程性曲折。我们遇到的曲折其实是假象，是好事多磨，是不能实质对

㊀ 此文是作者在2015年3月24日写给合伙人的信。

我们有伤害的，我作为执行合伙人，从始到终都知道贵州茅台没有风险和不确定性。然而在这种无实质风险的曲折中，我们能有惊无险最终获利，依赖于每一个合伙人的主观情绪和主观认知。在这个过程中，所有人主观意志的高度统一是胜败关键。1年多之前，当贵州茅台的股价接近100元的时候，合伙人曾给我来电话，无限伤感地说："我们已经失败了！"当时我非常理解合伙人遇到的压力以及内心的不愉快！我说："我们没有失败，而且我们不会失败，因为我做了几百万字的研究，跑了无数个经销商。我彻夜分析了所有悲观的观点，最终的结论是这些悲观的观点只是观点，连论证的过程都没有。而我在坚持实事求是的论证后，最终形成的结论始终是乐观的。"当时合伙人不太认同我的观点，但最终也没有干预我的决策。想起这些我很感动，非常感谢大家！

最近，我收到了很多关心我们的人打来的电话，他们对我们表示祝贺和恭喜，我对这些电话表达了感谢，我也表达了一个观点，我没有喜的感觉，就像1年前我们市值大贬值，当时我没有痛苦的感觉一样，因为当时我们本身就处于被超级低估的状态之中，处于超级机会中。今天只是市场把欠我们的还给我们，我们的所得本来就是凌通盛泰的固有财产，凌通盛泰收回了自己的固有财产是自然合理的事情，我们不需要为别人把欠我们的钱还给我们而高兴！

未来的路长得很，路上会有艰难，会有各种想不到的挑战和曲折，不可以轻易悲，也不可以轻易喜，应该诚惶诚恐，应该时刻警惕，随时迎接必然发生的挑战。在必然发生的挑战面前，成功的基础是更加深刻的知己知彼和更坚定的自信。晚清重臣李鸿章在信中写道：一生征战制胜的秘密是知己知彼！从《孙子兵法》的作者孙子到李鸿章，都视知己知彼为其一生军事斗争的核心法宝。其实知己知彼也是投资的核心法宝，只有知己知彼才可胜利，我要率领团队向更加深刻的知己知彼前进，因此我们集中到最有可能取得认知优势的领域，未来我们会更专注。同时，我们对是非有明确判断后，会永远坚信自己的认知，无论遇到何种压力和挑战都不改变自己的认知。未来我们会在追求事实和坚信真相两个领域中投入全部力量。

2013年9月,贵州茅台股价跌停,我写了一篇《贵州茅台从戴维斯单杀到戴维斯双击的未来之路》文章。

在这篇文章中我提出,贵州茅台的基本面已经全面见底,民间化转型在2014年将全面完成,民间需求量在2万吨左右,能支持贵州茅台持续发展,贵州茅台不会业绩下滑,经营数据将开始缓慢回升。由于贵州茅台的业绩一直没有下滑,因此股价60%的下跌只是压低了其市盈率和估值水平。在贵州茅台身上发生了戴维斯单杀,2014年贵州茅台将会迎来戴维斯双击。实际情况是2014年并没有发生戴维斯双击,原因来自两方面。中国的主流投资者在贵州茅台上丧失了提前反应的能力,到2015年第一季度各大基金还在减持白酒股和贵州茅台。2015年第一季度末各大基金白酒股持仓变化统计如表1-16所示。

表 1-16

公司	2015年第一季度末进入基金十大流通股东家数	2015年第二季度末进入基金十大流通股东的基金总持仓量(万股)	2015年第一季末相对于2014年底持仓量的增长率(%)
贵州茅台	34	1 526.14	-32.78
五粮液	19	3 678.36	-77.76
洋河	10	177.26	-87.11
泸州老窖	30	5 717.79	-51.94
山西汾酒	1	15.08	-95.56
老白干	15	787.44	-68.24
酒鬼酒	5	1 144.73	55.36

资料来源:上市公司财报。

可以看到2015年第一季度白酒行业明显复苏,贵州茅台已经开始强劲增长,但基金的持仓继续腰斩式下跌。这意味着基金对白酒行业的复苏还没有丝毫察觉。在主流资金全面误判白酒和贵州茅台基本面的情况下,资本市场超前于客观基本面6~9个月反应的规律失效了。

主流资金完全丧失了对贵州茅台基本面的预先反应能力,因此在2014年贵州茅台基本面明显好转后，资本市场本应该发生的估值修复和戴维斯双击没有发生。2015年第一季度末，贵州茅台的经营数据已经完全明朗了，现金流、营业收入、利润、预收账款都强劲复苏，于是延后的戴维斯双击不能不出现了。2015年，贵州茅台将在基本面复苏和估值修复两股力量的推动下走出戴维斯双击。这一进程目前才刚刚开始，接下来是将会出现维持较长时间的戴维斯双击。

白酒行业在分化中复苏[一]

主要上市白酒企业 2015 年营业收入和利润同比增长统计表，如表 1-17 所示。

表 1-17

公司	2015 年上半年营业收入（亿元）	2015 年上半年营业收入同比增长（%）	2014 年营业收入同比增长（%）	2015 年上半年利润（亿元）	2015 年上半年利润同比增长（%）	2014 年上半年利润同比增长（%）
贵州茅台	157.79	10.17	2.2	78.88	9.11	1.3
五粮液	112.15	-17.6	-14.9	32.98	-17.6	-26.81
洋河	95.71	10.61	-2.34	31.85	11.57	-9.9
泸州老窖	37	1.62	-48.68	10.2	6.58	-74.41
山西汾酒	22.5	-2.35	-35.67	2.8	-22.4	-62
古井贡	27.1	13.5	1.53	3.81	6.34	-4.01
沱牌舍得	6.27	-14.2	1.86	0.06	-35	13.7
金种子	8.6	-17	-0.3	0.3	-30	-34
老白干	9.1	37.6	17	0.17	24	-49
平均	43.29	2.03	-7.21	14.64	-4.31	-22.28

注：平均为行业平均，全书同。

资料来源：上市公司财报。

[一] 本文写于 2015 年 10 月 19 日。

2015年上半年，主要上市白酒企业的平均营业收入同比增长为正，平均利润同比增长虽然仍旧为负，但是幅度较2014年上半年大幅缩小。

白酒的营业收入包含着预收账款，与真实销售或多或少有一些偏差。为了剔除预收账款的影响，我以现金流的变化为切入点，将销售商品收到现金、应收票据增加额和应收账款增加额相加，计算每家上市白酒企业的真实销售。表1-18是2015年上半年主要上市白酒企业的真实销售统计表。

如表1-18所示，2015年各上市白酒企业销售商品收到现金整体增长了15%，应收票据整体增长了26.81%，真实销售增长了10%。真实销售的增加最客观地揭示了2015年上半年主要上市白酒企业在收入层面上结束了持续两年的整体性衰退，进入了增长。

表1-19是2013～2015年主要上市白酒企业的真实销售统计表。

过去两年半真实销售增长率，比收入的复苏更明显

图1-16～图1-19是2012～2015年上半年主要上市白酒企业平均营业收入同比增长、净利润增长率、净利润和毛利率变化趋势。

由图中可以看到四大指标从2012年开始下滑，到2014年见底，2015年同步回升。

2015年的营业收入、利润和真实销售，以及2012年底到2015年，营业收入同比增长、净利润增长率、净利率、毛利率四大指标的走势，都可以证明白酒行业已经开始复苏。

但如果由此认为2015年白酒行业的主趋势是复苏，就遗漏了最重要的信息，上文的每张图表中都有约一半企业处于负增长，同时另一半处于正增长，平均为正增长。我们没有看到行业整齐划一地一致同步上升，而是看到了分化。2015年中报反映出白酒行业的主趋势是分化，是在分化中复苏，在复苏中分化。

表 1-18

公司	销售商品收到现金			应收票据			应收账款			真实销售	
	2015年上半年(亿元)	2014年上半年(亿元)	同比增长(%)	2015年上半年(亿元)	2014年上半年(亿元)	增加额(亿元)	2015年上半年(亿元)	2014年上半年(亿元)	增加额(亿元)	2015年上半年(亿元)	2014年上半年(亿元)	同比增长(%)
泸州老窖	16.94	48.44	−65.03	28.54	14.57	13.97	0.12	0.05	0.07	30.98	40.19	−22.92
贵州茅台	169.85	140.59	20.81	39.55	18.48	21.07	0.004	0.04	−0.036	190.884	140.643	35.72
五粮液	112.74	68.09	65.57	74.25	73.69	0.56	1.42	1.23	0.19	113.49	121.94	−6.90
洋河	99.54	84.94	17.19	0.75	0.77	−0.02	0.066	0.093	−0.027	99.493	84.76	17.38
古井贡	28.25	24.28	16.35	7.73	5.06	2.67	0.06	0.04	0.02	30.94	26.135	18.30
山西汾酒	21.72	25.35	−14.32	11.45	10.76	0.69	0.38	0.01	0.37	22.78	23.11	−1.43
伊力特	8.32	7.72	7.77	0.99	1.92	−0.93	0.21	0.1	0.11	7.5	6.95	7.91
金种子	4.8	6.57	−26.94	1.47	3.68	−2.21	0.71	0.58	0.13	2.72	11.3	−75.93
老白干	14.11	13.07	7.96	0.22	0.15	0.07	0.01	0.58	−0.57	13.61	13.1562	3.45
沱牌舍得	7.12	7.45	−4.43	1.01	1.01	0	0.57	0.42	0.15	7.27	7.91	−8.00
水井坊	3.45	1.88	83.51	0.42	0.4	0.02	0.14	0.11	0.03	3.5	1.23	184.55
酒鬼酒	3.39	1.53	121.57	0.18	0.66	−0.48	0.02	0.02	0	2.91	1.51	92.72
今世缘	13.82	12.55	10.12	0.07	0.31	−0.24	0.37	0.36	0.01	13.59	13.07	−3.98
平均	38.77	34.04	15.00	12.82	10.11	2.71	0.31	0.28	0.03	41.51	37.84	10.00

资料来源：上市公司财报。

表 1-19

	2013年增长率（%）	2014年增长率（%）	2015年上半年增长率（%）
泸州老窖	-7.03	-49.98	-22.92
贵州茅台	15.98	4.31	35.72
五粮液	-15.51	-15.52	-6.93
洋河	-4.17	-4.89	17.38
古井贡	12.96	2.23	18.39
山西汾酒	16.38	-39.83	-1.43
伊力特	-15.83	0.17	7.91
金种子	12.45	-16.56	-75.93
老白干	3.80	20.91	3.45
沱牌舍得	-18.17	-23.77	-8.09
水井坊	-62.34	-39.20	184.55
酒鬼酒	-72.89	-6.80	92.72

资料来源：上市公司财报。

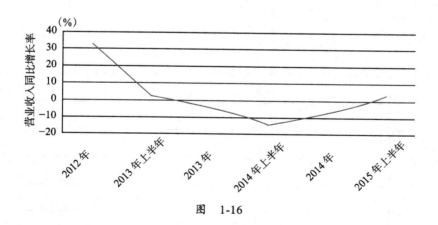

图 1-16

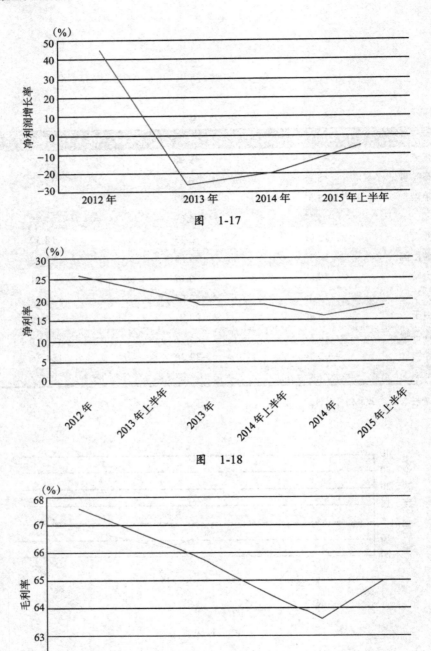

图 1-17

图 1-18

图 1-19

稳定性出现分化

在这轮调整过程中，企业面临的核心挑战来自两点：第一，整体白酒行业的价格腰斩式下跌，每家企业都受到了价格体系崩溃的强烈打击。第二，长期发展积累起来的渠道库存需要集中清理。这两点对所有上市白酒企业的营业收入和利润都造成了强烈打击。在共同的挑战前，主要上市白酒企业的经营出现了严重分化，营业收入和利润变化如表1-20所示。

表 1-20 2012年上半年到2015年上半年主要白酒企业收入和利润变化

公司	营业收入（亿元）		同比增长（%）	利润（亿元）		同比增长（%）
	2012年上半年	2015年上半年		2012年上半年	2015年上半年	
贵州茅台	132.64	161.85	22.02	73.49	83.65	13.83
洋河	93.1	95.71	2.80	31.72	31.85	0.41
五粮液	150.5	112.15	−25.48	52.41	34.21	−34.73
泸州老窖	51.93	36.96	−28.83	21.2	10.6	−50
山西汾酒	38.16	22.46	−41.14	9.63	2.92	−69.68
古井贡	22.28	27.13	−21.77	4.14	3.81	−7.97
伊力特	8.9	8.07	−9.33	1.09	1.32	21.10
水井坊	8.77	3.89	−55.64	2.3	0.5	−78.26
沱牌舍得	8.68	6.27	−27.76	1.86	0.07	−96.24
平均	57.22	52.72	−15.73	21.98	18.77	−33.50

资料来源：上市公司财报。

可以看到贵州茅台实现了营业收入和利润的增长，洋河维持了稳定，其他企业业绩均出现了大幅下滑（伊力特增长是因为其在过去两年剥离了一个亏损的煤矿，并不是白酒业务增长，一半以上企业下滑50%以上。在行业调整面前，企业维持经营稳定、利润率和收入增长的能力出现了分化。

上市白酒企业的经营稳定性

看一个企业的经营能力，主要是看其在动荡的环境中保持收入增长，保持利润率稳定的能力。所谓的强势企业总是能在严峻的行业波动过程中维持收入和利润率增长或者稳定,这是判断企业竞争力、管理水平、发展潜力最核心的观察点。不能维持利润率、收入稳定,则反映出企业经营模式有问题,经受不住行业波动的打击。白酒行业调整到今天,企业竞争力、管理水平、发展潜力已出现全面分化。贵州茅台、洋河维持了收入、利润稳定,山西汾酒、泸州老窖的收入和利润相关指标全面下滑。

白酒行业的地域强弱出现分化

主要上市白酒企业毛利率、净利润、营业收入情况如表 1-21 所示。

表 1-21

公司	毛利率	净利率	营业收入	
贵州茅台	稳定	稳定	小幅增长	行业地位强化、经营增长
五粮液	稳定	稳定	中幅下滑	行业地位小幅弱化,收入利润衰退
洋河	稳定	稳定	稳定	行业地位强化,保持全面稳定
泸州老窖	下滑	下滑	下滑	业绩全面下滑,从第一梯队降级到第二梯队
山西汾酒	下滑	下滑	下滑	业绩全面下滑,行业地位急速下降,被大部分中型白酒企业超越
古井贡	基本稳定	小幅下滑	小幅增长	经营稳定,行业地位上升

资料来源:上市公司财报。

可以看到川酒陷入了严重的衰退,无论是五粮液、泸州老窖这些一线龙头企业,还是水井坊、沱牌舍得等二线白酒企业。与此同时,以洋河为代表的江淮名酒相对地位得到提升,江淮名酒与川酒出现了一强一弱的变化。强势崛起的还有贵州茅台,贵州茅台市场份额扩大、利润提升、收入增长。以贵州茅台为首的贵州酒和以洋河为首的江淮名酒在行业调整过程中崛起,而川酒整体性衰退。这种分化还在日益强化。

高中低端白酒经营出现了全面分化

表 1-22 是泸州老窖 2015 年中报部分数据。

表 1-22

	营业收入（元）	营业成本（元）	毛利率（%）	营业收入同比增长（%）
分行业				
酒类	3 535 003 699.66	1 742 812 816.14	50.70	1.86
分产品				
高档酒类	578 410 804.72	91 449 682.03	84.19	11.95
中档酒类	1 023 656 059.53	272 073 109.18	73.42	27.11
低档酒类	1 932 936 835.41	1 379 290 024.93	28.64	−10.02
合计	3 535 003 699.66	1 742 812 816.14	50.70	1.86

资料来源：上市公司财报。

泸州老窖是一个很好的样本，产品线覆盖高中低白酒三个档次。泸州老窖中报数据清楚地反映出高中端白酒已经开始复苏，而低端白酒还在衰退。这种分化体现出高中低端白酒波动周期不一致：高端白酒最早受到调整的冲击，也最早脱离危机，而中低端白酒目前竞争还比较激烈。

为什么白酒行业会在 2015 年上半年出现复苏

答案在全国白酒行业收入和利润变化统计表中。表 1-23 是 2012～2015 年中国白酒行业收入、利润、销量数据。

表 1-23

	2012 年	2013 年	2014 年	2015 年①
收入（亿元）	4 466	5 018	5 259	5 320
利润（亿元）	818	804.87	700	762
销量（万吨）	1 126	1 166	1 202	

① 2015 年上半年数据乘以 2 得出。

资料来源：国家统计局。

表 1-23 反映出在白酒行业大调整过程中，销量和收入两个指标都是增长的，

需求没有减少,而是持续增长,这是白酒行业走向复苏的根本原因。表1-24是2011～2014年乳制品、啤酒、白酒销量及增长数据。

表 1-24

销量(万吨)	2011年	2012年	2013年	2014年	复合增长率(%)
乳制品	2 376	2 518.7	2 672	2 642	3.60
啤酒	4 855.7	4 905.3	5 028.7	4 939	0.57
白酒	1 021.8	1 126.7	1 166	1 202	5.56

资料来源:国家统计局。

2011～2014年,乳制品销量复合增长率为3.60%,啤酒同期复合增长率0.57%,而处于行业大调整中的白酒在行业发展的低潮期复合增长率为5.56%,大幅超过啤酒和乳制品。这一组数据再次表明白酒的需求始终处于持续增长之中,正是这种增长推动了白酒行业的复苏。

我们需要高度重视白酒需求没有下滑这一重大信息,它决定了未发生持续的大衰退,以及复苏得较快。两年前白酒行业和资本市场的共识是,白酒产能过剩、需求不足,白酒需求会从1200万吨下跌到800万吨,白酒行业面临着价格与销量同步下跌的双重打击,只有经过长时间的波动和调整之后,才有望重新步入正常轨道。今天,客观数据证明白酒行业调整只是价格危机,需求不存在问题。从产业经济学的一般规律来看,需求从根本上决定了行业命运,需求增长可以解决行业发展过程中存在的绝大部分问题。一个行业只要需求始终增长,就不会出现长期的业绩下滑,白酒需求持续增长为白酒行业解决内部问题、重新复苏提供了根本的保障。

从表1-24可以看到白酒的销售收入持续增长,与此同时上市白酒企业的收入和利润大幅下滑。这种不符合常理的情况,是什么原因导致的呢?

答案在于全国白酒销售收入数据,记录的是渠道向消费者的出货量,全国数据增长反映消费者的白酒消费量是增加的,而上市公司财务报表提供的数据反映的是企业向渠道的出货量。消费者增加的消费量在过去两年主要消化了渠道长期累积形成的库存。如图1-20所示，不断增长的消费量先要消化渠道库存，之后才能推动厂家的出货增长。与此同时，渠道因为受到价格暴跌的压力，大幅压低了进货价（出厂价），使得厂家的销售收入大幅下跌。增长的消费量在消化了渠道库存后，再推动渠道加大力度从厂家进货，从而使厂家业绩复苏。目前渠道库存已经大体消化完，渠道从厂家进货的价格开始恢复正常，于是我们看到了上市白酒企业经营数据的恢复。

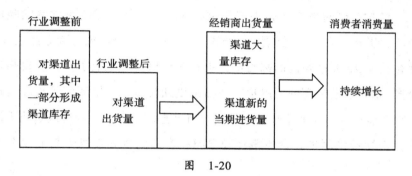

图 1-20

白酒价格相对于消费者收入有敏感性。过去白酒的高价使很多消费需求被抑制住了，当价格下跌后，潜在需求变成现实需求。需求不足是因为价格过高，价格下跌需求就会创出历史新高，白酒的需求不会绝对饱和。白酒需求持续增长的事实表明，白酒的需求根植于中国人的生活、交往、饮食方式之中，白酒消费是建立在中国社会最基础、恒久的生活、交往和饮食习惯之上的，不可能轻易改变。

为什么是分化式复苏

过去3年白酒行业经历了一个泡沫破裂的过程，我把泡沫分为两部分：外部泡沫和内部泡沫。所谓外部泡沫是指渠道库存、整体价格虚高两个问题。外部泡沫最严重的是贵州茅台，贵州茅台渠道库存高、价格炒作的成分多，于是在行业调整早期价格跌得最惨，渠道受到的冲击最强烈。当价格腰斩，渠道库存全面清空之后，贵州茅台的外部泡沫随之消失。从整个行业看，渠道库存和价格虚高这两个外部泡沫已经解决，白酒行业大体已经没有外部泡沫，当下主要是内部泡沫。所谓内部泡沫是指在产品结构、销售体系上存在的结构和模式问题。内部泡沫最严重的是以五粮液和泸州老窖为首的川酒，这些企业的产品庞大而复杂，以至于管理层不知道他们有多少子品牌，同质化产品多、个性化产品少。五粮液和泸州老窖的渠道体系非常复杂，包括运营商、总代理、大区代理、专卖店。这种复杂的体系是与其复杂的产品种类相适应的。以五粮液、泸州老窖为代表的川酒在产品结构、销售体系上存在着严重的结构性问题，需要对这些问题进行变革。洋河、贵州茅台的产品结构比较单一，可以集中资源通过大单品占领市场。贵州茅台全国2000家经销商都直接由贵州茅台供货，形成了一种从贵州茅台直接到全国2000家经销商的短渠道。洋河则更加简单，其渠道都是自己构建出来的，可以直接控制。洋河不依赖经销商，自己直接做市场，销售链条几乎没有中间环节，市场结构简单。贵州茅台和洋河在产品结构和市场体系上没有结构性问题。

有的公司既有外部泡沫又有内部泡沫，因此无法在解决内部泡沫前复苏。有的公司只有外部泡沫没有内部泡沫，当外部问题解决后就能马上复苏。这就是分化式复苏的根本原因。

新增需求是个性化需求，推动白酒行业在复苏中分化

不同于钢铁、水泥这些同质化产品，白酒的产品结构是分层次的。白酒产能过剩指的是那些非名优、同质化、无个性、缺乏性价比产品过剩，并非名优、高性价比、有口味和品牌优势的产品过剩。名酒、好酒、个性化酒不过剩，同质化、无个性、无性价比优势的白酒全面陷入了过剩。今天，过剩的依旧过剩，不过剩的名酒、好酒在老百姓能消费得起的新价格体系下，重新供不应求。新增需求及原有需求快速向高性价比、有口味优势的名优酒聚拢，其需求快速增长，同时同质化白酒过剩越来越严重。这种供不应求和持续过剩同时存在，导致白酒行业在复苏过程中大幅分化。这种分化随着消费个性化的兴起会持续下去。

分化是行业健康发展的内在需要

从更深层的本质上看问题，分化是行业发展的必然。行业发展是一个逐步从分散到集中的过程，是一个持续的从自由竞争向寡头竞争的过程，是行业内部强弱分化持续变化的过程。迄今为止，没有一个产业像白酒行业这样上万家企业长期自由竞争，且长期普遍繁荣，这种状态是与行业经济学揭示的行业发展规律完全相背离的。因此，白酒行业需要强弱分化，消除过多的经营者，提升行业集中度。经历这轮调整，越来越多的白酒企业陷入了经营困难，退出市场，市场份额大量集中于强势企业。我们看到的行业分化现象固然有一些具体原因，但这是迟到的行业集中度提升的必然表现，本来早该发生，但因种种原因而滞后，现在这滞后的历史进程启动了。

几个关于未来的预判如下。

第一，分化将会持续加剧，发展已经陷入停滞和衰退的企业可能将会持续这种状态，而进入复苏和成长期的企业将会以越来越快的速度成长。洋河与贵州茅台将会携手大幅拉开与其他名酒的距离，最终贵州茅台全面占领中高端，洋河在中端快速突破，两家联手使高端与中端率先实现寡头化。它们扩张的过程是其他白酒企业持续衰退的过程，已经展现出来的两家白酒企业经营数据的逆势上涨与其他白酒企业的持续衰退，是未来几年行业持续发生分化的前奏。这个进程会日益强化，最终引发格局性变化。将来中国的白酒地域格局是贵州和江淮崛起，同时四川相对地位下降，酱香酒会成为发展最快的酒类。

第二，高中低端白酒的成长速度从高到低依次降低，高端增长速度最快，中端次之，低端最低。假如行业需求增长率仍旧维持 5.6%，中端白酒的收入增长速度可能是行业增长速度的 2 倍，高端增长速度是行业速度的 3 倍。在这个判断下，贵州茅台将会以更快的速度实现复苏，真正面临困难和压力的是低端白酒。

从过去 20 年白酒企业经营历史看未来[一]

中国主要白酒企业上市以来的净利润如表 1-25 所示。

表　1-25　　　　　　　　　　　　　　　　（单位：亿元）

年份	贵州茅台	五粮液	泸州老窖	山西汾酒	古井贡	洋河
1998	1.5	5.5	1.7	0.04	1.4	
1999	2.2	6.5	1.2	0.03	1.5	
2000	2.5	7.7	1.7	0.1	1.5	
2001	3.3	8.1	0.8	0.3	0.67	
2002	3.8	6.2	0.5	0.15	0.17	
2003	5.9	7	0.4	0.4	−0.04	
2004	8.2	8.3	0.5	0.9	−1.8	
2005	11.2	7.9	0.5	1.3	0.05	
2006	15.4	11.7	3.2	2.6	0.1	1.8
2007	28.3	14.7	7.7	3.6	0.3	3.8
2008	38	18.1	12.7	2.5	0.3	7.4
2009	43.1	32.4	16.7	3.6	1.4	12.5
2010	50.5	44	22.1	4.9	3.1	22

[一] 本文写于 2015 年 10 月 21 日。

（续）

年份	贵州茅台	五粮液	泸州老窖	山西汾酒	古井贡	洋河
2011	87.6	61.6	29.1	7.8	5.7	40.2
2012	133	99.3	43.9	13.3	7.3	61.5
2013	151	79.7	34.4	9.6	6.2	50
2014	153	58.3	8.8	3.6	6	45

资料来源：上市公司财报。

表中反映了白酒行业包含的一般规律。

第一，白酒行业是周期性行业。表1-25中的数据可以分为三个阶段来看：① 1998～2002年，白酒行业整体处于低增长期，除贵州茅台小幅增长外，其他企业的发展都陷入了衰退和停滞；② 2002～2012年，白酒行业出现了持续10年的全面普涨；③ 2012～2014年，白酒行业开始大规模调整。历史数据显示白酒行业周期性具有长周期、大周期特点，且与中国股市的周期恰好相反。中国股市是牛短熊长，白酒行业则是牛长熊短。已知的白酒衰退期一般在3～5年内就会结束，成长期则有10年之久，长于衰退期。

第二，贵州茅台的成长稳定性持续穿越衰退期。我把部分白酒企业的净利润按照三个阶段进行分类统计，得出表1-26。

表 1-26

公司	1998～2002年		2002～2012年		2012～2014年	
	增长倍数（%）	复合增长率（%）	增长倍数（%）	复合增长率（%）	增长倍数（%）	复合增长率（%）
贵州茅台	153.33	16.12	3 400	38.16	15.04	4.78
五粮液	127.27	2.42	1 501.60	28.68	41.29	-16.27
泸州老窖	-70.59	-21.71	8 680	50.20	-79.98	-41.48
山西汾酒	275.00	30.26	8 766.66	50.34	-72.93	-35.31
古井贡	-87.80	-34.41	4 194.12	40.75	-17.81	-6.33
洋河					-26.83	-9.89

资料来源：上市公司财报。

如表 1-26 所示，贵州茅台无论是在行业增长期还是衰退期，都没有一年出现过业绩衰退。并且统计数据清楚反应，越是在行业的衰退期，贵州茅台相对于其他企业的成长优势越明显，反而是在成长期里，贵州茅台的成长速度并没有大的优势。1998～2002 年，贵州茅台的净利润复合增长率为 16.12%，五粮液为 2.42%，其他企业除山西汾酒因特殊的假酒案影响在低水平上有高增长外，泸州老窖、古井贡净利润复合增长率都为负。2012～2014 年（白酒行业衰退最严重的时期），贵州茅台净利润复合增长率 4.78%。与此同时，除贵州茅台之外所有的白酒企业净利润复合增长率都出现了大幅负增长。而在 2002～2012 年白酒行业牛市中，贵州茅台的净利润复合增长率只比五粮液高一点，低于其他白酒企业。数据揭示贵州茅台有非常好的成长稳定性和抗衰退能力。

第三，近 20 年来多家白酒企业出现了大的经营波动，如泸州老窖、山西汾酒、古井贡发展都有过长期衰退，之后又迎来转折，形成了经典的困境转折。我在研究相关原因时认识到，以经营策略和管理为驱动力的经营成长有阶段性，不能连续跨周期持续增长。我们回看过去 20 年，可以发现经营策略灵活、管理能力强的白酒企业会迎来快速增长，如五粮液崛起是以管理和经营策略创新为推动力的。近 10 年内，五粮液依赖管理策略推动成长的做法被洋河继承，于是洋河凭借策略和管理创造了奇迹。五粮液由于未能持续强化策略和管理，被洋河超越。管理和策略驱动下的成长稳定性差、跨周期难度高，原因在于基于策略和管理驱动成长需要不断创新、革命，能做到永远创新、革命是很难的。策略和管理驱动的成长存在不稳定性，在高速成长后容易发生停滞，其本质是经营策略优势和管理优势很难保持持续领先的必然结果。

第四，白酒行业是一个由历史文化品牌驱动的竞争行业，只要品牌不彻底出问题，总能复苏。白酒品牌是由历史创造的，因此不太容易毁灭，在正常情况下遇到困难的名酒迟早会复苏。山西假酒案导致山西汾酒从行业老大落到亏损边缘，泸州老窖早期因过度多样化经营困难，古井贡内部管理人员动荡给其造成严重打击，但最终它们都复苏了，这是名酒强大品牌的表现。另外，我发现遇到严重挫折的白酒企业触底反弹的时间往往较长，大多要5年左右，在迎来转折之前需要在困难中持续徘徊几年。部分企业会在底部经历一系列曲折艰难，直到山穷水尽时才痛下决心全面改革。因为有品牌保护，在全面改革后企业必然复苏。

以上是我对白酒企业过去20年利润变化数据的观察思考。我想通过对历史数据的抽象思考找出一些规律，以便预测未来。历史数据背后一定包含着深刻的原因和道理，如果这些原因和道理仍有效，就可以用它们预期未来。在这四个规律中，我对其中两个进行了进一步思考。

第一，为什么贵州茅台出现了持续稳定成长？为什么贵州茅台尤其具有抗行业衰退的能力？答案可能有以下几个原因。一是贵州茅台产品结构简单。一直以来，贵州茅台营业收入90%来自单一产品。贵州茅台酒对消费者的吸引力是所有白酒中最强的，正是这种核心产品无限巨大的品牌影响力，使得其销量具有稳定性。当衰退期到来时，贵州茅台强大的品牌影响力压制了竞争对手，挤占了对手的市场份额。二是贵州茅台的经营始终遵守传统和历史规范，没有频繁过度创新，没有推出能产生阶段性增收效果但不利于长期稳定的经营措施。过去20年白酒行业不断创新，违反行业规律的模式大肆流行，如委托外包生产和无限内贴牌。这些模式增加了短期收益和利润，但本身不符合白酒行业的规律。贵州茅台并不跟风，坚持做传统的继承者。

贵州茅台的这些优势在未来会延续吗？我认为会延续。品牌源于历史，不会在短期发生变化；产品简单和单一的特征不会改变；遵守传统的经营理念特点没有变化，因此在行业总需求持续稳定的情况下，贵州茅台的经营优势会延续。1998～2002年是白酒行业调整期，贵州茅台取得了16.12%的净利润复合增长率，未来贵州茅台的净利润复合增长率一定会高于16%，因为贵州茅台的竞争优势比15年前大幅提高，中国社会人均收入也在大幅增长。

第二，陷于严重困境的山西汾酒和泸州老窖会不会再次复苏？答案是：会！这种复苏和历史上白酒企业经历较长时间低位徘徊后的复苏应该有一定一致性，因为严重衰退的根源在于企业内部有深层问题,要复苏必须先解决这些深层问题,而解决深层问题不是一朝一夕的。因此,泸州老窖、山西汾酒的复苏有其确定性,更有其艰难性。最近泸州老窖在进行内部深刻改革,这个过程已经启动,但其效果不会一蹴而就,足够的时间是非常重要的复苏条件。

以上是我对历史数据统计的思考,很多关于未来的预测是要通过研究历史规律实现的。

1862～2014年贵州茅台的产量、价格及思考①

在茅台酒获巴拿马万国博览会金奖100周年纪念大会上,贵州茅台向参会人员赠送了一批重要的中国酒文化以及贵州茅台发展历程资料。活动结束后,我对这些资料认真进行了研读,发现资料中有贵州茅台1951～2014年产量、价格的记录,1862～1949年的产量、价格也有文字介绍。以资料中的数据为基础,我对1952～2014年贵州茅台的产量和价格变动情况进行了统计分析。

对数据进行加工处理之后,可以看到过去60年贵州茅台在产量和价格两个方向始终保持量价齐升的基本发展态势。过去60年贵州茅台价格复合增长率达10.6%,产量复合增长率达10.6%,由此可计算贵州茅台营业收入复合增长率应超过20%。由于贵州茅台管理费用、销售费用占比很少,且常年增长幅度不大,收入绝大部分转化为企业利润,因此贵州茅台的净利润复合增长率应该在25%～30%。1980年前,贵州茅台的价格处于计划经济的约束下,只有5.5%的复合增长率,1980年政策上逐步允许自由定价后,贵州茅台价格复合增长率为15%,产量除了1960～1970年下降之外,其他时间均持续增长,60年来贵州茅台产能复合增长率10%。

---

① 本文写于2016年1月6日。

把时间再往前推 100 年，我对 1862～1949 年贵州茅台的产量和价格变化进行了考察。没有这一时间段具体每年的产量和价格数据，但是资料中提供了这近 100 年贵州茅台产量和价格的文字简介。1862 年前茅台镇酒坊毁于战火，同年大盐商投资建起的几个酒坊成为贵州茅台新的发展起点。在 1862～1915 年获巴拿马博览会金奖之前，贵州茅台没有足够大的市场，销售范围主要集中在遵义、贵阳和茅台镇本地。当时贵州经济极端落后，贵州茅台产量在 1000～3000 公斤波动，最高达到 5000 公斤，价格是一钱⊖二分⊜银子一斤酒，比其他酒价格贵了 5～6 倍，折算成大米可以买 12 斤。1915 年因为获奖，贵州茅台的产量开始上升，1915～1937 年最高产量达到了 3.7 万公斤，价格逐步涨到 2 个银元⊜一公斤酒，折算为大米可以买 30 斤。1937～1945 年因为国民政府迁都重庆，大西南成为中国抗日大后方，内地的教育机构及民族工业西迁，从而带动了贵州茅台的需求和价格上涨。这一阶段贵州茅台产量增加到了 6 万公斤，价格也出现了上涨，并且出现了华茅和赖茅竞相提价，华茅始终采取高于赖茅的价格政策以保持高端形象。这期间一斤贵州茅台酒的价格可以买 50～100 斤大米。1945～1949 年，贵州茅台产量、价格都维持在高位。

在 1862～1979 年近 120 年时间里，贵州茅台的产量和价格持续增长。随着社会日益稳定、经济日益发展，贵州茅台的产量和价格增长进一步加速，这是一个极罕见的成长历程。上海这个中国民族工业的摇篮曾出现过为数众多的著名企业，但这些企业在经历百年的社会变迁后能持续经营到今天的寥寥无几。这让我产生了两个问题。第一，贵州茅台为什么能保持如此长期的产量、价格同步成长？第二，贵州茅台已经持续 150 年的增长未来会继续吗？

⊖ 一钱 =3.125 克。
⊜ 一分 =0.3125 克。
⊜ 近代币种之一，现已废除。

2015年年报宣告贵州茅台已进入新一轮高增长期

贵州茅台2016年3月23日晚发布了2015年年报，收入和利润增幅不大，我们重点需要关注的是贵州茅台的真实销售。

2015年，贵州茅台真实销售437.8亿元（含增值税），比2014年增长了25.5%，揭示出2015年贵州茅台的经营已经进入新增长周期。真实销售没有完全计入营业收入，有一部分计入了预收账款，从而形成了预收账款历史新高82亿元。

2015年，贵州茅台把近四分之一的销售收入计入了预收账款，这里的预收账款其实是发完货，而且已经卖给消费者后收到的货款。正如2016年3月贵州茅台高管所说，2015年春节后出现了淡季不淡的现象，淡旺季没有差别，厂家和商家都没有库存。如果不采取这样的会计处理，真实销售增长25%，实际净利润增长应在35%左右，实际净利润达到200亿元。真实销售和预收账款的大幅增长证明2015年贵州茅台已经进入新增长周期！

2015年，贵州茅台分红率达到50%，每股6.1元，表1-27是2012～2015年贵州茅台的分红情况。

㊀ 本文发表于2016年3月29日。

表 1-27

年份	分红率（%）	每股分红（元）
2012	50.08	6.419
2013	30	4.374
2014	32.54	4.374
2015	50	6.171

资料来源：上市公司财报。

我们把2015年的高增长与2016年第一季度出现的更快的增长结合在一起可以看到一个事实，贵州茅台再次出现了白酒黄金10年中的高速增长，以接近50%的速度增长。为什么白酒行业还在调整，贵州茅台却出现超高速增长？

贵州茅台的高增长和2008年伊利、蒙牛快速挤占其他企业的市场份额，迎来持续高增长背后的产业经济学原理一样。2008年中国奶制品污染事件表面上是食品安全问题，实际上反映的是当时乳品行业集中度低、过度竞争出现的问题。乳品行业必须逐步消除行业集中度低的问题，走向寡头化，而走向寡头化的必然方式是大型龙头企业大力度挤占竞争对手市场份额，这是行业发展的共同规律。今天白酒行业调整的根本原因是行业集中度过低，钱太好挣，竞争不充分，经营主体过多。因此在危机发生后，白酒行业必然会缩减竞争者数量，提升行业集中度。行业集中度提升的过程也是龙头企业快速扩张的过程。

在白酒行业发展新阶段，名优品牌的优势将越来越大，弱小品牌将会退出，行业成长机会从人人有份转向了大企业独占。这就是为什么贵州茅台在白酒行业还没有完全走出困境时，就出现了超高速成长。接下来贵州茅台还会维持现有的速度持续成长，其成长速度要高于2008年后的伊利、蒙牛，因为乳品企业的产品基本是同质化的，消费者并不会专门追随某个品牌。白酒则不同，贵州茅台的产品与其他竞争对手是不同质的，贵州茅台的品牌价值和性价比大幅高于竞争者。在这种特征下，贵州茅台的增长速度会快于乳品企业。同样是危机爆发后行业进入寡头化、集中化和龙头企业成长阶段，但白酒行业品牌差异化大于乳品行业，贵州茅台以更高的速度实现挤压成长。这种成长是产业经济学一般规律决定的，贵州茅台进入新的高速增长期是行业规律的表现，势不可当。

过去三四年，围绕贵州茅台的错误认知导致贵州茅台的估值严重与基本面脱节。当其展现新的高速增长时，贵州茅台估值仍处于较低水平。一般投资原理决定贵州茅台将进入快速估值修复，用专业人士熟悉的术语来讲，这种快速猛烈的估值修复就是戴维斯双击。2016年春天，贵州茅台将进入戴维斯双击阶段，修正长达4年的错误定价。

白酒行业在分化和格局之变中复苏[一]

10年一遇的白酒行业调整为什么会在较短时间内快速复苏？

中国的钢铁、煤炭行业在遇到调整后，首先表现为全行业亏损，其次表现为长期调整。钢铁、煤炭行业已经衰退四五年，到今天仍看不出结束的迹象，更看不出复苏的迹象！为什么白酒行业在如此之短的时间内就走出了10年一遇的大调整和大危机？答案在于白酒行业的结构是多层次等级化的，高端白酒卖1000多元，中端白酒卖几百元，低端白酒卖几元。

这种多层次等级化结构中包含着一种不平等的竞争，一旦需求不足或供给过剩，总是高端挤压中端，中端挤压低端，导致低端退出。白酒行业能快速走出调整完全是因为其不平等的高中低端等级次序，无论高端存在多么严重的过剩和需求不足，都可以通过下调价格层层挤压，把低端挤出市场，逻辑上不存在高端没有市场的可能。在煤炭、钢铁行业，产品是同价格的同质产品，当供给过剩或需求不足之后，谁该压缩产能甚至退出市场？因为没有等级次序，大家互相争斗，最后政府干预，设立了一些环保指标、能耗指标，强行让不符合要求的企业关闭。同质化传统工业制造类企业没有等级次序，不能快速确定谁应该退出，所以

[一] 本文写于2016年6月14日。

调整无法快速结束。

白酒行业的等级次序决定了在产能过剩时，注定是高端降价后重新获得市场，低端被迫退出。在等级次序的作用下，高端只要降低价格，就会挤占其他企业，这种挤占形成一种多米诺挤压，低端被挤出市场后行业调整就大体完成。从这个意义上讲，白酒行业特有的等级次序结构在产能过剩时，只要把价格压低就会一层一层向下挤压，最后低端退出，高端在相对低的价格水平重新获得需求。白酒行业产能过剩的危机本质上是价格危机和价格调整，只要价格下降到一定程度，新价格体系与新需求达成平衡，调整就结束了。事实上，白酒行业新价格体系2014年就已经形成。

一线酒复苏强劲，三线酒衰退严重复苏乏力

数据反映三线白酒企业基本上没有回升到高峰期的迹象，而以贵州茅台为代表的龙头企业创出经营数据和股价新高。在一线酒经营稳定，率先复苏的同时，三线酒大面积陷入经营困难，复苏乏力。白酒行业是一种等级化行业，弱势企业在行业兴盛期欣欣向荣成长，但当行业的总需求减少或者价格虚高的时候，弱势企业先承担代价和损失。在行业危机的时候，不平等的等级化本质会强化强势企业，弱势企业承担行业的困难，强势企业则持续吸纳行业中最精华的资源。

因此，我们看到强势企业逆势创新高，弱势企业越来越弱。这是白酒行业等级化的层次结构、资源分配方式导致的。强者优先占有资源，弱者被迫承担困难。钢铁、水泥、煤炭等行业发展规模也是强者越强，弱者越弱，但钢铁、水泥、煤炭行业的强与弱不明显，更没有达到等级化差异的状态，所以钢铁、水泥、煤炭行业调整的去弱留强是缓慢的，代价是巨大的。为了让弱势企业退出，强势企业不得不把价格降到低于成本，让弱势企业因无法承受巨额亏损而退出。在这个过程中，强势企业杀敌一千也自损八百。

三线酒衰退严重复苏乏力还有一个原因。过去10年中国白酒行业有两个成长动力，一是价格提升，二是通过向全国市场进军提升销量。这一轮调整让价格

提升驱动的成长完全消失了，只剩下由全国化推动放量成长这一条路可走。企业命运决定于其能不能进入更大范围的全国市场，将销量做大，实现以销量推动成长。在这样的行业基本发展规律之下，谁能实现全国放量呢？只有少数在全国范围内品牌价值高，市场开发能力有保证的企业才能不断向全国扩张。绝大部分三线酒的品牌影响力、产品质量及市场管控能力，都不支持其在一个竞争日益加剧的市场环境中实现全国扩张。不能向新市场进军的企业就不能成长，最终表现为衰退。

一流龙头企业凭借其品牌优势、品质优势、市场推广优势挤压弱势企业，向更广泛的市场空间扩张，从而稳定经营并在此基础上适度成长。一流酒的明显复苏和三流酒的整体衰退正是行业调整展开后需求萎缩、竞争加剧，市场份额向大型名优企业集中的表现。

分化中的格局之变

除了复苏，白酒行业更鲜明的特征是巨大的分化，以及由巨大的分化导致的格局之变。历经三年调整，当复苏来临时，实际上白酒行业的格局已经发生了深刻的变化，体现在四个方面。第一，贵州茅台一枝独秀，走出了一条与众不同的逆势成长道路，拉大了与其他竞争者之间的距离。贵州茅台的盈利超过了五粮液、洋河、泸州老窖、山西汾酒、古井贡盈利的总和。第二，五粮液、洋河、泸州老窖行业地位发生了明显变化，五粮液被洋河追上，两者争夺行业第二的争斗还在进行。泸州老窖则退出了行业前三名，明确掉出第一梯队，进入第二梯队。第三，有根据地的地域名酒市场份额上升。第四，古井贡超越山西汾酒。下面，我们根据以上这四大格局变化分别做一些详细分析。

为什么贵州茅台一枝独秀

行业调整之初，贵州茅台的渠道库存积压最严重，零售价泡沫最多。贵州茅台的消费需求中三公消费最多，因此当时人们普遍认为贵州茅台会陷入长期的衰退和不确定，而中低端是战略蓝海。这个认知今天没有变成现实，而且被证明是极端错误的。贵州茅台作为高端白酒第一品牌在资源分配上有强大的优势，在需求不足后可以通过降价通吃其他企业的市场份额。我们回头看，如果贵州茅台没有快速推动价格下调而是采取保价的政策，一定不会如此快速地走出危机。

事实上，贵州茅台第一时间就认识到降低价格是最正确的策略，并通过降价独占了千元酒市场，为自己的供给找到了足够的需求，这是白酒行业龙头企业特殊优势的表现。贵州茅台的一枝独秀还体现在它的特色优势上。行业内有一种说法，中国白酒分为贵州茅台酒和其他白酒，这句话很有道理。贵州茅台酒不是和其他白酒一样的饮料，它有自己的需求特征、定价原则及独特的服务人际交往作用。把贵州茅台酒归为饮料是不正确的，它是精神文化产品，饮料的经济规律、经营原则并不适于贵州茅台酒。把中国白酒分为贵州茅台酒和其他白酒有经济学规律做保障。在客观的经济特征优势、品牌优势、品质优势的基础上，贵州茅台管理层对其经营优势有深刻的把握，知道面临的真正的问题是价格危机，所以快速降价，较早地走出了困境。对贵州茅台的误判反映出很多白酒行业的专家并不理解贵州茅台的特殊性，尤其不理解白酒行业中存在着不平等的等级次序。

五粮液、洋河、泸州老窖为什么会出现分化

比较五粮液、洋河、泸州老窖，可以发现洋河表现最稳定，在行业调整中弯道超车，大幅超越泸州老窖，将其挤出前三名。洋河经营数据已经逼近五粮液甚至威胁到其榜眼地位。在行业调整过程中，五粮液2014年营业收入比2012年出现了最大30%的衰退，但进入2015年开始小幅回升，2016年第一季度突然强势复苏，出现了30%的正增长，开始摆脱洋河的追赶。泸州老窖在行业调整之初全年净利润为40多亿元，到2015年只有14.7亿元，2016年第一季度收入利润仍旧没有发生大的复苏，已经从前三名跌落到二线。导致3家企业不同经营状况的原因何在？3家白酒企业2012～2015年工作人员统计如表1-28所示。

表 1-28 (单位：名)

年份	五粮液		洋河		泸州老窖	
	生产人员	销售人员	生产人员	销售人员	生产人员	销售人员
2012	20 656	356	4 114	2 423	735	358
2013	19 170	508	4 646	3 541	731	366
2014	18 318	516	4 948	3 834	736	386
2015	18 179	488	5 897	4 088	675	168

资料来源：上市公司财报。

表 1-28 中数据显示，2015 年洋河有约 4000 名销售人员、6000 名生产人员，生产人员和销售人员占比基本相同，反映出洋河是一个生产和销售并重的企业。2015 年，五粮液有约 20 000 名生产人员，却只有约 500 名销售人员，显示出五粮液将大量的精力集中于生产，对销售的投入不大，其销售模式主要是委托大的代理商，自己不直接介入产品的推广。五粮液在某种程度上似乎相信酒香不怕巷子深，把全部精力集中在酿造和生产上，其酒质优势是明显凸出的，但没有在品牌渠道市场推广上投入更多，而是依托代理。泸州老窖 2015 年生产了 20 万吨酒，和洋河的产量一样，但只有约 700 名生产人员，同时泸州老窖的销售人员也只有约 200 名。这样的人力状态反映出泸州老窖没有强大的生产能力，未进行大规模人力投入。同时，泸州老窖的销售也和五粮液也一样依赖第三方代理商，不介入品牌渠道和产品推广。

洋河在生产和销售上都有足够的人力投入。2013 年，我应邀到洋河参观交流，其整个酿酒产区可以用连营十八里来描述，在一眼望不到边的大跨度车间里有成千上万个醅池，到处都是在空中移动的天车。现代化机械和系统自动化代替了一些纯体力劳动，因此其人力需求不及五粮液，但是生产端非常扎实。同时，洋河派出自己的员工到终端销售，销售人员约有 4000 人，这是洋河能够稳定应对这一轮行业调整的深层原因。洋河既全心全意抓生产，又投入了足够多的人力直接抓市场，品牌、渠道建设，在产销两个环节都有大量投入，因此能应对行业波动，实现经营稳定。五粮液只抓生产，在销售上没有大投入，在市场层面没有直接的力量，完全靠各种代理（代理承受冲击能力弱），从而在调整过程中就难以稳定经营。不过五粮液在生产上投入力度最大、最专业，其产品有品质。一旦行业复苏，客户自然会从品质好的企业买酒，所以五粮液在衰退到一定程度后随行业复苏开始明显复苏。泸州老窖衰退的最主要原因是在生产端和销售端都没有投入，既不抓生产也不抓销售，那怎么能稳定成长呢？

2015年，五粮液和泸州老窖的在产品和半成品如表1-29所示。

所谓在产品就是生产线上正在生产的产品，半成品是指已经脱离生产线，还没有变成成品酒的原酒。泸州老窖的在产品和半成品比例完全违反常识，难以理解其19万吨酒是怎么生产出来的。泸州老窖衰退严重、复苏较难，是有深刻的生产和销售方面的原因的。

表 1-29 （单位：万吨）

	五粮液	泸州老窖
在产品	13.01	9.46
半成品	90.02	14.87

资料来源：上市公司财报。

有根据地的地域名酒稳定增长

我们从数据中发现，在衰退严重的三线酒中，伊力特和顺鑫农业相对于其他三线酒表现出了强势和稳定的特征，为什么？答案就是位于四川、贵州和江淮这些传统名酒产地的三线酒的产量，本地是无法被消化的。本地市场养不活这么多白酒企业，一方面需求有限，另一方面企业多如牛毛，不可能为某家提供根据地的保护。位于传统名酒产地的三线酒必须开拓省外市场和全国市场，如果不能开拓异地市场，它们就没有出路，会经营困难。

而伊力特和顺鑫农业都不在传统名酒产地。伊力特位于相对偏远独立的西北地区，顺鑫农业位于特大城市，这些地区本身没有什么白酒企业，又有自己特殊的地域文化，因此如果某家企业长期经营，成为本地文化的代表和本地酒的垄断供应者，当地市场就成了它的根据地，不需要开拓异地市场和扩张全国就能生存。像顺鑫农业的牛栏山二锅头在北京的中低端市场占有率超过五成，形成了强有力的垄断。2013年，我应洋河邀请参加国内白酒专家交流会，会上白酒专家晋玉峰讲了一个情况：在中国有两个白酒品牌不需要打广告就能卖出去，即贵州茅台和牛栏山二锅头。可见牛栏山二锅头在北京本地有强大的影响力和基础，北京2000万人口满足了这个品牌基础的根据地需求。同样的道理，伊力特在新疆代表当地文化和饮食习惯，是当地人际交流的首选。

处于非传统名优产地并在某一地域垄断了当地需求，自身品牌也代表了当地地域文化的白酒企业拥有稳固的根据地市场，可以凭借根据地市场实现了经营稳定。因此，三线酒中那些来自非名优产地，有稳定根据地市场的品牌经营稳定；处于名优产地，自身品牌没有优势的众多白酒企业无法在本地得到一块根据地市场，必须"走出去"，一旦走不出去就会全面衰退。这就是四川的水井坊、沱牌舍得等名酒全线衰退的原因。实际上，根本原因还是行业调整使提价成长模式消失，只有放量才能成长。假如企业不能放量，固守一个稳定的根据地也可以维持经营稳定，但没有根据地的企业一旦无法放量、全国扩张，就会面临严峻的问题。

古井贡超越山西汾酒

发生格局和地位变化的还有古井贡。古井贡超越了山西汾酒，成为二线酒新锐。目前山西汾酒与古井贡的营业收入和净利润差距不大，但是对比两家公司销售费用2012～2015年的变化（见表1-30），可以得出结论：实际上山西汾酒全国扩张已经失败，并且在现在业绩的巨大压力下阶段性地放弃了全国扩张战略，或者说不再执行原来大规模广告推动的全国扩张战略。古井贡的全国扩张却逆流而上，走在正确的、持续发展的道路上，实质上超越了山西汾酒。过去几年，山西汾酒通过大规模压缩销售费用维持了利润的增长，而销售费用中被压缩的广告费用是山西汾酒全国化扩张的重要推动力（虽然广告是一种高消耗、低产出的模式，但仍旧是开拓全国市场的关键）。山西汾酒利润的回升是以放弃开拓新市场实现的。没有收入增长、没有全国市场开拓，就不会取得长期可持续的、有意义的成长。当下中国白酒企业只有全国扩张,挤占竞争对手的市场份额,做大规模一条路。如果企业为了短期业绩压缩销售费用,在不能提高营业收入的背景下靠降低费用维持利润,就没有长期发展后劲。从这个意义上讲,山西汾酒的利润回升是低质量的。

表 1-30　　　　　　　　　　　　　　　　　　（单位：亿元）

年份	古井贡销售费用	山西汾酒销售费用
2012	10.76	13.78
2013	12.8	16.67
2014	13.04	11.14
2015	15.58	9.15

资料来源:上市公司财报。

我们再看古井贡的利润增长,同样看销售费用统计。过去几年古井贡总销售费用并未减少,但是对其投向进行了调整,压缩了广告费用,大幅增加了零售端促销费用。这实际上是一种更为精细化的有效市场开拓策略。大规模广告投入几乎是行业兴盛期所有白酒企业的共同手段,但成效一般。真正有效的市场开拓策略是决战零售端,在零售端直接投入费用。

伴随着行业环境的转变,古井贡放弃了粗放型的推广,回归到支持零售端销售,从而保证了销售收入的增长。古井贡的利润增长和行业地位提升是通过持续加大对销售的投入,促进销售增长实现的。这样的增长模式是可持续的,而且与行业环境相一致。在行业兴盛期,企业不促销就能实现销售;但是在行业衰退期,企业只有大规模促销收入才能增长。任何一家白酒企业要想在行业衰退期扩大份额,超越对手,都不能减少销售费用的支出,而且要增加,否则就不能挤占竞争对手的市场份额。但我们在现实中看到的是从一线酒到三线酒,几乎都为了净利润好看压缩了销售费用,唯有古井贡采取了顺应需求萎缩,加大直接促销力度的经营战略。古井贡超越山西汾酒靠的是经营模式和经营策略顺应行业环境的变化。山西汾酒在过去几年连续投入大额费用支持全国扩张未能取得战略成果,被迫放弃(或者暂时放弃),此时利润的增长和恢复实际上是没有可持续性的,收入增长才是利润增长的源头活水。古井贡会延续现有势头持续成长，而山西汾酒还需要观察。

白酒行业的分化还将继续

表 1-31 是主要上市白酒企业 2012～2015 年产量和销量数据。

表 1-31　　　　　　　　　　　　　　　（单位：万吨）

年份	贵州茅台		五粮液		洋河		山西汾酒	
	产量	销量	产量	销量	产量	销量	产量	销量
2012	24.30	25.70	14.27	15.31	21.62	21.65	4.18	3.79
2013	26.03	25.18	14.53	15.11	20.40	21.79	4.10	3.89
2014	2.36	2.42	12.03	11.89	20.17	21.08	3.21	3.28
2015	2.97	2.75	13.83	13.74	21.51	20.90	3.82	3.57

资料来源：上市公司财报。

这一组数据反映出主要白酒企业的销量并没有大幅增长，甚至销量复苏的程度不如收入复苏的程度，反映出零售端总需求并没有发生全面、本质的复苏。目前白酒行业的复苏并不是总需求全面增长推动下的复苏，部分白酒企业经营数据的复苏实际上是基于对存量需求的重新瓜分实现的。在未来较长一段时间内，白酒行业的总需求可能仍旧不会大幅增长，因此未来白酒行业的成长方式和机会体现在能否抢夺竞争对手的市场份额。白酒企业要想增长，必须挤占竞争对手，这是白酒行业未来发展的基本特征。在这种基本特征下，行业的分化将会越来越明显、越来越严重。分化以及格局之变的趋势将会日益强化，因为最基本的逻辑是市场里没有过多的增量需求，只有已经相对稳定的存量需求。白酒的行业集中度非常低，有上万家白酒企业，因此需要淘汰绝大部分经营者，由此未来几年白酒行业内部竞争会越发激烈，强者越强、弱者越弱，行业集中度逐步提升。目前逐渐展现出强势复苏的几家企业有可能会延续势头，而复苏乏力、衰退严重的企业经营可能会一年不如一年。

五粮液出现了戴维斯双击式复苏

在白酒行业调整过程中,资本市场和白酒行业一直有一种认知,白酒行业调整不意味着彻底走向衰退,而是发展过程中的自我优化,调整后一定会出现反弹和复苏。基于这个基本判断,人们认为一些衰退比较严重的企业在克服困难后,将快速大幅度复苏,从而引发资本市场的戴维斯双击效应。人们一直把目标锁定在衰退严重的三线酒,对泸州老窖和山西汾酒保持着强烈的戴维斯双击期待。然而行业调整进行到复苏阶段,人们寄予希望的这些企业没有出现基本面业绩的大反转,也没有出现估值水平的大幅提升,反而是五粮液出现了明显的戴维斯双击机会。五粮液基本面经历了严重的调整,之后激发了资本市场的极端悲观预期,长期维持在10倍市盈率。即使现在五粮液的复苏势头十分强劲,其市盈率也没有超过15倍。2016年第一季度,五粮液放了一个大卫星,成为白酒行业增长最好的上市公司,并且季报反映出五粮液彻底调整完毕,进入了属于自己的新成长期,此时30%的季报增长和十几倍的市盈率共同造就了一个人们期待已久的戴维斯双击。

五粮液2016年第一季度实现营业收入88.26亿元,同比增长31.03%;归属于上市公司股东的净利润为29.03亿元,同比增长31.91%;预收账款创13年来新高,达到68.26亿元。这一轮调整除了五粮液,所有白酒企业都出现了毛利率下降,只有五粮液毛利率走势非常奇怪。2013年,五粮液毛利率比2012年高3个百分点,2014年继续维持高水平,2015年有所下降,到2016年第一季度又重新回到2012年的水平(见表1-32)。

表 1-32

年份	五粮液毛利率(%)
2012	69.20
2013	72.53
2014	73.26
2015	70.53

资料来源:上市公司财报。

2013~2015年,整体上五粮液的收入下降,毛利率上升,这一定是因为毛利率低的低端白酒衰退更严重,因此高端白酒占比增加,在衰退过程中整体毛利率提升。2016年,五粮液营业收入增长 30%，但毛利率却下降到 2012 年的水平，说明 2016 年第一季度低端白酒复苏了，也说明此时五粮液的产品结构回到了 2012 年的状态。五粮液 60% 多的营业收入和 70% 多的利润来自 52°五粮液，2/3 收入和利润源于高端白酒，1/3 源于低端白酒。高端白酒在 2015 年经过调整后，已经全面集中在贵州茅台、五粮液上，且高端白酒是最先复苏的，在 2015 年已经完成，但因为低端白酒还在衰退，导致五粮液总的收入和利润增长不明显。2016 年第一季度，随着低端白酒复苏和高端白酒更强烈的复苏，五粮液的收入和利润数据出现强劲增长。五粮液有高中低端三个层次的产品，这种产品结构类似股票组合的高价股、中价股和低价股。当行业调整来临的时候，高价股先跌，随后中价股跌，最后低价股跌。五粮液的衰退一开始是因为高端受冲击，之后传导到中端，高端刚稳定住，中低端又开始衰退，所以当高端有复苏迹象时，中低端的衰退掩盖了高端的复苏。2016 年第一季度高增长，意味着五粮液高中低三个层次的产品市场同步复苏，已形成共振效应，表现为业绩的猛烈增长。

贵州茅台、五粮液、洋河三大龙头企业机会大

就基本面发展态势来看，经营模式和经营状态较好的贵州茅台、五粮液、洋河、古井贡、顺鑫农业将成为分化式增长时代的佼佼者。进一步考察估值因素，贵州茅台、五粮液、洋河既有基本面优势，又有估值优势，古井贡、顺鑫农业虽然基本面优势存在，但是没有估值优势。目前基本面最确定的 5 家公司中，贵州茅台、五粮液估值最低，考虑到大量的真实销售，两家公司合计估值均没有超过 15 倍市盈率。洋河估值为 17～18 倍，古井贡接近 30 倍，顺鑫农业也有 25 倍。考虑到估值水平，在白酒行业这一轮调整结束后，投资机会比较突出的是贵州茅台、五粮液和洋河。

贵州茅台可以长期实现两位数增长

2018年底我已经基本不持有贵州茅台了,那时贵州茅台的股价已经涨到800多元。我在700元左右卖掉了绝大部分持仓,因此我已经很少发表相关的文章,但是2018年10月底,贵州茅台公布的三季报出现了出乎意料的低增长,立即把贵州茅台打到了跌停板上,这是过去5年从没有过的。于是市场上的悲观情绪又开始大肆传播,人们认为贵州茅台从此以后将长期陷入个位数增长。很多贵州茅台的投资者和意见领袖主张这一观点,但是我基于自己的理论研究、思维模式及实践经验,提出贵州茅台仍然可以长期实现两位数增长。这个观点是我在2013年所写的《贵州茅台的成长是由收入水平驱动的,不会停止》的再次重申。

2018年10月29日(周一),贵州茅台跌停了。大部分人都不敢相信。

贵州茅台的任何经营信息都能快速地成为社会性话题。以我为例,昨天我接待了不下10家新闻媒体,有《第一财经》《财经杂志》,还有《证券市场周刊》,也有东南沿海的城市都市报。我还很好奇,问都市报跟贵州茅台有什么关系?对方说贵州茅台是很社会化的一个信息,都市报也要报道,虽然他们不是全国性媒体,更不是金融投资媒体,但是贵州茅台跌停已经跨越了资本市场,是社会性话

⊖ 本文写于2018年10月30日。

题。10月30日中午,我看到了贵州茅台发布的情况通报,就贵州茅台大幅下跌发表了一个情况说明。简而言之一句话,一切正常,全年的经营计划能够完成。公告发得非常好,贵州茅台日益老练了。昨天我在我所能接触的圈子里,包括线下、线上,都看到这样两个问题,第一个问题是泸州老窖、贵州茅台、五粮液和洋河都跌停了,白酒股怎么了?第二个问题是贵州茅台跌停了,贵州茅台怎么了?基本面怎么了?这才是需要大家特别重视的,也是我为什么说贵州茅台的公告发得好。

资本市场发生的价格下跌,至少贵州茅台的价格下跌,很可能是资本市场参与者的情绪变化引起的,和企业基本面没什么太大的关系。但是资本市场和社会大众往往有一种错误的思维模式,认为股价跌停一定是企业基本面有问题。我本人是搞价值投资的,一开始也经常犯这个错误。凡是股价变动,我都跑到基本面找原因,后来发现根本没那么多基本面因素能让股价暴涨暴跌,只是市场的情绪和精神状态发生了变化。

在这种情况下贵州茅台跌停,大众不知道这种涨跌是非理性的,就要追问基本面的问题。这一追问,贵州茅台就必须主动站出来澄清表态。

所以贵州茅台的公告发布得很及时,应该是有一些积极作用的,至少在一定程度上抑制了非理性情绪。市场参与者前一段时间曾非理性看多,现在又非理性看空。

今天我要讲的中心论点是贵州茅台可以长期实现两位数的复合增长。为什么这么说呢?第一,贵州茅台将来将陷入个位数增长这个观点是立足于一个季度的数据得出的。季度数据表现的是典型的短期经营状态。价值投资这种投资模式最核心的本质特点是什么呢?是立足长期。格雷厄姆在讲课的时候曾说,价值投资者必须要立足于永恒的视角来看问题。当下企业的状态不应该作为对其长期未来的判断依据,至少权重不能太大。价值投资者总是立足于长期,从长期的视角审视眼前,审视当下。有时候企业当下业绩表现确实比较差,甚至面临一些经营性困难,但那是短期的。短期困难是避免不了的,即便是一个有长期成长性和美好未来的企业，也不能完全排除短期经营状态出现的一些小波动，这是自然常识。真正的困难是长期不行了，只要长期视角上没有困难就不是问题。

这就是我说的第一点：基于第三季度一个季度的数据就认为贵州茅台长期增长为个位数，是犯了短视的错误。

第二，我们看到一些悲观言论，认为目前已经找不到贵州茅台的成长动力、手段、方法。那如果贵州茅台产量最多增长10%，岂不是没有成长动力了。这里我要讲的是一些价值投资的基本观点。价值投资服从这样一个经济原理或投资原理——凡是被你看见的利空就不会影响价值。大家都看到了的好消息已经被充分反映到股价上了，对未来股价产生影响的是大家现在还没看到、没预期到，但是未来会发生的情况。再次重复一下我的观点，机会和风险都是超预期的，超预期的好是机会，超预期的坏是风险。

所以我曾反复告诉大家为何我要弃贵州茅台而买银行股。银行股是有一些不足，但是它的估值太低了。某些H股城商行是按破产预期估值的，所以只要它不破产，股价就会上涨。回到贵州茅台，大家都说看不到贵州茅台的成长了，也就是说大家没有预期到贵州茅台除了提价和放量之外的新成长工具。所以一旦未来贵州茅台出现了新的成长动力，就会成为超预期的事实。于是问题就变成了假设贵州茅台的放量和提价都停滞下来，它还有没有新成长工具呢？这就回到了竞争优势的问题。竞争优势可以创造超预期增长，竞争优势存在，未来超预期成长就具有可能性。但是即便企业有竞争优势，也不知道其会以什么方式成长。这就是我要说的，贵州茅台的成长手段你不知道，贵州茅台管理层现在也不知道，但是它有竞争优势，它是中国最好的白酒企业、全球三大蒸馏酒巨头、全球市值最高的白酒股、中国人礼尚往来的载体、人际关系的润滑剂。这样一个竞争优势使它有成长的手段，这个手段现在你不知道，我不知道，管理层也不知道，但是慢慢可以开发出来。比如，全国9亿人用微信，现在我们不知道腾讯会开发出什么样的手段来变现，但是到时候它一定能利用这个竞争优势获得现金流。

做投资常会发现某个成长股会超越你的预期，这是为什么呢？因为它有竞争优势，所以在贵州茅台竞争优势真实、无比强大，并且日益强大的情况下，它最后一定会成长。如果所有的成长都被你看到，股价就不可能超预期了，一定是有看不到的成长才能超越预期。这就是我的观点。

举例来说，贵州茅台渠道利润过高这个问题已经存在很久了，贵州茅台一直都想解决，但很棘手。不过现在看来应该是要解决了，再不解决就危险了。贵州茅台渠道利润过高，一定要收回。贵州茅台酒零售价1800元，有800元给了渠道。贵州茅台收回渠道利润的过程就是增利的过程。现在贵州茅台有系列酒，还有国际化战略，所以我认为贵州茅台并不像市场说的那样不行了，成长空间见天花板了。我仍然认为贵州茅台可以实现长期的两位数增长。

说到这儿我就再重复一下为什么我要卖出贵州茅台。我不是不看好贵州茅台，真正的原因很简单，就是巴菲特说过的卖出股票的三个原因：第一，股价高估了；第二，企业出问题了；第三，有更好的投资标的。我属于第三种情况，至少我主观上这么认为。我感觉几倍市盈率的银行股安全边际更大一些，所以我离开绝不是看跌，绝不是贵州茅台没前途了。我相信贵州茅台独一无二的竞争优势未来还可以创造出超预期的成长。

第二篇

辩论论战篇

这是一个很有意思的现象。不敢想象作为一个投资者，我在投资一个企业的过程中，有相当长一段时间主要在和白酒专家，以及行业意见领袖进行辩论。2013～2015年，我一直被视为一个异类，因为我看好贵州茅台的长期未来，其股价却干净利落地下跌。这几乎令我声名扫地，资本市场的人把我当成笑话。我的观点和中国白酒专家针锋相对，而权威专家发表的观点很快就会在行业内传播，并成为行业的共同看法。我起初很重视专业人士的观点，但后来越来越感觉他们的观点在逻辑上有漏洞，而且论证不够严密。我发现某些观点在根本上是错误的，却依旧大范围流行。我认为这并不合理，于是开始提出相反观点，最后与专业人士进行了辩论。

在辩论的过程中，我有很多感触。我意识到即使是专业人士也不一定能保持情绪稳定，专业人士并不是任何时候都是专业的。我们太多时候因为对方是专业人士就盲目接受其观点，不能独立思考，更不敢提出质疑。

2013年,我和一位投资专家由于话不投机约定打赌。当时贵州茅台的总市值是2000亿元,投资专家认为将会跌到1000亿元以下,我认为不可能跌破1500亿元,如果跌破1500亿元,我就裸奔。后来,市值跌到了1500亿元之下,我履行了输家的承诺,但是即使输了赌约,我也不接受赢家的观点。我的失败是市场非理性造成的,我的理论不是错的,赢家的观点反而是错的。赢家可以凭借错误的观点赢得这场赌约,只是因为市场当时处于非理性中。换言之,赢家只是因为和非理性的大众想法一样,才赢了这场赌约。在这期间,我写了很多文章与对方辩论,阐述为什么我的观点是对的。这些辩论文章留下了很多有价值的观点。

裸奔之后我成了投资界的笑话,但我自信满满、斗志昂扬。此时我将战场转移到白酒行业,我认为有些白酒专家观点错误,于是我奋笔疾书不断写文章指出错误。一些专家认为贵州茅台酒零售价最终可能跌到五六百元,我认为这是在开玩笑。辩论日趋激烈,以至于搜狐网的白酒频道专门对这场辩论进行了报道,把双方的观点陈列出来,供大家参考。

2017年3月18日,贵州茅台召开战略规划会议,邀请我和王朝成先生同在会上发表演讲。当时贵州茅台党委书记李保芳先生设宴款待我们,在席间我们再一次发生了激烈的辩论,李保芳先生看到我们这架势随即拿出一个笔记本,分别记录下了我们的观点。这场辩论可以说是当年辩论的延续。

我的观点曾经没有人相信,但是时间站在我这一边。作为一个股票市场的资产管理人,在投资贵州茅台之前,我对贵州茅台的了解止于年报层面,对白酒行业的理解也都是纸上谈兵,但最后我的观点被事实印证了。

"秀才不出门,便知天下事。"即使不去现场调研,只要能抓住行业的深层逻辑,投资者也可以通过推演知道其未来的走向。虽然我的观点最终被证明是正确的,但是我并不比行业专家更了解现实情况,我只是靠高度抽象的逻辑推演做出了正确的预判。

之所以我和行业专家的观点会出现如此大的分歧,我认为主要是因为投资者思考的课题和行业专家思考的是不一样的。白酒专家并不是没有能力,他们帮助企业进行销售策划，给企业做经营顾问。但他们主要思考的课题是现实中的生产、推广、销售、品牌塑造等，解决的是当下的问题。而投资者需要预判企业的未来，预判贵州茅台未来5～10年的经营状况。投资者不用解决现实问题，他们主要研究未来长期的行业变化和企业经营状态的变化。长期的投资实践让我体悟到，投资是预测企业未来的比赛，而预测未来是处理现实问题的专家不擅长的，他们在预测方面并没有优势，反而是那些善于独立思考的投资者有可能凭借常识、逻辑思考穿越现象的迷局，准确地把握未来。有时候关于企业向何处去，总经理的观点并不一定正确，因为总经理可能24小时都在思考现实的人财物、产供销问题，没有精力思考长期的未来。我们经常以为行业经营者能帮助投资者预测未来，其实不然。

2013年，从媒体到一些白酒专家，再到投资者，都说贵州茅台在限三公消费之后会长期衰退，这个观点看上去有理有据，几乎无人不信，但后来却被事实证明是错的。人们总认为错误的观点一定没有道理，但关于贵州茅台的错误观点有理有据，而且理由和证据五花八门。

这是为什么呢？因为流行的观点绝大部分是本能、情绪、恐惧的认知。在股价暴跌时，大部分人已经恐慌了，恐慌以后就有一些本能的下意识认知。人们将其强加上一套形式化的逻辑外衣，让它看上去有理有据，有利于其传播。但是这套逻辑是在完全没有道理的情况下想象出来的。比如说，在看空贵州茅台的过程中，贵州茅台酒价格猛烈下跌后他们有一套逻辑，说贵州茅台酒的价格既然能从2000元跌到1000元，也完全可以从1000元跌到500元。这个说法给看空贵州茅台提供了理由和逻辑，但是这是一种想当然的逻辑，只有逻辑的形式，没有逻辑的意义。他们没有说为什么可以从1000元跌到500元，他们只是说能跌到1000元，就能跌到500元。以此类推，能跌到500元，就能跌到50元甚至5元！

还有一个恐慌之下非理性的错误认知被大众普遍接受的例子。2020年由于受疫情影响，部分人士认为中国经济将受重创，中国银行业将会一蹶不振。其实这个观点并没有依据，但是在它的流行过程中，有些人不断给它披上貌似合理的逻辑外衣。

最后请允许我用芒格先生的一段话结束开篇语:"每隔10年疯狂的人们就会把所有理性的人赶下台,这是疯狂的治理模式,我也无解。"他人误导我们的能力显然被低估了,优秀的魔法师可以让我们看到并不存在的东西。我们一直在与很擅长误导我们的人相处,想要保持理性太难。

从约赌裸奔到"精神经济学"⊖

几天前我打开自己的博客，忽然看到右下角新浪博客推荐中有一篇文章叫《白酒的骗局》。因为我自己长期重仓白酒股，尤其是贵州茅台，所以就看了一下。这篇文章的作者是扬韬先生，就这篇文章的主要观点来讲，我是不同意的，但是文章结尾扬韬先生发了一个赌约：贵州茅台市值会跌破1000亿元，为此我愿意以一元打赌。我认为这是不可能的，于是我在自己的微博上发了一段：本人准备应战，并将赌注提高！如果贵州茅台市值跌到1500亿元，我将在旷野中裸奔10分钟并录像，放到博客播放！不久我接到了上海证券交易所巴菲特研究会秘书长周贵银先生的电话，问我是否真的要赌，我回答："真赌，并请周秘书长见证。"于是周贵银先生发布了扬韬、董宝珍约赌的微博公告——现由扬韬和否极泰基金董宝珍约赌，由本人见证。赌约如下：扬韬说，贵州茅台的市值能跌到1000亿元。董宝珍说，别说1000亿元，如果能跌破1500亿元，他就裸奔30分钟而且现场直播。扬韬说，如果在5年之内贵州茅台市值跌不破1500亿元，他就剃光头1年。这则微博很快被投资界多人转载。

在赌约发布后，有网友发了一个帖：低级的炒作，董宝珍和扬韬的赌局使我

⊖ 本文写于2012年9月9日。

看轻了他们。这个帖使我认识到，有必要将这次约赌的原因和大家讲清楚。

我的持仓 50% 以上是贵州茅台，未来我还准备加大在白酒、中药、知名历史旅游景点等相关板块的投入。早年我投资过长城科技、中兴通讯、中集集团，后来我认识到生产物质商品的企业，长期确定性都比较弱，其成长往往是短期的，过程总是充满着不确定性；而消费品企业往往有确定的成长性，尤其是有持续提价权的快速消费品企业。于是我将这些思想总结到以下两篇文章和一篇访谈上，分别是《投资于压岁钱行业》（此文发表于《证券市场周刊》）、《贵州茅台背后的精神文化经济学》，以及雪球财经对我的访谈《董宝珍：从精神文化视角谈贵州茅台价值》。在这几篇文章中，我分享了自己的观点：成长就是利润年年增长，而利润年年增长在财务上必定表现为如下几种情况。

营业收入年年提高，利润率不变，利润年年增长。

营业收入不变，利润率年年提高，利润年年增长。

营业收入年年提高，利润率也年年提高，所以利润年年高速增长。

什么样的企业营业收入可以永无止境地不断增长呢？可能根本不存在这样的企业。于是我又想：有没有利润率年年提高的企业？思考的结果是：好像有。旅游景点的门票可以一直提价，从而使得利润率持续提高，贵州茅台酒的价格也在过去 60 年增长了约 500 倍。这令我大为振奋！为什么这些景点的票价和贵州茅台酒的价格可以持续提高？经过深入思考，我发现能持续提价的商品往往以历史和文化为依托，可以满足人们的精神文化需求。此类商品的定价并不仅仅取决于它的经营成本，还取决于消费者的收入水平和购买力，会随着人们收入水平的提高而提高，就像压岁钱一样会不断上涨，从而具备长期投资价值。

由此，我逐步形成了投资以历史文化为"护城河"、有永续提价权的快速消费品企业的理念。贵州茅台是其中最有代表性的，因此我重仓贵州茅台。如果贵州茅台真如扬韬先生所说会跌破 1000 亿元的市值，我的投资将遭遇全面的失败，我的投资体系就垮掉了，我坚信的投资理念也是错误的。如果我不做出痛彻心扉的反思，就对不起我的合伙人，我也无法再进步。这是我约赌的原因之一。

第二个原因是扬韬先生对贵州茅台发表了如下看法：总有一天，会有很多人以喝贵州茅台酒为耻，就好比杨达才的表将改变手表零售店前途一样。扬韬先生将贵州茅台涨价归因于三公消费，他的观点代表了当下市场关于贵州茅台最流行的看法。

我认为扬韬先生没有搞明白贵州茅台酒是一种精神文化产品，其定价机制和钢铁、水泥不一样。马斯洛需求理论提出，当人的物质需求被满足之后，被社会承认的需求就会出现。怎样能被社会承认呢？穿名牌、喝贵州茅台酒是其中一种方式。另外，人与人之间存在着相互表情达意的客观需要，请客送礼是主要的表达方式。礼品最好既有文化内涵，又具有比较高的价值。巴菲特投资的喜诗糖果也是能持续提价的，其根源就在于巧克力不仅是糖果，还是情人之间的礼物。

中华民族是一个讲究礼尚往来的民族，拥有五千年的文明。贵州茅台酒作为一种具有中国特色的精神文化产品，可以随着社会发展而提高价格，就像压岁钱和朋友结婚的礼金不断上涨一样。人们之所以买贵州茅台酒，是想通过其体现自己的价值，或者表达一种特殊的情意。贵州茅台酒的价格受三个变量的影响：①产量；②有多少人愿意通过贵州茅台酒体现自身的价值，或者希望把贵州茅台酒作为礼品；③这些人的消费能力和资金实力。

众所周知，贵州茅台产量有限，因此贵州茅台酒的价格基本由后两个变量决定。如果中国还没有解决温饱问题，根据马斯洛需求理论，被承认的需求将不存在，想表达自身价值的人就很少。同时，如果经济不发达，商业活动很少，将贵州茅台酒作为礼品的需求就会很少，那么贵州茅台酒的价格就不会很高。目前，中国已基本解决了温饱问题，进入了更高的发展阶段，同时经济活动发达。贵州茅台酒作为一种精神文化产品，其需求正随着中国经济发展和收入水平提升而迅速增加。我认为在需求增加、消费能力增加的情况下，相对于有限的产量，贵州茅台酒价格必然会上涨。

基于以上分析，就像扬韬先生坚定地认为贵州茅台会跌到1000亿元市值，我也坚定地相信贵州茅台在可预期的不久的未来会突破10 000亿元市值。让我们拭目以待。

  我在实践中认识到有一些行业的产品能够永续提价的根基源于产品背后的历史文化提供的"护城河"。为了对这一认识有更深入的理解，我在互联网上搜索了相关文章，却一无所获，网上没有相关的观点。因此，我个人把这种行业命名为"压岁钱行业"，把相关的经济学原理称为"精神经济学"。

  我有研究理论的爱好，喜欢阅读思考中国古代哲学和德国的黑格尔哲学。就像我在自己微博简介中的留言："我将倾毕生精力，致力于将中国哲学、中国文化与投资结合！"我将两篇文章发给了经济界的朋友，大家认为有新意，但也不好进一步评价，于是我被迫独立思考，其间与伙伴贾晓波先生反复讨论，最终觉得这个想法可能是有道理的。更为重要的是，过去两年多我基于这个理论管理的否极泰合伙基金，在持续的熊市里实现了两位数以上的正收益，这是一次非常重要的实证过程。经过实证，我现在已经比较确信这个理论的价值，但我也担心有自己考虑不到的问题和漏洞，非常想更广泛地深入讨论这个话题，以便得到专业人士和投资高人的批评和指导，使得这个理论得到深化和完善，或者各方面的人士能够对其进行证实或者证伪。这也是我参与这个赌约的重要原因。

答扬韬：贵州茅台的成长逻辑[一]

扬韬先生在《投资的逻辑》一文中提出一个深刻思想：投资的逻辑在于投资标的物背后最深刻、最本质的社会经济逻辑。比研究投资对象更重要的是知道企业取得良好业绩背后的终极社会经济逻辑，不同的社会经济逻辑提供不同的投资机会。成长逻辑是决定企业未来命运的基础，从良好财务数据深入数据背后的成长逻辑，并对成长逻辑的未来变化进行正确把握才是投资成败的关键。

比如，过去10年，水泥、房地产与乳品板块的财务数据都是标准的成长良好的数据，但相同数据背后的成长逻辑完全不同。乳品板块的成长动力来自消费升级，消费升级尚处于初期，同时会持续较长时间，因此乳品企业的成长逻辑会长期存在。水泥、房地产板块的成长动力来自房地产市场的火爆和狂热，是否能持续不确定，因此水泥、房地产企业的未来处于不确定中。

这是扬韬先生的文章《投资的逻辑》的中心思想和核心价值，我高度赞同！

回到贵州茅台，扬韬先生认为贵州茅台完美财务数据背后的成长逻辑来自三公消费，随着国家大力限制，贵州茅台将失去成长动力。我则认为支撑贵州茅台成长的逻辑是中国礼尚往来的文化与精神性消费的兴起，中国文化会加速复兴，

[一] 本文写于 2012 年 9 月 20 日。

中国的精神性消费会持久增长，贵州茅台的成长基础将越来越扎实。这是我与扬韬先生的核心分歧。

以下是我对自己观点的进一步阐述。

从表面上看，三公消费部分使贵州茅台酒价格上涨，但本质上是贵州茅台酒的自身特质和价值吸引了消费者的追捧。若三公消费消失，贵州茅台酒仍可以凭借自身的特质吸引其他消费主体。

传统经济学认为：需求增加导致供不应求，价格上涨造成生产者大量进入，使供不应求变为供求平衡，价格下跌。因此，任何行业都不能维持长期的超社会平均回报，任何行业的长期回报都与社会平均回报不相上下，永远不会出现一个企业的长期回报大幅超越社会平均水平的情况，更不会出现任何一个企业长期回报超过社会平均回报越来越多的情况。

酒类是一个完全竞争性行业，同行业有几万家企业生产相似的产品。按照传统经济学的思想，在如此充分的竞争中贵州茅台不可能获得高利润，但贵州茅台长期不适用传统经济学的基本观点，这是为什么？

如果贵州茅台的利润率大幅超越平均水平，按照传统经济学原理，大量逐利资金会蜂拥而入，很快将贵州茅台的超高利润拉回平均水平。如果社会资金大量涌入白酒行业，复制贵州茅台，贵州茅台需求被大规模分割才符合经济学原理。但是贵州茅台的高利润并没有吸引来大量的竞争者，这是为什么？原因是社会资金知道贵州茅台根本不可能复制。

是什么导致逐利资金无法复制贵州茅台？答案是历史和文化！历史和文化为贵州茅台提供了永远无法复制的壁垒。贵州茅台酒是以其历史和文化为"护城河"，以食品为物质载体的精神文化产品，其价格走势必然随着社会经济文化水平的提升而提升，因为经济水平提升必然导致消费能力和精神需求提高，精神文化产品的价格也会相应提升。

贵州茅台在三公消费完全消失后，会不会如扬韬先生所说的经营将一落千丈呢？

先讨论一个关联问题：若三公消费消失了，那么中国社会还会有假贵州茅台酒吗？我们引用网上流传的数据做一道算术题。

问：假设贵州茅台酒 70% 的需求为三公消费，贵州茅台酒真假比 1∶9。如果这两个数据是真的，在三公消费完全消失后，贵州茅台酒的需求会怎样变化？

答：如果需求减少 70%，同时假酒（释放 9 倍需求）总的供需情况是真贵州茅台酒更加供不应求。

同时，若三公消费完全消失，中国整体的社会经济的效率和公平性会大幅提高。社会经济快速发展、GDP 和人均收入水平大幅提升会带动精神文化产品的需求，贵州茅台酒的需求和价格也会相应提高。从这个意义上讲，限三公消费对贵州茅台有利无害。

综上所述，我认为扬韬先生的观点存在明显的问题。

一是本末倒置，表面化看问题，认为贵州茅台酒的需求只依赖于三公消费。

二是不能系统辩证地看问题，没有看到限三公消费能推动贵州茅台健康发展。

三是不理解贵州茅台酒是精神文化产品，被传统经济学束缚。

与王朝成先生商榷：贵州茅台发起价格战正当其时[一]

我与著名白酒专家王朝成先生在 2013～2017 年围绕贵州茅台的辩论，可以说是这场茅台大博弈思想交锋的最高潮。这场辩论引发了白酒行业及媒体的关注，我们的观点针锋相对。当时李保芳先生专门设宴，把我和王朝成先生安排在一起互相讨论。2017 年 3 月 20 日我发了一条微博，记录了当时我们在宴席上的辩论：今天中午，李保芳先生专门宴请了我和王朝成先生。王朝成先生的白酒实盘操作能力比我想象的强 10 倍。然而在中国高端白酒的价值本质和发展战略上，我与王朝成先生在酒席上发生了争论，声音把茶杯都震得颤抖了。最后，李保芳先生说在不久的将来会主办一场专门的论坛，由我们发表各自的观点，开放讨论。我非常高兴！因为我认为关于中国高端白酒价值本质的真理在我手里。目前认识到这一真理的人非常少，我有责任和义务推广这一真理。

同时，这场辩论也引起了媒体的关注，搜狐网专门对辩论双方的主要观点进行了报道。

前几天我拜读了王朝成先生关于贵州茅台的文章《茅台——开放品牌代理权的压货运动能走多远》。王朝成先生是很有思想的白酒行业专业人士，我曾多次

[一] 本文写于 2013 年 7 月 24 日。

从他的观点中吸取有价值的观点，但关于这篇文章我在一些关键问题上有些不同看法。

王朝成先生认为：贵州茅台目前不应该主动放量，不应该采取主动措施，应该让市场休养生息。企业经营措施的依据来自行业发展阶段和行业竞争结构，两者构成企业经营的背景。任何企业管理层推出的政策都必须与自身所处行业的背景相适应，行业背景与企业策略在某种情况下是舞台与演员的关系，演员表演深受舞台的约束。贵州茅台开放经销权、触网、低端降价这一系列措施的本质是什么？这一系列策略对不对？

我认为贵州茅台加大供给，本质上是发起了一场去弱留强的大规模价格战。贵州茅台酒零售价有两层意义。

第一，贵州茅台酒零售价决定了白酒行业价格带的上限，或者说价格带的宽度，而价格带的宽度又决定了行业内部竞争的激烈程度。如果贵州茅台酒零售价非常高，如达到2000元以上，如此宽的价格带会使行业内部竞争相对缓和，企业的日子都比较好过。反之，如果贵州茅台酒零售价在1000元出头，价格带宽度大幅收窄，行业内部企业的竞争必将非常激烈。从这个意义上讲，贵州茅台控制零售价对自身与行业都有深远的战略意义，零售价超越正常幅度上涨的结果是有利于竞争对手，不利于贵州茅台自身。反之，在确保自身和经销商利润合理的同时，贵州茅台应压低零售价，让竞争对手产生压力，使自己的竞争地位更加稳固。

第二，如果贵州茅台酒零售价比较高，贵州茅台的经销商利润空间就比较高。此种情况下会导致经销商缺失市场开发的意愿和必要性，长期而言对贵州茅台的市场化开发和民间化转型不利。反之，如果贵州茅台经销商的利润率处于合理水平，其开发市场的积极性会提升。如果贵州茅台将零售价控制在1000～1200元，可以确定经销商渠道利润率40%～50%。经过对全国上市商业企业进行统计，我发现毛利率没有超过30%的，而贵州茅台经销商却能获得40%～50%的利润。这也是当前贵州茅台酒零售价较低，但贵州茅台开放经销权后，几天内 3000 吨的供给就被瓜分的原因。

此外，贵州茅台酒 1000 元出头的价格会使次高端和二线酒受到明显的挤压，它们没有能力在 1000 元以上销售自身产品，很多次高端和二线酒的价格集中在 500～1000 元，彼此竞争异常激烈，而贵州茅台则可以远离这种争斗。因此，将零售价有效控制在一个较低水平对于贵州茅台来说，是在格局上取得竞争优势的战略手段，也是巩固强化其龙头地位、甩开竞争对手的必要手段。从这个意义上讲，今天向市场抛售 3000 吨的库存，是贵州茅台基于行业和自身利益发起的具有战略意义的价格战。这场价格战将使贵州茅台的地位更加稳固，而竞争者被挤压到一起，彼此相互削弱。

王朝成先生在文章中说贵州茅台抛出 3000 吨新供给是贵州茅台董事长对上级负责，无视行业规律和企业长远利益的做法。我觉得费解，王朝成先生是白酒行业的思想者，但对这个问题的看法太表面化了，没有深度甚至丧失了客观性。贵州茅台管理层真的是为了完成上级任务，不顾企业长期利益、行业规律和行业现状，盲目加大供给吗？管理层会不顾行业规律，在不该加大供给的时候加大供给把价格体系搞坏，使得以后的工作没法开展吗？实际上，根据常识和白酒行业基本规律，我认为在贵州茅台销售由淡季向旺季转化的关键时点上，增加 3000 吨额外供给是经过精确推敲计算的。这 3000 吨恰好能把其零售价控制在 1200 元上下，同时又稳定了行业环境，具有深远的战略意义。限于篇幅，以后我会专门阐述这个问题，此处不再赘述。

贵州茅台为什么要发起价格战

王朝成先生还在文章中提到：为什么一个企业非要成长呢？为什么在行业整体衰退的背景下，贵州茅台还要成长呢？他对贵州茅台主动采取措施，逆市成长提出质疑。我特别想谈一下什么叫有意义的成长，企业应该在行业发展的什么阶段成长。企业应该在猪也会飞的阶段大规模扩张、野蛮成长，还是在行业衰退和萎缩的时候扩张成长？纵观中外，李嘉诚、巴菲特、王石、希腊船王等都采取逆势增长策略,在行业衰退的时候主动出手,击败对手,实现结构性超越。从某种意义上讲,强势企业必须能逆市成长,不能在行业衰退期成长的企业不是真正意义的强势企业,逆势成长才是真正有意义的成长!回到贵州茅台,作为白酒行业的超级品牌和绝对老大,在行业危机来临时,到底是该扩张、观望,还是收缩?我想从原则上几乎没有讨论的必要。如果贵州茅台不想留下遗憾,逆市扩张是不二选择。在行业衰退时扩张具有深远的战略意义,可以使竞争对手在格局上被挤压,使自身的竞争优势实现结构性强化。在行业衰退时,一些实力非常差的弱势企业采取收缩和观望政策是没有办法的办法,它们也只能收缩观望。而贵州茅台这样的强势龙头企业在行业衰退时不主动进攻,将丧失历史性的千载难逢的机会。从这点上看,我认为贵州茅台管理层是有大局观的,是对白酒行业有整体性深远认知的。3000吨的额外供给是重塑行业格局,引导行业更健康发展的战略性大手笔,不能因此而给贵州茅台管理层扣上只对上级负责、不懂行业规律、不了解行业现状、轻率盲目的帽子。

贵州茅台发起价格战的时机为时尚早吗

我的助手对我讲:"王先生文章中的本意似乎并不是贵州茅台不应该主动出击发起价格战,而是说现在有点为时尚早,很多好牌这么早打出去有点仓促。"对于助手的观点,我也讲了一些自己的看法。就整个白酒行业看,在一定程度上还存在着不够清晰和进一步观望的情况。但是贵州茅台不必服从整个白酒行业的规律,高端白酒的调整是先于全行业开始的,高端白酒需求萎缩最大的特点是一步到位,限三公消费在2012年末以极其快速猛烈的方式令高端白酒的需求硬着陆,今天高端白酒的调整已经完全展示出来了,没有什么不清楚的了。目前高端白酒的调整已经进入收尾,限三公消费的影响已经成为过去时,未来影响高端白酒需求的只有宏观经济,相关企业完全能够看到各方面的情况和信息,不存在不确定性。不确定的是高端白酒以外的二三线酒。王朝成先生担心贵州茅台出手时机过早,可能是把白酒行业整个态势等同于高端白酒的态势,其实两者不能画等号。高端白酒调整是早于、快于行业的，现在贵州茅台出手恰逢其时。过去10年，贵州茅台的主要矛盾是供不应求，就是扩产和增产，在加强营销和市场方面基本不需要操心。在营销方面，贵州茅台过去并没有做很多工作，不像有些企业已经穷尽了营销和市场开发的方法，没有创新空间了。贵州茅台不一样，它的市场开发过程才刚刚开始，可创新利用的方法非常多。

有人问我："你说贵州茅台的管理层水平很高，做得很对，为什么贵州茅台抛出这3000吨之后，市场零售价立竿见影明显下跌？如果贵州茅台管理团队做得对，为什么市场以下跌回应，而且跌得很猛？"我的答案是：贵州茅台要的就是价格下跌。目前零售价乃至资本市场的价格波动只不过是零售市场和资本市场两位市场先生情绪的过激反应。市场先生理解不了贵州茅台加大供给是为了压低零售价，实现对竞争对手的挤压，从而根本性拉开与对手的距离！二级市场的投资者和白酒经销商过度反应了。想一想，贵州茅台抛出3000吨后，是不是一方面把几十亿真金白银装入兜里，另一方面把激烈乃至残酷的竞争抛给了对手？这个时候，无论是实体经销商还是资本市场的投资者都要记住，这是今年旺季来临前最好的时机，而且是最后一次机会！无论是经销商低价进货还是资本市场投资者低价投资，现在都是最好的和最后的机会，在任何时候，能参透大局的人都是少之又少的。

贵州茅台一批价真的还会跌破 830 元吗[一]

王朝成先生在公开演讲和专题文章中曾提到，贵州茅台管理层向市场额外投放了几千吨的供给，由此可能会使其一批价再次下降甚至创出新低，跌破前期的 830 元。我想这种可能性在逻辑和事实上完全没有可能，因为 830 元的一批价是价格持续极端下跌下的"情绪恐惧价"，不是正常供需关系的反映。我们需要通过商品价格波动的基础原理来看待贵州茅台前期 830 元的一批价。

无论是实物商品还是金融商品，其价格变化过程本质上都是一群人在一个特定的时间段，围绕其供需关系形成的一个历史过程。这个说法非常像是绕口令，但是确实必须这么看待商品价格。这里有一组概念，首先是一群人，其次是历史过程。先从一群人来看，这群人可以分为两类，一类是消费者（指为了消费和使用商品而买入的人），另一类是贩卖者（指不以消费和使用为目的，而是为了卖出获取差价而买入的人）。消费者的行为特征表现为量入为出，由自己真实的需求决定消费量。同时，消费者会根据自己对未来价格走势的预期提前或滞后消费，如果价格连续上涨，消费者会为了防止未来成本过高，提前将未来需求拿到手；反之，如果价格持续下跌，消费者会延后购买。比如一个消费者正常应该买一周

[一] 本文写于 2013 年 8 月 22 日。

的消费量，但在价格下跌的时候，可能会一天买一次，消费者的消费量主要和需求挂钩。如果一个市场上只有生产者和消费者，价格的波动会相对稳定。

贩卖者赚取价差，其行为取决于价差的大小和方向。当价格向上波动的时候，价差拉大，贩卖者会大量买入，贩卖者的买入本身又放大了需求。贩卖者的行为特征与消费者完全不同，贩卖者的进退都围绕着价格变化。如果价格下跌，价差日益收窄甚至变成负价差，贩卖者就会无条件卖出。

假如一个商品的经营过程中既有消费者，又有贩卖者，最终价格波动会被大幅放大。相关商品的波动幅度与贩卖者和消费者的比例有关系，如果贩卖者占比太高，商品的波动幅度必然会大。这是因为贩卖者在价格上涨的过程中是买方，在价格下跌的过程中会变成卖方。这种贩卖者随情况变化，身份也变化的特点，强化了价格的波动。在一波下跌过程中，价格何时能止跌呢？这就需要几乎所有的贩卖者抛出自己的库存，最终抛无可抛，价格就会自然止跌，重新向上。2011年，贵州茅台酒零售价突破2000元，深层次原因是贩卖者不断推升价格。之后因种种原因高价格不能持续，最终下跌，贩卖者立即由买方变成卖方，并在持续下跌过程中抛售库存，直到2013年春天在830元止跌。止跌原因是几乎所有的贩卖者都清空了库存。我们如果今天还说贵州茅台酒零售价会再创新低，是不符合事物发展和价格演化的基本规律的，价格回升已经意味着整体渠道的库存全部清空。贵州茅台酒价格反转是在2013年4月发生的，这明显是一个淡季，能发生价格反转一定是抛空力量枯竭了，否则不会发生淡季价格企稳上涨的局面。

站在一般商品价格波动的原理看，无论是波动的高点还是低点，都不是真实供需关系的反映。你能说贵州茅台酒2000元的价格高点是其真实供需关系的反映吗？连续大幅波动过程中形成的低点和高点都是极端价格。

极端价格附近根本不是真实供需的反映，而是情绪的反映。极端价格并不是想什么时候出现就什么时候出现，而是需要一个连续的大幅单边下跌或上涨，并伴随着巨大的恐惧或者贪婪。这些条件只能在特定条件下形成，不可能接二连三地出现。王朝成先生说830元还会出现，反映出其不完全了解贵州茅台酒的价格机制。

那么贵州茅台酒的真实供需关系，尤其是民间需求的情况是怎样的？这是投资者最关心的问题，因为就本质上看，贵州茅台遇到的问题实质是三公消费退出，民间需求能否消化需求缺口。贵州茅台的问题是客户主体的变更，三公消费这个老客户退出了，民间需求成为新客户，因此民间需求的消费能力成为贵州茅台能否成功转型、进一步发展的关键问题。民间需求到底有多大，现在市场已经给予了明确的答案，不是一个不确定的问题，并且答案非常乐观。我根据公开信息并结合基本面事实分析后得出：在1000元出头的零售价水平上，贵州茅台酒的民间需求约为每年20 000吨。

因为出现了贵州茅台酒零售价在4月反转，以及经销商库存普遍偏低的事实，意味着民间需求不仅消化了三公消费退出留下的需求缺口，而且消化了贵州茅台渠道的历史库存。因此，可以通过考察三公消费规模和渠道库存规模来推算民间需求！

三公消费规模有多大，答案不需要费力寻找，直接引用贵州茅台在股东大会上透露的信息：三公消费约占贵州茅台酒消费量的8%，部分经销商达到30%左右。这里的部分经销商可以理解为100%的经销商，整体上有40%的三公需求是比较客观的。2012年，贵州茅台销售了14 000吨，三公消费约5600吨，这些之后将由民间需求承接。

过去10年囤积贵州茅台酒的投资回报超过任何一项投资，因此渠道囤积了大量贵州茅台酒。根据初步计算，渠道约有5000吨贵州茅台酒库存。囤积者的行为特征是价格越涨越囤货，价格下跌则不顾一切抛空。因此，2012～2013年初贵州茅台酒零售价由2000元跌到900元的过程是渠道库存杀出的过程。贵州茅台要想零售价止跌，必须把渠道库存消化掉。

2012～2013年，贵州茅台的市场供给比往年多出了两部分，一是原来由三公消费买单的大约5600吨需求，二是由于持续价格暴跌全面杀出的渠道库存，约为5000吨。在这个时间段集中发生的一系列变化造成民间需求的承接量由原来的每年 8400 吨突然变成了 19 000 吨，扩大了 1 倍多。在这种情况下，我们看到零售价下跌到了 900 元。

有人说，贵州茅台酒价格跌得这么快说明需求没有了，肯定需求不足。市场和大众普遍有一种认知，贵州茅台的民间需求非常脆弱，无力支撑贵州茅台长期发展，于是他们说暴跌千元的事实证明了需求不足。这种说法完全错了，暴跌是事实，但暴跌背后首先是供给的倍增。随着价格暴跌，民间需求整整消化近 20 000 吨供给被完全忽略了，这个成交量是往年的两倍还多。人们看不到背后供给的暴增，只看价格的暴跌，于是认定需求不足，民间承接力不足。这是非常错误的。

民间需求消化了 20 000 吨，如果今后贵州茅台酒价格稳定在 1000 元出头，则每年的纯民间需求可以稳定在 20 000 吨水平。这说明什么？这说明中国民间需求的规模超乎所有人想象，目前民间收入水平、消费能力可以形成 20 000 吨的贵州茅台市场需求。这意味着未来几年即使中国 GDP 增长速度降到 5%，贵州茅台也可以维持年均 20% 的利润增长，因为 2013 年贵州茅台的市场投放量大概在 14 000 吨，每年多投放 2000 吨，即销售量增加 14.29%，就可以实现 20% 的利润增长。从 2013 年开始，贵州茅台每年投放量增加 2000 吨，持续 3 年才能达到 20 000 吨。事实是现在市场的需求量就有 20 000 吨，所以即使 GDP 增长速度回落，贵州茅台每年向市场多投放 2000 吨，也仍旧能够由民间需求消化。这就是当下所有人认为存在巨大不确定性的贵州茅台酒的真实供需情况。

白酒行业春节行情：董宝珍 vs 王朝成[1]

近日，针对春节期间白酒市场的情况，王朝成先生谈了三点看法。

第一，春节的刚性需求是存在的，全民节日需求具有广泛的社会基础，说明从长远看这个行业没太大问题。

第二，节前的高端白酒结构性局部热销是不是意味着行业趋势变化，目前仍有疑问。我倾向于认为这是一种节日特殊行情，无论是政策还是总需求量目前都没有出现本质性反转。节前局部热销主要是由于高端价格大幅下降的短期刺激、悲观预期导致的渠道和零售端备货不足、贵州茅台和五粮液对其他品牌的强力替代。总的来说，还需要观察高端白酒节前局部短期旺销可持续性，目前仍应谨慎应对。

第三，区域性品牌竞争压力较大，总需求增长不大。100～250元价位白酒受到一定影响，需求减少，结构明显下移。全国性名酒加大中档酒的布局力度。这些都导致区域性品牌压力不小。从最近种子酒和老白干曝出业绩严重低于预期的情况看，区域性品牌的估值可能有进一步下降的风险，之前市场对大众白酒企业面临的压力可能估计不足；相对而言，对五粮液、贵州茅台等名酒的预期可能

---

[1] 本文写于2014年4月10日。

过于悲观。

对于白酒春节行情，我也有一些观点。

任何事情发生都有前提条件，没有无缘无故凭空发生的事。渠道库存在巨大需求不足情况下，不会出现高端白酒结构性局部热销和局部备货不足的情况。只有渠道库存清空、需求强劲的情况下，高端白酒才会结构性局部热销和局部备货不足。高端白酒结构性局部热销和局部备货不足直接证明渠道库存清空、需求强劲。渠道库存的多少意味着危机严重程度，渠道库存是否清空是危机是否结束的标志。为什么这么讲？2013年"商务部监测的11种高端白酒销售量下降了7.2%""酒类总体销售增长1.9%"。

商务部数据反映白酒的社会总需求基本不变，但为什么上市白酒企业的收入数据衰退得比商务部的严重？原因是2013年社会总需求主要用于清库存。白酒企业的困难不是社会总需求大幅下跌造成的，而是当下社会总需求先去消化渠道库存了。只有渠道库存消化了，白酒企业对渠道的出货才能恢复。比如2013年第二季度，贵州茅台酒价格大幅下跌，根据经济学基础原理，其需求一定会增加，但我们看到第二季度贵州茅台对渠道出货创下了上市以来首次负增长：渠道一方面利用降价大量清库存，另一方面减少从贵州茅台进货。目前高端白酒出现局部渠道备货不足的情况，意味着新的需求不仅消化了当年的供给，还消化了历史累积的库存。当这种情况发生的时候，渠道积压库存的问题一定已经不存在了。

2012年，白酒企业对渠道的供货是大于渠道对市场的供货的。2013年，白酒企业对渠道的供货既小于2012年其对渠道的供货，也大幅小于渠道对市场的供货。渠道能够在一系列不利影响下供货明显增加，是因为2013年中高端白酒大幅降价引发了民间需求。持续降价使总需求没有大的变化，并没有负增长，因此调整过程的主要矛盾就是清库存的问题。价格调整是否到位，新供需平衡是否形成，直观观察点是渠道库存是否清空。所以当某个事实证明库存清空，就意味着该白酒企业调整结束。我在2013年4月写过一篇文章《行业调整啼不住，茅台已过万重山》，文中提出整个贵州茅台的渠道库存已经在第二季度清空，贵州茅台已经完成了调整。之后贵州茅台股价大幅下跌，我仍旧反复重申贵州茅台2013年第二季度调整结束的原因就在于此。假如不是贵州茅台2013年5月清空渠道库存完成调整，2013年下半年放量和2013年全年20%左右的成长就不可能实现，春节前的热销也不会发生。就高端白酒来讲，目前供需关系处于什么状态已经根本不是什么未知的问题，早就是已知的了！春节期间，高端白酒结构性局部热销和局部备货不足直接证明需求持续、稳定增加，也证明了高端白酒尤其是贵州茅台的渠道库存已经完全清空。同时，基于本轮调整的主要矛盾是去库存，渠道库存清空就意味着调整结束了。这就是春节期间高端白酒结构性局部热销和局部备货不足背后的意义和价值。

春节高端白酒结构性局部热销和局部备货不足也使得王朝成先生在2013年秋天的追问有了答案。王朝成先生于2013年秋天写道："茅台被迫以开放代理权为代价冲击短期销量，可见茅台完成任务的压力有多大，难度有多高！更可怕的是，几千吨的新增供给，在代理权看涨的假设中冲向市场，一旦需求持续低迷，其对批发价的打击可想而知，而批发价的下滑必将彻底击碎所有参与者的未来预期，于是价格的连环下挫将不期而至。""茅台此次压库在三公持续受压和宏观经济不振的环境下，其市场负面影响不言而喻。"王朝成先生进一步对贵州茅台的未来产生担心，并对贵州茅台和其经销商的行为和动机提出质疑，认为贵州茅台处于危险中且不自知："从目前看，五粮液似乎更安全，因为它回到了贵州茅台的2000年，它除了改变没有出路；而茅台反而很危险，无论是大幅冲规模保任务，还是批零价的一再下挫，还有最可怕的茅台集体自信。仅仅过了10年好时光，中国投资人就集体认定茅台是巴菲特式价值投资不二标的，所有的困难都叫短期市场情绪；经销商因为看茅台厂批差价涨了10年，即使三公压力天大，也认为新的暴利机会一定卷土重来；最乐观的是我们贵州的父母官，动辄就让茅台实现千亿的战略规划！""为什么所有的酒厂一定要不断地增长，甚至逆市也要高增长？为什么一定要为了所谓的增长，打掉手上哪怕是最后一张有利的牌？"

2014年春节，高端白酒结构性局部热销和局部备货不足是在贵州茅台向新老经销商多投放大约 4000 吨供给的背景下发生的。事实证明市场基本消化了新增供给，贵州茅台管理层增大供给是有的放矢的稳健行为，是在对供需关系有准确把握情况下的理性行为，也证明王朝成先生文中所有的担心、怀疑都是多余的。贵州茅台管理层是全世界对贵州茅台库存情况、供需关系最清楚的人，不过贵州茅台管理层有个毛病——哑巴吃饺子，心中有数。这导致贵州茅台的做法总被很多人错误解读，被无根据怀疑。大众也犯了错误，他们绝不相信一辈子从事白酒经营，身处于企业和市场最前线的贵州茅台管理层，对于连什么是一批价都搞不清楚的媒体的观点却坚信不疑。这真是太有意思了！

2013 年第二季度贵州茅台一批价因清库存完成触底反弹后，市场出现一个观点：贵州茅台需求增加是由于价格大跌引来了不可持续的脉冲需求。2014 年春节，在供给比 2013 年同期大幅增加的情况下，贵州茅台出现局部断货，证明需求脉冲论是旁观者无根据的过度担心。

王朝成先生认为无论政策还是总需求量，目前都没有出现本质性反转。我觉得这也是对非常明显的客观情况不了解的表现。政策在未来相当长的时间内不会发生变化，这是确定无疑的，有利于白酒行业调整。公款消费对白酒行业的不健康影响好不容易得到了遏制，白酒企业、投资者都应该为之而高兴，不应该怀念过去。

总需求量短期不会发生变化，因为总需求量是由社会购买力水平决定的，而购买力的基础是社会经济增长率。中国经济立足于调整结构、提升质量，不会搞打鸡血式的刺激，因此经济维持某种稳定性是一段时间内的常态。政策不变，需求也不会大幅变化。白酒行业外部环境不会在一段时间内发生超预期大幅变化，这是非常确定的基本事实。这种情况将促进白酒行业解决内部长期因需求暴涨累积的结构性矛盾。白酒行业的需求低位徘徊需要维持一段时间，这是优胜劣汰，提升行业集中度的前提。需求低位徘徊其实是极其必要的，如果需求如 2009 年那样突然四万亿好转，对白酒行业的健康、结构调整和行业集中度提升极端有害。未来白酒企业不应该期待需求转暖，需求短期之内不可能转暖是非常确定的基本事实。立足于练内功，提升自身的竞争优势是关键，下一步白酒行业比拼的是竞争优势，企业要抢占竞争对手的市场份额，在行业总需求不增长的情况下扩大需求。这就是贵州茅台一次性降价50%的原因，也是贵州茅台不断加大市场投放，把价格压到较低水平的原因！只有将价格压低，才能抢占竞争对手的市场份额！我曾讲过，白酒行业将会迎来规律性必然性分化，这种分化的根本原因就是外部需求不会让所有的人都过上好日子，于是企业要想发展必须靠挤占其他企业的市场份额。只有强势企业才能做到这一点，弱势企业将会失去市场和未来。白酒行业内部将发生大分化和大规模的优胜劣汰。

王朝成先生认为"节前的高端白酒结构性局部热销是不是意味着行业趋势变化目前仍有疑问，我倾向于认为这是一种节日特殊行情"。多年来，高端白酒就像鞭炮一样，春节需求占很大比重，基层调研的数据是春节前后的一个月销售占全年高端白酒销售的一半。把高端白酒的春节需求作为特殊时段来看待，就像把冷饮在夏天的销售和需求视为特殊情况！事实上，冷饮的真实需求情况只有在夏天才能表现出来，也只有夏天的数据才是判断冷饮供需关系的依据。在冷饮夏天销售数据出来后宣布这是特殊行情，建议进一步观察冬天的销售情况是没有必要的，是画蛇添足！

研究是通过蛛丝马迹的变化把握长期的未来走势。事情已经完全显示出来了还无法判断，非得等整个事情全部明朗才可以得出结论，这样的研究毫无意义。停留于现象之上，被现象牵着鼻子走是什么也看不清楚的。高端白酒降价引发的需求增加是长期的、根本的、持续的，只是春节期间较直观和强烈地表现出来了，被大家看到了。当春节过了，热销局面看不到了，是不是高端白酒的供需关系就和春节期间不一样了？春节后白酒行业进入淡季，我们不可能再看到局部热销。届时，我们能不能说高端白酒的供需关系出现结构失衡？我想对于节后高端白酒必然出现的淡季特征和表现，一定会有很多人（尤其是专业人士）就事论事地提出高端白酒出现了严重的供需失衡！研究是突破现象、突破个例找到一般规律，是通过分析深刻的根本要素发现并提出符合规律的、长远的前瞻性认知，以指导实践。深刻性、规律性、前瞻性和长远性是研究的本质特点，不具备这些特点就不叫研究！目前，很多专家的研究都不具备这些特点，只是走一步看一步，就事论事。如果非得等到事情发生了我们才能得出结论，我们就根本不需要研究了！研究需要察于未萌！

我认为王朝成先生提出的谨慎应对是对的，但高端白酒尤其是贵州茅台的供需关系已经很清楚了。对任何事情的研究总是要通过现象切入的，现象是研究的起点和切入点，但是研究的目的并不是了解现象，而是超越现象，追踪现象背后以潜在方式存在的本质。太多的时候研究者完全沉浸于现象，超越不了现象，从而根本无法实现研究目的。在现象面前研究者需要大胆思维，大胆飞越，从直接的感性飞越到抽象的本质。从某种意义上讲，一个好的研究者一定是一个胆大包天的家伙。拿到一些典型现象之后，好的研究者往往敢于直接提出最终的结论，提出与众不同的见解。很多时候，研究者在已知条件具备时不敢下结论，从而耽误时机造成了错误。

现象是无限多的，而且不同的现象常常会相互矛盾。根据我的实践经验，无限多的现象之中有50%是偶然现象，没有实质意义，不值得关注；还有25%的现象属于假象，与本质相反。比如2014年元旦前后高端白酒价格明显下跌的现象就是假象，看上去好像供需关系失衡，但实质上反映出了贵州茅台经销商加大进货，积极扩大配额的意愿（参见《贵州茅台一批价波动的调研和分析》）。各行各业在行业大衰退来临之前，都会强烈出现一个超常规的繁荣状态，这个现象也是假象。白酒行业在本轮调整来临之前，也出现过供需两旺、价升量升的态势，好像形势大好，但是不久就出现了全行业大衰退。我们不能不识别这种假象！少部分现象能直接反应本质，当这种现象出现的时候，应该立即识别，然后大胆地发现、揭示背后的本质。我们不能把假象视为真相，更不能把真相视为假象，或者在真相面前犹豫不决，不敢下结论。

2015年白酒行业的大势[一]

春节过后《新食品》杂志联系我,请我就2015年中国白酒的整体发展态势提供一个系统的分析,发表在《新食品》杂志年初行业分析栏目。我主动对杂志社表明了自身情况,我说:我并没有白酒行业的从业经验和经历,在2015年这个重要的行业调整关键时刻,由我来在全国最主要的白酒专业刊物上分析全年的行业形势,有点关公门前耍大刀,恐怕会留下笑柄,也恐怕会误导行业经营者。杂志社说:你当然没有实践经验,而且你的观点也并不一定全部正确,但是你作为一个旁观者发表的看法是一种非常与众不同的视角下形成的独立意见。这些独立意见对启发业内人士的思考是有参考价值的,对行业经营者是有启发意义的。很多酒类从业人员在《新食品》杂志上看了你以前的文章,都认为是有价值的,希望你多发表一些看法,所以我们经过研究决定邀请你写这个行业全年的大势分析。我们并不是随机邀请,这是编辑部研究后广泛选择的结果,请不要推脱。

在此情况下,我把对白酒行业的理解,尤其是2015年的行业形势做了一个总结和分析,发表在了2015年4月1日出版的《新食品》杂志上。在发表时,由于我是一个旁观者并非行业经营者,为避免与现实脱节过远,杂志社还专门邀

[一] 本文发表于2015年4月1日《新食品》中国酒业报道专刊。

请了和君咨询合伙人许英杰、贵州赖茅酒业有限公司副总经理侯林辉增加了一些具体的经营看法。

荒谬的弹性复苏论

2015年春节后，白酒行业的发展形势又成了广受关注的话题。白酒行业渡没渡过最困难的时刻已经不是关键，人们现在关心的是哪些白酒企业将会复苏。在一系列关于复苏的观点里，"弹性复苏论"是较为流行的一种。"弹性复苏论"认为：2014年业绩衰退较大、遭受挫折较多的白酒企业形成了低基数效应，因为基数低，会有一个弹性巨大的反弹。其逻辑用一句话来说就是"因为衰退严重，所以复苏猛烈"。在我看来，这一逻辑是与产业经济学的基本原理相冲突的，根本就是无稽之谈。

行业的发展必然是由初始阶段的自由竞争到中度垄断竞争，最终走向寡头垄断。在发展的过程中，行业内部始终发生着一浪高过一浪的去弱留强。不断去弱留强淘汰掉大部分的经营者，从而形成数个强者垄断行业的局面。

众所周知，优胜劣汰的前提是马太效应，这是行业去弱留强得以实现的法则。马太效应成为资源分配的原则，才能体现出优胜劣汰和不断进步，如果马太效应失效，优胜劣汰也就停止了。我们甚至可以说没有马太效应，就没有行业的进步和发展。动物界里唯有强大的个体才有机会留下后代，这看似不公平，却保证了物种一代比一代更强，以至于进化——在白酒行业里，这条规律同样通用。

"弹性复苏论"和马太效应是对立的。假如"弹性复苏论"是正确的，白酒行业的优胜劣汰、行业集中度提升，以及寡头化将无法实现，让行业进步和行业健康沦为一句空谈。"弹性复苏论"从思维上否定了行业内部发生质变的可能性，认为行业的发展变化只有量变没有质变，不会引发行业竞争结构、行业地位的本质变化。

在"弹性复苏论"看来，不同白酒企业的区别不过是谁早一点复苏，谁晚一点复苏而已。各白酒企业的行业地位和相对市场份额不会发生根本上的变化，不会出现强者越来越强、弱者越来越弱，彼此差距持续拉大，最后行业格局重构的局面。在"弹性复苏论"下，没有不断加深的强弱企业大分化，没有去弱留强的优胜劣汰，没有格局性的质变。但无数的事实告诉我们，行业发展的途径是不断优胜劣汰，是持续量变引起的质变。

深化改革，决定白酒企业走向何方

在我看来，如果一家白酒企业业绩下滑，但基础经营模式没有问题的话，通过调整持续复苏是完全可能的，也是合理的；如果业绩下滑是深层次问题导致的，那么就没有理由期待持续复苏到来。企业能不能持续复苏不在于业绩下滑的严重程度，而在于企业的经营模式是否与行业潮流相一致。经营模式的合理性才是白酒企业能否持续复苏的关键。"弹性复苏论"没有对这一点进行深入思考，也没有去追问白酒企业背后的经营模式到底有没有问题，这一问题会不会长期化，能不能有效解决。我们可以看到，业绩严重下滑的白酒企业或多或少都出现了对策性的失误，但一个真实的现象是，这些企业在改弦更张之后仍然不能够脱离困境。为什么这些企业即便采用了相对正确的策略，经营状况也没有明显改善？这是不是能够说明其应对策略上的错误并不是导致其经营困难的主要原因，是不是反映了这些白酒企业在深层次的经营模式上有问题？在我看来，答案是肯定的。这些白酒企业面临着一系列的深层次矛盾，深层次的改革是其持续复苏的先决条件。

我认为决定白酒企业能否持续复苏的关键，在于企业深层次的经营模式是否与新的民间化发展阶段的行业特征相适应、一致。只有企业的深层次经营模式符合、适应民间化消费时代的需求特征、消费习惯，以及在这一阶段形成的竞争结构、渠道特征，才能持续复苏和成长。业绩大幅下滑不能作为企业是否能持续复苏的理由和决定因素，这种思路是表面的，不能预判未来。

那么，与民间化消费时代相适应的企业经营模式包括哪些方面呢？我认为，白酒企业应该注重产品结构、销售体系、品牌战略和产品质量这几个方面。

产品结构深层改革

白酒企业的产品结构需要从多品牌转型为集中大单品，这是毋庸置疑的。

为什么在本轮调整中普遍出现集中大单品企业超越多品牌企业的现象？答案是多品牌经营需要的条件已经分崩离析了。多品牌经营需要三个条件：一是高渠道利润，二是众多经销商构成的复杂销售链，三是行业总需求的持续膨胀。这是支撑多品牌的三大支柱。现在，行业调整使渠道利润被压缩到了无利可图的状态，互联网销售平台的崛起在加速渠道扁平化的同时，使渠道利润不可能恢复到过去，渠道低利润率已经成为白酒行业新发展阶段的突出特征。在低利润率的压迫下，大量的经销商只能退出。据商务部统计，2013年底中国有约260万家酒类销售商，这个数据量实在是太大了，大到无法理解。销售商的整体瘦身是这一轮调整不可避免的事，渠道将从260万家小而散的小店转向大平台、大连锁，走向集中化和寡头化。在渠道竞争的过程中，薄利多销将成为核心竞争原则，越来越薄的利润会将大量的小经销商淘汰掉，形成大的销售平台。渠道的盈利模式从高利少销转向薄利多销，并最终形成数量有限的大平台。电商的异军突起加速了白酒渠道大集中的来临，在此趋势下只有大单品能与渠道的规律性变革相适应，也只有大单品才能满足渠道薄利多销、实现渠道寡头化的客观潮流。

另外，渠道利润持续降低、经销商数量缩减也限制了多品牌、多贴牌企业的生存之路。白酒总需求从快速膨胀进入适度收缩，在这种规律性行业变革的背景之下，支撑多品牌经营模式存在的条件几乎已不存在。所以，我们看到凡是搞大规模贴牌、多品牌的企业，在这一轮调整中遭遇的困难都很大，而做超级单品的白酒企业经营则相对稳定。这种差异是产品结构不同导致的，以超级单品为主的白酒企业在产品结构上顺应了行业潮流和未来趋势，而以大规模贴牌、多品牌为主的白酒企业则无法与行业新环境相适应。

产品结构是决定企业发展前途的首要深层因素，要想获得未来的持续发展，白酒企业必须抛弃多品牌和大规模贴牌经营模式，回归到有限数量的超级单品上来。以本轮调整中衰退有限的洋河和古井贡为例，其产品结构都是发展有限大单品，集中力量塑造大单品的品牌影响力。比如，洋河几乎完全不发展第三方贴牌，其所有的产品都是自己独立运作的。

从多品牌、大规模贴牌到超级单品的变革，是本轮行业调整中白酒企业能不能持续复苏的基础必修课。不进行从多品牌、多贴牌到超级单品的变革，白酒企业就一定会延缓复苏，甚至丢失行业地位。

销售体系深层改革

在产品结构之外，企业的销售体系和销售指导原则也是重要因素。目前，白酒行业有两种销售模式。一种是靠经销商、社会力量的模式。企业将自身的重心投放到生产，市场的事情由代理商去独立运作。另一种模式则是集中企业的力量，由企业直接深入市场，构建一个企业直接控制的以企业为主、经销商参与为辅的销售体系。前者已经不适合行业变革后的渠道生态，白酒企业必须转向后者。

我们知道渠道已经发生了萎缩，在数量减少、利润暴跌的背景下，渠道从资源和能力上已经不能成为销售的主要支撑力量。能够与新的行业形势相一致的销售体系，在我看来就是企业直控型，即企业深入基层和市场，直接控制各种渠道资源和要素，经销商只是作为辅助的力量存在。这是有生命力的、可持久发展的模式。企业能不能直接做市场，能不能直接控制渠道是企业能不能持续复苏的关键课题。我可以断言，如果某企业的销售体系仍停留在粗放型的经销商买断、社会第三方力量承包的模式，其一定不能走出困境。

仍以调整过程中的洋河为例，其没有出现比较严重的渠道库存积压，是因为其扁平化、独立运作的销售体系。没有层层批发的、漫长的销售环节，囤积的库存量自然较少。应该说，洋河的销售体系是顺应行业调整的，这也是其衰退有限的重要原因之一。

基础经营模式上的优势使洋河、古井贡等白酒企业的经营优势不是日益缩小,而是日益扩大。

而业内一家巨型白酒企业价格倒挂历时两年,始终得不到根本解决的原因就在于其销售体系和经销商激励机制有问题。该企业的销售体系采取大商制,大经销商优先、优价供货,普通经销商的进货价高于大经销商。同时,该企业对完成销量任务的经销商进行额外奖励,销量越高,奖励越多。如此一来,大经销商为了获取奖励,就会尽可能地压低价格,以此吸引消费者和中小经销商从其手中拿货,有时甚至用平价来争取奖励。这就是一个典型的与新行业环境不一致的销售体系。且不论其分等级的复杂程度,由于该体系以大经销商为主,所以企业参与度低,控制力不足,以至于把销售和价格的决定权拱手交给了大经销商。而大经销商从自身的利益出发,是不会主动配合白酒企业的保价政策的,它们只会主动压价,把自己的销量做高。如此下去,即使白酒企业把价格降下来,价格还是会进一步下跌。可以说,在这种销售体系和激励机制下,白酒企业无论把出厂价定在多少,渠道都会在逻辑上陷入无利可图的泥淖。这是深层次的症结,而非市场客观需求吃不下产品的供给。对于这家白酒企业来说,要想解决问题,就必须对大商制进行改革,只有通过改革大商制解决价格倒挂,才能解决其他的一系列问题,给过去画上一个句号,开拓新的未来。

无独有偶,另一家巨型白酒企业同样因深层次问题出现了大幅衰退。这家白酒企业在销售方面采取了一种联邦制的组织体系,一款或几款商品的经营归一个具体的销售公司。这样一来,该企业下设了若干个销售子公司,而没有形成统一的局面。在我看来,这样的联邦制因为存在着经营资源不能共享,被分散的缺陷,因而也不适合新行业环境。只有将销售体系从联邦制转化为中央集权制,以企业为主,直接控制渠道才能在行业潮流中获得优势。

销售体系的变革就其方向和原则来讲,是比较明确甚至比较简单的,但在落实过程中却将面临重大的阻力。经销商体系的调整与变革必将触动原有体系相关主体的利益,这种触动不是剪指甲而是断腕。被断腕者的反弹和阻力会强烈地反作用到企业身上。白酒企业的变革之难不在于变革方案本身,而在于每一次变革都必须触动利益。在解决旧利益关系的过程中，有些变革最终很可能会因没能克服来自原有利益体系的阻碍而失败。因此，变革销售体系需要巨大的勇气和决心，这对白酒企业的执行能力和综合协调管控能力是一个艰难的考验。

品牌战略和产品质量

品牌战略和产品质量是白酒企业需要内省的方面。行业调整后最重大的变化是需求从以公务消费、公款消费为主转向了民间自掏腰包消费。在这个转型过程中，产品质量和性价比因素对市场开拓的重要性大大加强了。在行业膨胀期，消费者在信息不对称的作用下处于劣势，无法对产品质量有更多的要求。而现在，整体性的需求萎缩让生产者与消费者的相对地位发生了变化，消费者的选择权增加了。在这种情况下，没有过硬的产品质量，白酒企业是不可能受到消费者的长期关注的，更不可能被消费者长期选择。

要争夺消费者，必须为其创造利益、实现价值。产品质量是最大的、最根本的消费者利益的保证。从一般意义上讲，任何一个行业、任何一款产品发展的基础决定因素都是产品质量，没有产品质量做保证，一切都是空中楼阁。最近，有相当一部分白酒企业在积极争取上市。由于法规要求其发布的招股说明书中必须详细列明生产过程和生产所需的原材料成本，我们得以一窥其生产的真貌。我们可以看到，这些计划上市的白酒企业披露的生产原材料中几乎都有食用酒精。

有些白酒企业食用酒精的采购金额已经超过了粮食的采购金额，食用酒精采购量高达几千吨，用食用酒精生产的白酒超过其总产量的一半！用食用酒精生产出来的白酒怎么可能支撑白酒企业长期发展？此外，某上市名优白酒企业财务报告中竟然赫然列着近1亿元品牌使用费！这意味着该企业把自己的品牌使用权交给未知的第三方，整个生产过程不在其控制之下。也就是说，该名优白酒企业的某些产品实际上是从小型白酒企业进货，然后贴上名酒商标，以名酒的身份由买断商经营的。这些酒既没有在名酒的窖池里待过，也没有在名酒的车间里生产，它们是小作坊生产出来的，名酒只是给它们提供了一个商标（品牌）。这些酒成了名优白酒企业低端白酒的重要组成部分，口感和口味都非常一般，但却以较高的价格在销售！

白酒不是饮料，不只是用于满足口舌的需要。白酒是一种精神性的饮品，每一瓶白酒都代表着精神、文化和情感。在依靠产品质量和高性价比获得市场的同时，白酒企业必须给产品注入这样的特质，这也是提升白酒质量的重要方面。

白酒给消费者提供了两种感觉，一种是口感，一种是心感。要想触动消费者的精神和情绪，白酒企业就需要为自己的产品附加精神价值，对其进行独立的精神文化和情感塑造。

过去，白酒行业的产品结构中有一种立体化的塔形结构，即某高端品牌取得广泛的认同和成功后，企业会为其衍生出无数的子品牌、孙品牌。这些品牌本身是没有独立的文化精神和特定情感的，只是依靠着主品牌的影响力。

为了持续发展，白酒企业各个价位的品牌都需要有独立的文化、独立的精神，并由此代表一种独特的情感甚至某一阶层的某种生活方式。在这一点上，洋河的海之蓝可谓成功的典型。海之蓝立足于不被各大白酒企业重视的 100～200 元价位区间，独立的品牌内涵和情感体现的是男人的胸怀比大海还要宽广。这样的精神特征使产品变得立体丰满，抓住了消费者的心理，激发了消费者的感情。而反观其他白酒企业 100～200 元的产品，基本上都是"有产品，没文化"。各种各样外观包装无比漂亮的二、三线酒琳琅满目，但若问它们在精神文化的定位上有什么差异，自身又代表着何种精神文化的话，恐怕连它们的生产者都答不上来。

好的产品当然要有好的口味，但这不是一款酒的全部。中国白酒行业在文化价值、历史价值、精神价值的开发和创造上，整体仍处于初期阶段。也正因为大家在产品的精神文化价值塑造方面都比较弱，白酒企业稍加改善往往就能产生立竿见影、鹤立鸡群的效果。

改革路上的尝试和创新

白酒行业推广的本质是提高历史和文化沉淀下来的品牌在消费者心中的比重。几乎所有白酒企业的销售推广和品牌传播工作都围绕着如何更好地对消费者的忠诚度进行培育来进行。白酒消费者巨大的数量和消费场景的多样化，造就了传统白酒行业繁杂的价值链条，而这个服务于白酒企业的链条的效率决定了企业的投入产出比和消费者忠诚度培育的成效。过去，白酒企业的创新行为都是在不断有效激活链条中的不同环节，如孔府家、小糊涂仙的大传播有效整合和激发了经销商的积极性；口子窖的酒店系列化营销手段激活了零售端；蓝色经典则通过直接对核心消费人群进行赠酒驱动了整个链条。但在消费环境变化的今天，链条激活的效能都在下降，消费价值的回归对白酒企业的价值创造带来了新的挑战。

2015年，白酒企业将如何分化？

由于产品结构、销售体系、品牌战略、产品质量等方面的差异，2015年白酒企业将迎来进一步分化的局面。

概括来说，行业调整和转折后，白酒企业取得竞争优势的一般模式是"集中全部力量开发出数量有限的好产品，在直接控制的扁平化渠道上进行销售"。只有顺应这个一般模式，白酒企业才能复苏，才能取得竞争优势。无论过去多么强、多么成功的白酒企业，在行业内部的瘦身淘汰已经成为不可逆转的势头的情况下，未来发展都是不稳定的，要么逆流而上，要么被淘汰。而谁会逆流而上，谁会被淘汰，决定于白酒企业从旧模式向新模式转型的力度和速度，守旧者死，拥抱新潮者生。

需要特别强调的是，2015年是白酒企业强弱分化加大、差距拉大的关键时间段，是拐点中的拐点。2015年会成为白酒行业质变的一年，新的行业座次会在这一年大体确定。不能在这一年完成变革，稳固市场份额与行业地位的白酒企业将有可能在这一轮大调整中彻底掉队。社会资源的重新整合、排列将主要集中在这个时间段，一旦社会资源、消费者资源重新组合完成排列，落后的白酒企业要想再去改变这种已经完成的新结构就很难甚至再也没有机会了。

值得一提的川酒

  2015 年是一个明显的分化年，那些在行业调整中陷入严重衰退的白酒企业除非进行深层改革，否则将举步维艰，也很难迎来可持续的复苏。已经发生的分化是持续分化的开端和起点。2015 年，业绩衰退有限的白酒企业将进一步拉大与弱势企业的距离。以国内目前的白酒行业而言，川酒普遍遭遇了较为严重的经营衰退，其中衰退最严重的水井坊已经连续两年亏损，面临着退市的压力。

  川酒在国内白酒行业的地位举足轻重，其普遍性的衰退不仅对今后的白酒行业分化格局影响重大，也反映了川酒经营模式与新行业环境的不适应。川酒产品普遍分散，销售体系大部分高度依靠经销商，白酒企业没有直接建立自己的销售体系。川酒面临的变革触及了深层次要素，难度较大，需要的时间也较多。以四川某著名白酒企业的生产外包模式为例，其多个代工厂无法生产出口味一致的产品。面对产品数量多、品牌不集中带来的明显不利影响，该企业一直没有解决，就是因为其最基础的生产模式导致了口味的不一致，所以只能采取多品牌的策略，哪怕这一策略已经弊大于利。

  改革是环环相扣的，外包式生产让口味和口感没法统一，也制约了品牌的集中化。这只是其中的一个例子。反观以洋河、古井贡为代表的江淮名酒，一方面在黄金十年的白酒牛市中以倍增式的速度增长，另一方面在行业调整中又保持了较小幅度衰退和稳定。根本原因就在于以洋河、古井贡为代表的江淮名酒的经营模式自觉或不自觉地顺应了白酒行业的新生态环境。有限数量的产品、每款产品具有的精神文化支撑、直接控制市场的渠道战略，江淮名酒较具代表性的经营模式素来都是将全部资源集中在有限的好产品上，并通过直控渠道来销售。从这个意义上来讲，在未来的中国白酒地域分化上，将会出现江淮、贵州崛起和四川相对衰退的局面。

结语：决定白酒企业未来的三个关键点

总而言之，2015 年白酒企业的大分化和白酒行业的历史性转折将齐头并进。要看清 2015 年白酒企业的命运，无非也就以下三点。

其一为"集中和有限"，即看白酒企业是不是能把生产资源、人力资源、销售资源、品牌资源都集中起来开发有限的产品，是不是能用有限的产品取代无限多的产品。

其二为"好产品"，这种好既包含着满足口舌之欲的口感，更包含着满足心理感受的精神内涵和文化内涵。唯有口感和精神感受俱佳的产品才是好产品。

其三为"直接控制"，即白酒企业要建立由自己集中控制的扁平化销售体系，使销售能够在稳定的渠道上展开，以避免因过度依赖渠道而被其动荡殃及。

第三篇

实地调研篇

在投资过程中，调查研究、实地调研到底占有什么重要地位？我起初求索价值投资的时候，看到资料说巴菲特每天24小时都在调研，开着一辆汽车走遍全美，以至于开坏了好几辆汽车，进行大规模调研成为巴菲特生活中最主要的内容。但是后来随着进一步了解，我发现事实不是这样的。巴菲特用于实地调研的时间很少，在他的工作日程表上占有的分量几乎可以忽略不计。

巴菲特曾经以370亿美元收购了一家飞机零部件企业。这么大一桩生意，巴菲特只跟飞机零部件企业的核心高管谈了25分钟。他就问了一个问题：你今年已经58岁了，在你65岁退休之后，你准备怎么安排这个工作？巴菲特得到一个明确的答案之后，该交易马上以370亿美元成交了。

还有一个案例与中国一家企业有关。2003年，巴菲特花5亿美元买下中石油的一大笔股份，4年之后以40亿美元整体卖出。持有4年，巴菲特挣了35亿美元，整整获利7倍。这是巴菲特投资生涯中最经典的高回报案例之一。但实际上巴菲特根本就没来过中国，在买中石油之前，他主要的工作是看中石油的年报，看完以后就宣布这家企业被低估了80%，它的价值应该比现在的市场价格高4倍。换言之，在这一次投资中石油的过程中，巴菲特根本没有实地调查。

我的心得是调查研究既重要也不重要。如果没有思考、没有一种系统的观点、没有对被考察对象有自己独立的看法，脑袋一片空白，盲目去调研反而有害。

在投资贵州茅台的过程中，我确实也做了调研，但是有个前提，我一定先形成了一个观点甚至形成了一套自己的理论。我先看年报、行业数据、新闻，然后把这些提炼加工出一个逻辑体系。比如，我对贵州茅台酒的供需关系极端重视，那么怎么考察供需关系？我主要看贵州茅台酒的价格。在贵州茅台酒价格下跌的过程中，我发现事实确实是价格持续下跌，但是我认为跌到1200～1300元就会停止，可是没想到跌到了八九百元，这个情况令人很困惑。是不是真的没有需求？按照经济学原理，价格下跌一定是出现了需求不足，但我通过分析思考认为不是这种情况，只是经销商在巨大恐惧情绪下不敢持有库存。2012年底，贵州茅台有上万吨的渠道库存，渠道库存就是在贵州茅台酒价格上涨的时候经销商囤积的，他们将货囤积在自己的手里，不卖就可以升值。没想到2013年酒价掉头向下，于是经销商疯了一样抛售，完全不敢持有库存，哪怕需求巨大，也毫不犹豫地第一时间快速甩货，导致价格出现了崩溃式下跌。这种下跌并不是需求不足导致的。

通过分析思考，我形成了一个判断民间需求规模的方法。如果10 000吨左右的渠道库存已经被需求消化了，就意味着民间需求巨大。于是只要我知道经销商目前持有的渠道库存，就可以直接知道民间需求真实的状况，这比观察价格推测需求更可靠。基于这个逻辑，我开始设计调研方案。

我总是先设计出精巧的调研方案再进行调研，从不盲目进行调研。调研之前，应该像在中学做物理实验之前一样，先设计一个实验报告。如果试验结果出现了A状态，意味着什么？B状态意味着什么？C状态意味着什么？设计好了再去调研。

我和五六个同事一起假扮消费者，准备一次性买入50箱贵州茅台酒，要求经销商当天提货。我们五六个人分头行动，从北到南，从东到西给贵州茅台全国各地经销商打电话。东北地区的经销商没有能力当天满足50箱的提货，北京地区的经销商也不行，浙江宁波地区则根本没有库存。

通过这个调研，我一下就知道了经销商并没有多少库存，由此可推测上万吨的渠道库存已经被基本消化。这说明民间需求旺盛。

所以调研前必须有逻辑方案，不能盲目调研。如果没有好的调研方案，盲目收集信息，就会出现一种可怕的现象，你会因为没有思路、没有设计，接收到大量杂乱无章的信息。这些杂乱无章的信息将把你吞没，最后搞得你一无所获。

我现在越来越少调研了。《道德经》说："不出户，知天下；不窥牖，见天道。其出弥远，其知弥少。是以圣人不行而知，不见而明，不为而成。""不出户，知天下"与运筹帷幄，决胜于千里，或者中国的一句老话"秀才不出门，便知天下事"意思是一样的。

在投资贵州茅台的案例中，从事后看我的很多观点是对的。这些观点都是我在办公室的电脑前通过反复逻辑推演得出的。这个过程特别符合"不出户，知天下""其出弥远，其知弥少"的状态。盲目出去调查，反而知道得少。没有调查的逻辑，大量杂乱无章的信息就会占据你的头脑；没有梳理这些信息的内在逻辑，你就会迷糊。

很多白酒上市公司的老板也都知道白酒行业的现实状况，但是他们确实在动荡的过程中感到很有压力。知道现实的人往往并不知道未来该向何处去，真正能洞察现实的人可能是那些远离现象的人。我印象特别深刻的就是很多基金、券商包括保险公司的研究员天天出差，频繁到茅台镇调研。虽然他们经常做第一手调研，但是始终没提出明晰的观点，被现象蒙蔽了。

调研不可或缺，调研可以证明你的逻辑对不对。但你必须先有一套逻辑，然后才能通过调研证实或证伪这套逻辑。你要精巧地选到成本最低、效率最高的调研方法。比如当全国都说贵州茅台酒卖不动时,我专门到贵州茅台包装车间门口值守了整整一天,这个过程我记录在了《熊市:价值投资的春天》(第二部)这本书里。如果我去北京调查,即便北京地区卖得动,也不意味着东北地区卖得动。即便北京和东北地区都卖得动,也不意味着西北地区卖得动。所以如果我找经销商调研,贵州茅台有3000家经销商,累死我也调研不完。我就想到去包装车间、成品库调研,果不其然,我来到包装车间准确地把握住了实情,因为贵州茅台酒出厂都是从包装车间走的。因此,在调研的时候要先设计方案,不要说所有调研都是有用的,因为某些现象是"噪声",在基本面分析上也存在很多"噪声"。

对贵州茅台、五粮液专卖店的调研

目前我已经写了约 10 万字关于贵州茅台的分析文章，实际上在分析的层面已经无事可做了。在这些文章中，我提出了一些明确的观点，这些观点是不是正确还要看有关事实和现象。一个正确的认知必须逻辑上说得通，同时事实上有证据能验证。有时虽然逻辑非常圆满，但事实可能不按逻辑走。因此，在逻辑求证之后，寻找事实证据进行验证就变得迫切了。

价值投资的逻辑本质是安全边际，实践本质是调查研究和独立分析。价值投资的过程是寻找安全边际的过程，寻找安全边际的方法就是调查研究和独立分析，没有调查研究和独立分析就不可能发现安全边际。我在"分析"前面特别加上"独立"二字，是因为出现安全边际，一定是大众整体性发生了判断错误。想发现安全边际，必须独立地调查研究和分析，不能追随大众。

消费食品企业具有可调研的优点，将任何一家消费食品企业几个专卖店的经营情况综合起来，就有可能了解企业的整体经营情况，这一点与很多复杂产业不是特别一样。虽然也可以通过走基层了解复杂产业企业，但不能通过一个专卖店、一个经营点的情况推导出整体。消费食品企业的优点就在于其一个或者几个

⊖ 本文写于 2013 年 5 月 15 日。

专卖点的状况就有可能反映出整个企业的状况，这也是我重点投资消费食品企业的原因。

有计划的调研方案是调研的开始

每一家公司的基本面信息都是浩如烟海的，调研先要解决从哪里切入的问题，如果没有一个能够揭示本质和真相的切入点，那么整个调研就将陷入眉毛胡子一把抓的困境，也会出现多谋少决的局面。为此，在调研开始前需要搞清楚自己想知道什么，了解哪些具体情况可以得到自己想知道的答案。本次调研我确定的调研内容是：了解贵州茅台经销商的库存情况、批发价，以及消费者需求和经销商利润率情况。

我曾在《白酒行业一季报分析》一文中写到，白酒企业对经销商的谈判能力特别强，当行业整体陷入衰退的时候，白酒企业能够将库存转移给经销商，减少自身的风险。一家上市白酒企业如果在危机来临的时候，没有能力把风险转移给经销商，这个企业应该就危险了。但把库存转移给经销商之后，经销商能不能把企业转移过来的库存以合理的利润率转移给市场，也是很关键的问题。如果经销商能够把库存以较合理的利润水平转移给消费者，并且自身库存处于合理状态，就意味着白酒企业供需关系是健康的，能够穿越行业衰退周期。反之，如果经销商的大量库存不能够卖出，或者卖出之后经销商零利润甚至亏损，就反映出白酒企业整个销售系统有问题，经销商不能独立承担损失，需要白酒企业承担最终损失。因此，考察经销商的销售情况、库存情况和利润水平就成了考察白酒企业经营是否正常的关键点，这就是本次调研的重点。

贵州茅台调研中得到的客观事实

本次调研是我和凌通价值网的工作人员共同完成的，其间我主要负责设计问题，因为我对贵州茅台进行了长期分析和跟踪，知道调查的核心考察点在哪里。具体调研活动是由我的助手展开的。我为本次调查设计了三个观察点：经销商的销售情况、库存情况和利润水平。下面是对贵州茅台专卖店电话调研结果的统计，我们调查了 80 家专卖店，统计了其中最有代表性的内容，所谓最有代表性是指经销商提供的信息比较直截了当，有部分专卖店提供的信息比较杂乱，包含了与本次调查无关的内容。

1. 贵州茅台专卖店批发价

90% 的被调研专卖店批发价高于 900 元，只有 10% 的专卖店低于 900 元；有 70% 的专卖店批发价在 900～1000 元，有 20% 的专卖店批发价高于 1000 元。从整体上看，贵州茅台专卖店批发的平均利润率维持在 15%～20%，与商业企业的正常利润率基本一致。市场和媒体不断公开报道的贵州茅台低于 900 元的批发价，在我组织的调研过程中存在，但不是主流，比例不超过 10%，只是少数专卖店的行为。媒体广泛传播的是极端情况。

为什么会有低于 900 元的批发价？被调研的一家拥有 3～4 家连锁专卖店的经销商认为，有可能是某些新加入的专卖店（其他经销商高价转让专卖权）没有经历 10 年白酒大牛市，起初就销售不畅，资金出现问题，需要快速回笼。我个人在调研完成后认为，有一小部分贵州茅台经销商是长期主要给三公消费供货的，当三公消费消失后，这类经销商一下子找不到市场了，于是采取了最快速、直接的办法，即以接近成本的价格甩货。这部分经销商随着时间推移将逐步建立起社会销售的能力和渠道，或者被淘汰。900 元之下的批发价并不是普遍价格。

2. 贵州茅台的经销商库存

70% 的经销商只有 2013 年生产的贵州茅台酒，20% 的经销商目前无货可卖。我只接触到一家经销商 2013 年因为历史库存积压很多而没有进货，经销商整体上几乎不存在积压性库存。目前，经销商的库存整体低于正常供需平衡的库存，几乎没有经销商存在短期无法消化的严重库存，全行业目前的库存状态不会超过一个月的销量。

3. 消费情况

在三公消费退出后有两股力量兴起，投资收藏需求与民间自用需求，在目前的价格水平上形成了新的力量，填补了需求缺口。消费情况处于供需整体平衡状态，需求已经能够维持目前淡季的供货量。

客观事实证明，部分流行的关于贵州茅台的认知是错误的，这些错误的认识包括以下几点。

"贵州茅台有 20 000 吨的库存。"这个观点没有任何事实基础，不值得讨论。

"贵州茅台酒降价之后也没有人买，贵州茅台酒价格下跌一半，需求仍旧没有出现。"这个观点在这次调查过程中被证明是想当然的，价格下跌拉不起需求是不符合经济学原理的。

"贵州茅台向经销商压货，贵州茅台 2013 年第一季度业绩增长是假象，其业绩是通过向经销商压货来实现的，而经销商拿到货卖不动。"这个说法是错误的。事实上，2013 年贵州茅台发布了一个极其人性化的政策，任何一个经销商如果手上的货有积压，第一季度的配额就可以挪到之后的季度，经销商可以在不进货的情况下集中精力利用旺季清库存。这其实也是贵州茅台第一季度预收账款减少的原因之一。客观情况是贵州茅台不仅没有向经销商强势压货，反而人性化地推出了可以推迟进货的政策。我在调研中接触到的一家第一季度因为库存太多没有进货的经销商就是这种情况。个别有困难的经销商是存在的，否则贵州茅台不可能发布这样一个政策，但是这类经销商占比非常小。我觉得正是这些有困难的经销商报出了极低的接近出厂价的价格，媒体报道又使得其他经销商感受到价格压力，也不敢报得很高。当有困难的经销商把库存清掉后，900 元的价格就会成为历史。

对五粮液经销商的调查

之所以要调查五粮液，是因为我少量持有五粮液股票。同时，贵州茅台、五粮液同为高端白酒，我想通过调查五粮液整体了解高端白酒的情况。我对五粮液的调查，采样对象比贵州茅台少，大概只是贵州茅台的一半，以下是部分调查数据。

1. 价格

五粮液目前的批发价 650～750 元，如果不要发票，还可以减 20～30 元。以这个价格看，整体上五粮液大部分经销商的批发价和出厂价出现了倒挂，经销商的批发价是无利可图的，甚至小亏。目前五粮液的出厂价是 730 元，如果以 600 多元的价格批发，经销商把返点倒贴上也不可能盈利。五粮液的价格倒挂普遍真实地发生了。

2. 库存和销售

五粮液的经销商没有 2010～2012 年积压的库存，历史库存不多。目前，五粮液经销商手里的库存主要是 2013 年进货后因销售不好形成的积压。五粮液出现了明显的销售不畅，一家被调查的经销商说："价格下跌以后，需求没有明显增加。"另一家经销商的回复是："不如去年，具体情况我不能提供。"显然，也是暗示确实销售不畅。从价格倒挂到销售不畅，可以得出一个结论：五粮液存在着需求不足。在经销商几乎倒贴所有利润的情况下，都没有出现足以支撑供需平衡的需求，这意味着未来要么市场供需整体环境变化，要么五粮液价格进一步下跌。

市场认为贵州茅台库存堆积如山、需求严重不足、销售严重不畅，但这些流行观点我在调查过程中均没有发现，已经确认不是真的。假如我们把媒体的描述换成五粮液，这些描述却无一例外地应验了。在调查过程中，我请五粮液经销商对未来的供需情况和价格走势进行一个评价，结果令我震惊。几乎所有主要的五粮液经销商都将未来供需和价格走势锁定在限三公消费上，这真是意料之外。媒体和市场一致认为五粮液受限三公消费的影响不是特别严重，但实际上经销商对这个问题的认知与媒体的认知完全相反。

对于贵州茅台靠民间需求能不能进一步地发展和成长，价格能不能逐步回升，几乎所有贵州茅台经销商都直截了当地表示"完全可以"，并且有部分老经销商认为时间不会很长，"今年下半年就会价格回归"。关于这一点，经销商具体谈了几个理由：酱香型白酒具有放得越久味道越好的特点，比浓香型白酒更适合收藏，浓香型白酒长期存储质量可能下降。贵州茅台酒的质量和口味已经吸引了越来越多的民间需求，白酒危机使得贵州茅台酒的价格和其他高端白酒差距缩小，当把贵州茅台酒和任何一款中国白酒放在一起时，只要价格差距在300元以内，大部分人都会选择贵州茅台酒，白酒行业整体的价格下行有利于贵州茅台销量增加！

本次调研的花絮

一些从事调研但没有研究过贵州茅台的工作人员在拿到结果后，一开始不敢相信，感到非常惊讶。怎么会这样呢？怎么可能目前贵州茅台经销商卖断货呢？怎么没有出现大范围贵州茅台酒库存积压严重的情况呢？因为他们对贵州茅台的一般认知是通过媒体看到的，在调研前认为贵州茅台经营有困难，调研后不敢相信自己的调研结果。我反问这些参与调研的人员："你回想一下调研过程，这些经销商是否有意识地释放了虚假信息来误导你？"他们思考后认为不太可能。

一些投资者觉悟了，决定以后不看报纸投资了。他们对于市场上流行的信息的可信度产生了怀疑，决定以后投资决策和基础信息全部要自己搞，不再相信公开的间接信息了。

我一开始计划调研专卖店160家，因为贵州茅台有1600家专卖店，为获取具有整体代表性的信息，我认为10%的采样比较合适。最终，我选择了80家的原因在于当调查到80家的时候，我发现了一个问题。不同地区的经销商零售价是有差异的，差价最大达到了200～300元，批发价也有差异，但是他们对几个关键问题的回复高度一致，库存整体上是非常少的，几乎没有积压的情况，销售是畅通的，对未来的一些看法也相同。这种高度一致使我觉得增加采样也不会有什么新的信息，80家足以代表这家企业的整体信息，趋同性最终使我决定就选择

80家。在完成调研后,我和贾晓波先生深入分析,多次重新听电话录音,发现里面有一些需要深究的问题要专门找一些经验丰富的贵州茅台代理商深入交流。因此,我将重点放在了交流的深度而不是广度上。而且我们在调研的过程中把自己的身份坦诚地告诉了对方,让对方消除戒心,获得了更真实的信息。

在调研过程中,一些市场渠道比较丰富的经销商向我们表示,目前如果有哪家经销商的货卖不动,只要确保是真品,它们愿意在出厂价附近大量收购其他经销商的存货。这些经销商表示,现实中他们认识的贵州茅台经销商没有愿意以出厂价转让的。

本次调研的结论

调研是为了获取客观的数据和事实,但不能止于获得的事实,要在获得事实的基础上提出前瞻性的预测和看法。分析才是关键性工作。我与贾晓波先生用了一周时间进行分析,最终形成了一系列较为重要的认知,主要结论如下。

1. 在正常的社会经济环境下,贵州茅台不会再有低于900元的零售价了。

2. 当前贵州茅台的一批价并非经销商理性应对经营环境采取的正常价格,贵州茅台一批价将不可避免地上涨。贵州茅台酒下半年价格会回升,年底会缺货。目前贵州茅台的工作已经不应该是防止价格下跌了,而是应该防止下半年价格再次大幅攀升引发投机资金推波助澜,导致价格大起大落!如果贵州茅台现在不未雨绸缪,下半年价格的暴涨暴跌将不可避免。

3. 对于投资者来说,目前贵州茅台出现了基本面和股价的双重错误定价,双重错误定价造就了双重安全边际。我会在下一篇文章中进行详解。

贵州茅台处于双重错误定价引起的双重安全边际中⊖

在《对贵州茅台、五粮液专卖店的调研》一文中,最后我提出:"对于投资者来说,目前贵州茅台出现了基本面和股价的双重错误定价,双重错误定价造就了双重安全边际。"以下是我对这一观点的详解。

我先来解释一下有关三个价格的概念:①媒体公开报道的价格;②贵州茅台经销商的主流批发价格;③合理价格。前两个价格都是客观真实的价格,目前合理价格尚未出现。

部分媒体报道贵州茅台批发价在出厂价附近,且需求不旺,出厂价将保不住。这种报道有问题,的确有一小部分贵州茅台经销商目前经营不好、销售不畅、库存积压。如果没有这种情况,2013年第一季度贵州茅台就不会推出允许经销商基于自身库存情况延后进货的政策。问题的关键是这一部分的占比太少了。通过分析本次调研数据,我认为这一部分经销商所占的比例不超过10%,根本不能代表整体的状况。超过90%的经销商批发价在900~1000元。那么这个价格是否是目前贵州茅台的合理批发价呢?不是的。这个价格固然比极少数经销商的价格要高,但也不是正常价格,是一种应激反应的价格。

⊖ 本文写于2013年5月23日。

我在调研过程中发现一个现象，不同地区的贵州茅台经销商的一批价是有差距的，而且差距还较大。沈阳、郑州这两个地区的一批价都超过了1100元，而遵义、北京地区的一批价是900元上下。批发价的差异背后又有一个相同的事实，无论批发价是900元还是1100元，无论是以满足本地需求为主还是以满足对外省市批发为主，经销商的库存都一样低，原因何在？

原因在于目前贵州茅台经销商的定价指导原则是："什么价格能使库存以最短时间、最快速度全面脱手，就定什么价格。"不持有库存、快速清空库存是经销商现阶段的根本策略。于是我们看到全国范围内经销商的批发价格有差异，但库存情况高度一致。

我在《行业调整啼不住，茅台已过万重山》一文中提到贵州茅台酒是淡旺季需求差很多的商品，所以淡季必须留库存，为旺季备货。但我们的调研显示，经销商在2013年4～5月的淡季执行的是以快速清空库存为最高指导原则的定价和经营策略。这与贵州茅台酒的季节性销售规律严重冲突。贵州茅台酒的淡旺季需求差距极大，一般旺季比淡季需求多出三四倍。在这种需求特征面前，与之相适应的经营策略是在淡季储存足够多的货，为旺季准备。现在我们看到的事实是经销商没有按照销售规律来做，目前经销商的策略必然导致旺季库存严重不足，从而导致价格上涨。这是非常确定的。显然，目前经销商无条件清空库存的定价策略是错误的。

2012年贵州茅台酒零售价疯狂下跌千元，在这个过程中任何人囤货都会亏损，无条件清空手上的库存是明智的。这种情况使经销商形成了无条件清空库存是"最优策略"的认知，而无条件清空库存的做法会导致价格进一步下跌。这一时期媒体对贵州茅台的否定和负面报道也很多，这些都致使经销商陷入了错误定价的误区。

每家企业都经营着具体的商品，商品价格的变化及该商品供需关系的变化构成了企业最重要的基本面。商品价格变化的趋势和供需变化的方向构成了给企业股票估值定价的重要依据之一。商品价格是买卖双方之间交易形成的，交易的主体是人。人是有情绪和认知缺陷的，在正常情况下买卖双方的情绪和认知大体上处于稳定的状态，此时形成的商品价格相对准确地反映了供需关系。资本市场以这样的商品价格给企业股票定价，大体上也不会出现重大偏差。但有时因为某种特殊的原因，商品供给方、需求方，或者供需双方的情绪发生了重大波动，商品价格形成了严重的错误定价，此时的商品价格会受到交易者主观情绪和认知的影响。

贵州茅台酒零售价作为贵州茅台基本面的重要指标，是二级市场投资者的决策基础。近期决定贵州茅台酒零售价的主要因素不再是自然的供需关系，而是在部分媒体宣传价格持续下跌的压力下，经销商认为贵州茅台酒零售价会持续下跌的错误认知。此时作为基本面重要指标的零售价受到市场悲观情绪的影响，根本不能客观反映市场供需情况。以上这些情况同样使得贵州茅台股票的投资者感到不安。

由此我认为贵州茅台目前处于双重错误定价之中，有着双重安全边际，不仅包括资本市场的股价低估，贵州茅台酒零售价也过低了。此时，这种双重错误定价造就了投资机会。

造成这种双重错误的根源是人性，人具有更重视眼前利益的倾向，更偏重于眼前的事实和变化，并不会自觉自愿地依据长期、整体、本质的依据做出决策，这是人在千万年的进化过程中形成的本能。所以当价格下跌的时候，无论是投资者还是经销商，避免损失都成了主要的决策依据，于是他们就不能按照客观的供需规律做出更符合自己长远利益的决策。

我们不得不承认，人往往不会将自身的长期整体利益作为首要决策依据，而是以眼前利益为主要决策依据。这导致在突然出现复杂变化时，人有可能会做出有损自己长期利益的事，而这创造了巨大的投资机会。

二元结构下的贵州茅台销量和价格调研

中秋、国庆两节需求大

在中秋节和国庆节前后,我和我的助手对贵州茅台经销商进行了多轮调研。

第一轮是 2013 年 8 月 30 日,我们对中秋节前经销商的库存和价格进行了调研,这次调研具有高度的一致性,全国范围内大部分经销商库存充足。在 4 月末的调研中我发现当时 1/3 的经销商无货,而 8 月 30 日中秋节前货源充足,反映出经销商在中秋节加大了备货,当时贵州茅台酒价格为每瓶 950 元。

国庆节后我与几个助手对全国经销商进行了第二轮调查,主要是看一下节后全国经销商的库存情况和价格情况,以推算两个节日经销商的出货量。

我们先看 2013 年国庆节前后的调研情况,如表 3-1 所示。

表 3-1

时间	经销商	价格(元)	库存	备注
9月19日	北京	1280	充足	按照贵州茅台规定的价格执行,这个价格含 17 个发票点,节前价格比较平稳
9月19日	北京	1000	充足	

㊀ 本文写于 2013 年 10 月 12 日。

(续)

时间	经销商	价格（元）	库存	备注
9月19日	北京	1000	充足	10月多进了1吨计划外贵州茅台酒，进货价999元，希望按原价销售
9月19日	遵义	950	充足	价格见面还可以商量
9月19日	贵阳	980	充足	
10月3日	吉林		缺货	全年的销售指标全部完成，后几个月的销量需要和白酒企业商量
10月3日	河北		缺货	不往外地卖
10月3日	沈阳	1100	缺货	
10月3日	北京	950	缺货	节后的价格和节前基本保持一致；外地货有流到北京，价格890元
10月3日	甘肃	900	缺货	

资料来源：董宝珍团队。

国庆节假期结束后我又对中西部地区经销商进行了电话调研，调研数据如表3-2所示。

表 3-2

经销商	零售价（元）	批发价（元）	备注
乌鲁木齐		950	
乌鲁木齐	1519	1000	
拉萨		1200	
西宁			缺货
西宁		900	
兰州	1100	1000	
兰州		950	
银川		1000	
太原		1100	价格面谈
太原		1100	缺货，2013年配额卖完了
郑州		930	有货
郑州		930	价格面谈
西安	1519	1200	
武汉		910	缺货，货到才知道价格

(续)

经销商	零售价（元）	批发价（元）	备注
武汉		900	
合肥		950	缺货
合肥		980	货不多，只有几十箱，货源紧张，不对外批发，自己不够卖

资料来源：董宝珍团队。

两组调研数据显示 70% 的被调研经销商不能快速立即满足 100 箱的提货需求，其中有 40% 的经销商最快只能在 11 月配额到货后满足该需求。10% 的经销商已经开始销售第四季度的配额，一小部分经销商已经卖光了 2013 年全年配额，目前无货可卖。这部分经销商正在与贵州茅台协商进货，经销商当前还不能确定第四季度自己能以多少进价拿到多少货，因此没有办法提供自己的报价。

以上调研显示以下几点。

第一，中秋节、国庆节之前经销商大量备货，并在备货充足的情况下基本清空了库存，出现了节后一定程度的缺货。目前经销商的库存不超过一个月销量。根据历史数据和调研结果，中秋节的需求比国庆节要强，销量大于国庆节。现在看来，中秋节后半个月价格继续维持原来的态势，全国范围平均批发价为 950 元，对应的批发利润率为 16%，在全国商业批发领域处于较高水平，但与过去相比差距很大。

第二，10% 左右的经销商已经用完了全年配额。在被调查的几十家经销商中，有 3 家明确表示已经用完 2013 年全年的配额，目前无货可卖，占比 10%。有趣的是，在东三省和河北、河南地区的调研过程中，我的助手发现这些地区的经销商不在办公室和商店里做业务，而是在打麻将、喝酒和娱乐。

第三，对四家特困户的专题调研。助手认为采集的样本太多，杂乱信息太多，不宜形成客观数据，所以调研应该重点找有代表性的客户，采样并非多多益善。为此，我和几个助手协商后最终选定了四家特困户经销商。这四家经销商因为库存过多，销售出现困难，2012 年底大幅降价和异地窜货而被贵州茅台处罚，它们分别是重庆永州市永州皇卓商贸有限公司、西藏亚雄名酒食品经营部、玉林百兴盛酒业有限公司和白山方大糖酒站批发营业室（吉林白山）。其他3家因种种原因未能联系上，我们最后只联系上东北酒王——吉林白山。吉林白山是一家大经销商，每年有大约30吨的配额。吉林白山在电话沟通的过程中反馈了很重要的信息：它已经全面完成了2013年全年的任务，目前无货可卖，因此无法提供报价，目前正在和贵州茅台协商增加配额。

东部地区需求强

除上述几点外，调研反映出来的第四个情况是，部分中西部和部分大经销商有库存压力，出货比较困难。上海某酒类电商高管非常悲观，一方面该电商贵州茅台酒销量非常高，超出预期，另一方面电商卖一瓶只挣三五十元，销量越大越白忙乎。因此，该电商对贵州茅台酒的销售进行了遏制。这家电商高管告诉我，目前贵州茅台的大经销商库存比较大，能够以较低的价格出给电商，中西部地区的部分经销商也可以以900元拿到。

从与北京一家经销商交流得到的信息是，北京当地经销商配额的出货价节后不低于950元，但是北京地区目前出现了一批窜货的贵州茅台酒，大部分来自西北地区。这些贵州茅台酒可以以900元的价格拿到，而北京当地经销商对于这些贵州茅台酒采取不跟随价格策略，都以950元走。接到这个信息之后，我立即安排助手直接与甘肃地区经销商沟通。结果显示，甘肃地区经销商目前也已经没货了，如果想预订，900元多一点可以给，900元以下拿不到。

从贵州茅台2012年的供货情况可以看出，西北五省贵州茅台的配额合计不超过1000吨，不及北京一个城市，但是在供货量很少的情况下，却出现了三公消费退出后当地无法消化的情况。东部地区供货量本身很大，可是三公消费退出后不仅消化了自己的配额，还能为西北地区腾出市场。这个现象揭示出贵州茅台需求的真正决定因素是经济发展水平和老百姓的购买力。只有经济长期落后，贵州茅台才会出现需求萎缩。在经济发展购买力提升的大背景下，贵州茅台的民间需求是确定无疑的,是有保障的。经济越发展,需求越大。

经销商的经营情况出现分化

经销商的经营状态存在明显的不一致性,从调研中明显感觉到中小经销商信心满满。大部分贵州茅台经销商没有超过1个月库存,但同时部分经济欠发达地区和部分大经销商有库存压力。我认为这是民间市场承载能力的不同和经销商历史库存的不同决定的,两者分别从外部条件和内部状态决定了经销商摆脱困难的时间不同。

贵州茅台一共有2000多家代理单位,以小经销商为主,70%～80%的经销商是年配额3～5吨的小经销商,10%～15%的经销商配额在10吨左右,20吨以上的经销商大概只占百分之几。根据一系列数据和调研反映,小经销商大多已脱困,可以说贵州茅台80%～90%的经销商已经摆脱危机走向新的发展,而一些历史问题大的10%的经销商还处于脱困状态。这就是我所说的后危机时代。

贵州茅台各地区经销商2013年配额如表3-3所示。

我把贵州茅台的整体经销商体系划分成一个二元结构,一元是占八成的中小经销商,另一元是部分大经销商和落后地区的经销商特困户。目前市场的一批价和零售价是由二元结构的哪一元决定的?根据常识,行业价格往往是由困难户决定的。特困户有强烈的压价出货意愿,贵州茅台目前的价格体系是由少数特困户决定的。我们调研发现,落后地区的经销商和电商已经结成联盟,大部分电商的低价货来自落后地区,且电商价格对全行业价格的影响极其巨大。电商提供了高度开放透明的价格甚至成为价格标杆,而目前电商的价格是落后地区价格的反映。由于电商与传统渠道相比更适合薄利多销,所以电商价格可能比真实的整体市场价格还要低一点。

表 3-3 （单位:吨）

地区	茅台酒		系列酒	
	新飞天500ml	43度	王子酒	迎宾酒
山西	477	104	311	811
浙江	281	95	142	162

（续）

地区	茅台酒		系列酒	
	新飞天500ml	43度	王子酒	迎宾酒
辽宁	245	90	113	162
河北	236	84	170	223
上海	309	83	142	142
江苏	396	72	198	223
陕西	211	69	170	101
河南	553	58	255	628
黑龙江	100	55	57	122
贵州	1 883	45	340	304
安徽	151	45	57	152
北京	1 336	44	566	253
吉林	67	43	85	101
内蒙古	74	38	79	122
湖北	215	35	85	101
广东	614	35	113	263
江西	119	29	184	61
山西	12	28	14	51
重庆	308	27	85	86
四川	432	27	85	172
云南	254	23	170	101
天津	101	23	85	81
福建	165	23	85	101
甘肃	102	21	28	46
湖南	243	20	42	61
宁夏	24	17	28	41
河南	119	17	28	51
新疆	92	16	85	71
广西	232	15	113	162
青海	21	14	42	30
西藏	127	8	42	15
合计	9 500	1 300	4 000	5 000

资料来源：董宝珍团队。

我们再看大经销商，它们主要影响批发价，一般主供政务团购和向二、三线经销商批发。目前二三线经销商大规模进货的条件不存在，同时从政务团购转型民间消费也需要时间，所以大经销商被迫以低价出货，正常渠道的价格受到了这部分的挤压。等大经销商转型完成或与正常渠道确立正常的关系之后，它对价格的影响就结束了。也就是说，目前的危机主要是部分主供政务的大经销商和落后地区经销商转型造成的，现在差不多正是这个过程的尾声。特困户经销商只占全行业的20%。

我接触了一些完成了全年配额的经销商，它们比较乐观，认为年内贵州茅台酒价格要涨。80%的经销商出现了供不应求并不是其销售能力有多强，当特困户经销商定出的批发价能使其快速清货的时候，该价格一定会使走出困难的经销商快速销售，大步发展。但是在二元结构存在的情况下，最终价格还是由特困户决定的。因此，特困户不完全脱困，二元结构的定价就很难改变。我个人认为从整体态势上，年内定价还不是完全由整体供需关系决定的，价格需要等特困户脱困才会正式上涨，这个时间点在年底。这种态势产生了一个极其深远的战略影响，在特困户脱困的过程中，已脱困的经销商出货量会大增，贵州茅台第四季度的出货会超过第三季度（虽然第三季度有经销商的增量影响），历史渠道库存会被扫得干干净净，同时整体经销商队伍能够超额完成全年计划，为2014年打下良好的基础。这个二元结构是一个扩量机制，是促进贵州茅台放量的机制。

贵州茅台一批价波动的调研和分析[一]

11月28日，网上流传着一个令白酒行业提心吊胆的消息，出自白酒专家王朝成先生："茅台批发价近日跌至850元附近，离820元倒挂心理线非常接近。这一信号进一步证实高端需求持续低迷，茅台供需正在失衡。一旦820元心理线被砸穿，终端商因担心价格继续下跌受损，会进一步减小必要库存，社会库存意愿也会彻底消退，届时茅台的一批商出货量必大幅减少，从而加剧一批商降价促销，最终会导致贵州茅台渠道利润消失甚至变负，终端价也会继续下挫。茅台终端价下跌必然对其他高端酒品牌形成替代效应，其他高端酒只能进一步降价保持性价比优势，于是中国高端酒市场将出现最可怕的局面——价格螺旋式下跌，最终导致行业利润和效益的大幅跳水。"

这则消息使我想起了今年中秋节我和助手的对话。

助手对我说："几个月来，我给高端白酒的经销商打了100多个电话，现在有一种极强烈的感受。"

我问："什么样的强烈感受？"

助手说："我感觉中国高端白酒的价格其实早已经企稳了。其实到今年4月

[一] 本文写于2013年12月26日。

已经没有三公消费了，从那时开始整个高端白酒的供需关系主要受经济状态和购买力的约束，而经济活动在2013年上半年和下半年的变化不是特别大。从这个意义上讲，战略层面决定高端白酒供需关系的基础决定力量基本没有变，所以高端白酒的供需关系早已定了。"

助手继续说："在基础供需关系基本确定的态势下，高端白酒价格波动主要是经销商心理变化和阶段性事件引起的。在行业大调整的背景下，经销商本身没有办法准确预测供需关系，整体定价是偏保守的。某个时间如果有某个具体事件诱发，比如某些大经销商因为库存需要快速变现，把价格压低。这个时候其他经销商也只能跟进，因为大家的情绪不稳，预期还没有坚定到不被动摇的阶段。因此2013年的价格波动整体上是由经销商情绪、心理的波动引起的，这种价格波动仅仅是一种状态。实际上，今年全年基础的供需关系变化不大。"

我将助手的话分享出来，是因为感觉助手的这段话很深刻。

人们热衷于对一些状态波动过度解读，当价格跌的时候就说新的危机深不见底，行业调整永无终结；当价格涨的时候认为行业全面上涨。其实这些都不一定是事实，经济状况和购买力并没有变化，人们把价格的波动看得太重了。今天贵州茅台一批价的变化仅仅是一种状态的变化，绝不是结构性变化。一些人认为这意味着贵州茅台供需结构正在走向失衡，夸大了状态性波动的影响。我们研究分析就是要追寻这种结构性供需关系，结构性供需关系具有恒定性，而整个结构性供需关系之上的表面价格波动无限复杂、不可预测，状态性波动被我们看得过重就会造成误判。

实际上，根据我的调研，主要地区的批发价稳定在900元之上。近期我和助手又对贵州茅台经销商进行了一次电话调研。

2013年12月24日，我们对经销商进行了电话调研之后进行了分析。数据反映出30%的经销商已完成了2013年计划，目前没有存货；50%～60%的经销商处于正常的快速销售中，库存不大；10%～15%的经销商有库存积压，销售有些困难，北京有一家经销商目前还有2012年的库存。我和助手的调研是每月一次，每次都有录音，录音都有标记，以注明是哪个地区哪家经销商，并统一存入资料库中，以便跟踪调研。资料库中的记录反映出这些特困户是老特困户，有困难的就那几户，这可能意味着确实有一批经销商过去过度依赖政务消费，没有从事过市场化的经营，于是在形势逆转后没有办法完成市场化转型。结合12月8日贵州茅台经销商大会上贵州茅台董事长提出的要淘汰一批转型不力的经销商，这部分特困户有可能被淘汰。

调研数据反映出的情况与广州超扬贸易公司（简称超扬贸易）郭仁超先生在贵州茅台经销商大会后介绍的情况一致。超扬贸易是贵州茅台在广东的一级经销商，郭仁超先生12月18日以经销商身份参加了贵州茅台经销商大会，会议结束后他发布了一个贵州茅台销售情况。

数据显示，贵州茅台目前的零售价比中秋节、国庆节期间要低几十元，在沈阳和北京地区都出现这个现象，虽然沈阳地区的价格整体高于北京地区，但与中秋节相比也有所回落。波动的原因是近期（始于11月中旬）贵州茅台出台新政："凡原有老经销商在12月底前按999元/瓶打款进货1吨飞天茅台酒，可再按819元/瓶配给20%，明年这20%自动增加到经销商计划内。凡在12月底前按出厂价打款进货年份酒（15～50年任选）1吨，明年按819元/瓶增加1吨飞天茅台酒的计划。"在该政策下，贵州茅台经销商按999元进货需要多付一笔资金，经销商如果不准备追加配额，现有的存货就变得稀缺了，它一定会珍惜自己手中的库存，不会降价销售。但是如果经销商要增加进货，就要为额外进货创造条件，尽量把手上的库存清空，这必然导致一批价下跌。因此，一批价下跌的实质意义是经销商愿意增加配额，正在为增加配额创造条件。一批价下跌并不意味着王朝成先生所说的价格体系大崩溃。

贵州茅台春节销售分析:从二元定价模式到价格锅盖

春节前后高端白酒的供需情况成为市场和白酒行业的热门话题,从不同渠道传来的信息反映出高端白酒的销售出现超预期情况,《糖酒周刊》发布观点认为2014年1月50%的贵州茅台经销商仅用1个月就完成了第一季度销售任务。贵州茅台广州一级经销商超扬贸易发布的信息显示广州地区节后基本无存货,超扬贸易已经开始销售4月的配额。招商证券的研究报告《招商食品饮料:七省白酒经销商春节销售跟踪》也印证了以上信息,该报告提供了2014年2月12日上海、广西、湖北地区的经销商数据,这些地区的贵州茅台经销商都提前完成了销售计划。

我们自己做的调研情况如下。

北京地区的贵州茅台酒零售价900~950元,贵阳地区的950~1000元。北京、贵阳地区有一半的经销商目前无货,北京地区比贵阳地区货源紧张,贵阳地区的价格反而比北京地区高。贵州地区经销商说是因为当地大量向外地批发,贵州茅台减少了向其供货,此情况不知是不是真的。贵阳地区接近一半的经销商还没上班。

⊖ 本文写于2014年3月4日。

基于多渠道信息的交叉印证,可以得出以下事实。

第一,春节期间,全国范围内贵州茅台的一批价比中秋节下跌约50元,某些地方跌得更多一些。

第二,贵州茅台出货量非常大,几乎没有库存,局部地区出现了断货。

于是出现一个非常矛盾的情况:贵州茅台的春节销售一方面出现供不应求和断货情况,另一方面价格大范围走低。有很多业内人士和我讨论这个问题:"为什么贵州茅台的销量超预期,价格却反而下跌,这违反一般经济学规律。"以下是我对这个问题的思考。

2013年国庆节后,我曾发表过一篇文章《二元结构下的贵州茅台销量和价格调研》。文中提到,在2013年中秋节期间已经出现了2014年春节期间的这种现象,当时也是价格不涨,但销量很好。有相当一部分经销商中秋节已完成了2013年全年任务,某些地区出现断货,可是价格却不是特别坚挺。我提出了二元定价结构的观点解释这种现象。今天贵州茅台的供不应求与价格下跌同时出现,逻辑上是中秋节出现的销量增长、价格不涨的延续。而且春节期间这种二元定价结构得到了更大力度的强化。

我们知道2013年末贵州茅台向老经销商开放了额外配额(按照规则,老经销商需要额外以999元买入贵州茅台,才能增加自己的长期配额)。现在的问题是,经销商一共额外进货了多少?我的答案是2000～3000吨。依据源于两方面。

第一,贵州茅台董事长在2014年初发布贵州茅台2013年营业收入为402亿元,其中2013年12月的营业收入达50多亿元,包含经销商额外进货打款的一部分。我特别强调一下,这不是经销商额外打款的全部,因为有足够多的证据反映额外打款有一部分作为预收账款放到了2014年。详细分析参见我的文章《贵州茅台2013年报表收入和利润实现20%的成长》。

第二,在调研中,经销商告诉我们大部分经销商都已经额外进货1～3吨。做保守估计,贵州茅台一共有2000多个经销商,每个经销商额外进货1吨,合计就有2000吨。

另外，2013年下半年贵州茅台向新经销商开放了2000～3000吨配额。于是，2014年春节贵州茅台向渠道的供货比2013年同期多出4000～5000吨。加上正常的供货量，实际上今年春节贵州茅台渠道供货量高达1万吨左右。这1万吨是集中在一个非常短的期间内投入市场的。价格下跌的根本原因是短时供给大幅增加，并不是需求不足，事实上需求很充足。虽然贵州茅台经销商看好贵州茅台未来，有信心和勇气以高于出厂价25%的价格额外大量进货，但是经销商的首选策略是快速清空额外进货。所以我们看到2014年春节贵州茅台酒的价格在900元左右，这是贵州茅台经销商额外进货和原有配额的总成本，加上基本费用之后不亏损的保本价。经销商以900元的价格销售达到快速出货的目的，是特殊情况下的特殊选择。虽然经销商坚定看好贵州茅台的未来，敢于以高价额外进货，但是在媒体和行业专家的悲观论调影响下，首选策略仍然是快速清空额外进货，于是定的价格就很低。价格低并不意味着需求不足，假如需求不足，春节期间销售超预期的情况就不可能发生。

市场是最真实、客观的。贵州茅台酒以900元的零售价实现超预期销售，以最客观的事实证明了在当前的政治、经济、收入水平下，需求可以在春节期间消化1万吨贵州茅台酒存货的大部分。我为什么不说将1万吨存货全部消化掉，因为实际上市场只消化了70%～80%，还有一部分没有消化。以下是白酒专家晋育锋先生在微博上发表的一段话。

"某大经销商2013年由于增加了贵州茅台任务量，全年销售收入同比增长20%，销量（折算按吨计算）增长40%，但利润同比下降七成。该经销商原本任务量为60吨，2013年7月贵州茅台放开经销权后增加了30吨；12月对老经销商放开增量时又增加了30吨，等于2013年共做了120吨。"

这段话反映出经销商大部分的额外进货已经消化，还有少部分待消化。那么销售这么好，价格为何不涨呢？答案是新增的经销商和老经销商的额外进货全部被消化之后，价格才会变化。春节前后的销量大增、价格大跌是集中供给导致的阶段性情况，是特殊阶段。因为还有一部分999元的额外进货没有被消化，因此这一批货就相当是一个锅盖,压住了价格,直到这个锅盖被市场消化掉,价格才能发生变化。当所有额外进货被消化的时候,价格就会随着真实的供需关系发生变化。此时价格持续不涨甚至适度下跌,正是因为有这样一个锅盖。

2013年下半年,贵州茅台向新老经销商额外供货4000～5000吨,形成了一个压制价格的锅盖。在额外供给(额外进货)被消化之前,价格将维持在相对低位,而相对低位的价格又成为促进销量增长的最直接力量,销量的增长会快速将额外供给形成的锅盖消化。预计2014年第二季度的某个时刻,锅盖将会被完全消化,随之将出现的是价格走强。在当前这样一个特殊时期、特殊价格走势前,单纯以价格变化考察供需关系不能得出正确结论,应将价格的变化与销量的变化结合起来综合考虑。在某种程度上,销量能更真实、更客观地反映供需关系。实际上,目前贵州茅台酒价格与客观的供需情况已经阶段性脱节,换句话说近期供需关系的主要考察指标应该是销量。

锅盖是由2013年第三季度已经出现的二元定价结构演化而来。二元定价结构的实质是价格由少数特困户决定,以便使其能顺利出货,能使特困户顺利出货的价格,必定使非特困户超额出货。这就是2013年部分经销商第三季度就完成全年计划任务量的实质原因。目前贵州茅台经销商中已经没有特困户了,但是出现了一大批以999元进货的经销商,且部分经销商999元的进货量巨大,这样又形成了一个新的二元结构:以999元大量进货的经销商与较少进货的经销商之间的对立。由于前者的存在,当价格波动到前者能出货时,供应量就会增加,该价格区间会使前者的库存清空,也使后者超额完成销量。这就是有的经销商已经完成了第一季度的任务量,以及个别经销商已经开卖第二季度任务量的根本原因。

2013年下半年出现的贵州茅台经销商提前完成任务,但价格始终不涨的局面,从始到终都是经销商内部的库存差异导致的。市场上有一种担心,认为虽然贵州茅台能够把自己的商品卖给经销商,但是经销商能不能把额外进货卖给消费者是一个问号。今天,客观出现的供销两旺和局部断货证明了贵州茅台整个销售渠道是通畅甚至超预期的。假如继续维持900元的零售价,全社会对贵州茅台酒的需求量将达到 2.5 万吨左右，已经超过了 2009 年贵州茅台酒产量，那一年贵州茅台酒的总产量约为 2.6 万吨，经过 5 年的存储，有 25% 的酒会挥发掉，所以 2014 年全部可供销售的贵州茅台酒也只有 2 万吨左右。

在思考贵州茅台 2014 年春节为何出现价格和销量背离的过程中，我意识到对任何事物的研究关键不取决于对普遍规律的掌握。虽然普遍规律是非常重要的，但是研究关键取决于研究的深度与细节。没有深度和细节，就无法对研究对象有真正深刻的把握。在具体研究过程中，普遍性的一般规律必须结合特殊的具体情况，只有这样才能看清客观真相。当然对特殊性也不能盲目放大，以避免以偏概全，要将特殊性放到普遍性规律之下进行思考。归根结底一句话，分析研究必须兼顾普遍性和特殊性，任何片面的做法都会使结论出现偏差。

中秋节白酒简单调研

中秋节我随机走访了一些商超和渠道。在一家我认识大部分营业员的大型超市，初步交流后我得到的信息是 2014 年在商超层面，整体上白酒销售以平稳为主，高端白酒以贵州茅台、五粮液为代表，需求比较强劲，在中秋节这个小旺季销售达到了春节的水平，商超售价 990 元的贵州茅台酒销售非常好。一个营业员提供了中秋节前四五天的晚间结算信息，贵州茅台酒、五粮液这几天单日销售额突破了 40 万元，这是非常罕见的，其中贵州茅台酒的销量更为突出。在关于中端白酒的销售调查中，该商超营业员感觉洋河和泸州老窖卖得不错，洋河 300～400 元的价格老百姓比较认同，泸州老窖 100 多元的价格，销量也可以。同时，这家商超营业员说他们的收入并没有增长，因为酒水大幅降价后渠道利润太少，他们所能得到的提成也比较少，所以收入水平一般。总体上看，民间需求在现有价格水平下是比较充足的。

我调查的第二家是一个五粮液专卖店，这家专卖店因为去年没有完成任务，从五粮液签约专卖店变成了从五粮液专卖店低价提货的五粮液专业经营者。该店老板给出的信息是整体销量还可以，目前已经不再亏损。五粮液当前的批发价

⊖ 本文写于 2014 年 9 月 10 日。

是609元，由于他还有一些去年650元进的货，所以综合成本630～640元，出货价是680元，每瓶挣40元左右。在交流过程中，该经销商一边与我聊天一边不断练习茶艺，完全没有2013年的紧张感。2013年时他几乎坐立不安，无法轻松与人交流，今年则不同，他一边品茶一边沟通，反复强调不赔钱不挣钱，话中包含着对不赔钱的庆幸，也包含着对不挣钱的不满。他期待着市场环境进一步好转，价格再涨一些。他表示总体上看老百姓是能消费得起五粮液的，民间需求起来了，做得好的也可以挣钱了，如果现在仍然亏损，应该主要是自己没有做好，不是因为没有需求或需求不足。他提出一个明确的判断，民间需求的总量释放后，现在是八仙过海，把这些新兴的民间需求据为己有。他谈到几个竞争者提到假酒，有人买了价格500多元的五粮液，在专卖店一测试发现是假的。他准备下一步努力抓销售，尽量占有展现出来的民间需求。他的工作重心转向了开发市场，包括与假酒争夺市场，与其他经销商抢市场。可以看出，五粮液经销商的信心已经恢复。

我调研的第三家是一家超市，这家超市的工作人员在介绍情况时声音非常洪亮："不是说很好，但是走量可以，量出来了，今年不像往年，以前逢年过节总希望多卖点，但总是落空。今年量虽然没有特别增加，但是大家本来预期不高，实际的销量似乎反而是超预期的。"今年的零售端销售首次出现了节后不让人失望的情况，量的首次止跌和适度回升令基层工作人员都比较振奋。

以上3家渠道的情况很清楚地指向一个事实，整个白酒的民间需求已经支撑住了市场，而且需求涌现出来，供需关系已经稳定，价格下跌已经结束，止跌回升的态势已经具备，接下来这种态势该深入演化开来。也许这个中秋节后启动的旺季可以是一个持续的销量回升的过程。我们知道2013年的白酒旺季是一个令人不断失望的过程，春节前的白酒市场也日益趋冷，而2014年从中秋节开始就出现了适度回暖状态。2014年的中秋节有可能是一个转折点，今年的白酒旺季是一个暖色调的旺季。白酒行业调整在逻辑层面与现实层面都已结束，中高端白酒已经迎来了新一轮的成长。

超市酒水专卖区见闻和思考[一]

我出门办事,顺路到某大型超市的酒类专卖区做了两个小时的蹲点观察,观察到了一些有代表性的现象。

牛栏山二锅头火爆背后的地域文化

牛栏山二锅头在超市的9个堆头中占了3个,而且在显要位置都有陈列。消费者多成箱购买,50~100多元的牛栏山二锅头如流水般卖出。值得注意的是,其消费者年龄层次,老、中、青都有,工人、时尚青年、知识分子都会买牛栏山二锅头。这使我深切感受到中国广泛存在的地域文化。本地人对地域文化的喜爱和坚守是根深蒂固的,地域文化是一种具有长期稳定性的独特文化。牛栏山二锅头是北京地域文化的典型代表,目前牛栏山二锅头的定位还停留在低端白酒。从春节时段人们成箱购买100多元的牛栏山二锅头来看,我感觉人们是能接受牛栏山二锅头提价的,其价格还有上升潜力。

更进一步,我认为地域白酒存在着一个经营模式:好酒加上地域文化,再加上绝对占领寸土不让的意识。我发现牛栏山二锅头在春节期间几乎承包所有超市

[一] 本文写于2015年2月12日。

1/3 的展柜，与外来的名酒摆出一副势不两立的决战姿态，现在看来成效很好。地域白酒的主要发展和成长路径是深耕根据地市场，根据地有地域文化的保护，具有先天的资源优势。地方酒企如果不深耕本地，盲目向外扩张会遇到问题，根本问题是特定地域文化只属于本地，无法大范围扩张到其他地域，因此我认为牛栏山二锅头的全国化不太乐观。

红星二锅头衰落与白酒口味创新

几年前红星二锅头与牛栏山二锅头平分秋色，某些时候还占优势，但现在相对牛栏山二锅头衰退了。红星二锅头的促销员说可能是因为红星二锅头的口味太烈。现在买红星二锅头的主要是五六十岁的人，这个年龄段的人喝不惯牛栏山二锅头，口味软、不烈，与他们年轻时喝的烈性酒不一样，所以他们更喜欢红星二锅头，但是红星二锅头的高烈度也使得其消费群体很难大规模扩大。这就反映出白酒行业发展的重大课题，口味创新。中国白酒性质上是烈性酒，烈是基本特点，但是十年前洋河成功了，现在牛栏山二锅头则通过对口味进行改革获得了社会广泛群体，尤其是中青年的喜欢。虽然这种创新游离了原有白酒烈的特点，却得到了社会的认同。可见整个白酒行业在传承历史口味的基础上，都面临着口味的创新，这种创新当然也不完全是以消除烈度为特点，但必须要与现代生活方式、现代人的饮食特点结合，毕竟现在各方面情况都与过去不同。口味创新也是白酒的竞争战场，一些较早进行口味创新的企业获得了优势，洋河、牛栏山二锅头在某种程度上是口味创新的受益者。

白酒企业在卖场的促销投入下降明显

这家超市的白酒卖场面积应该超过 500 平方米，共摆了 9 个堆头，其中只有两个半堆头的白酒，其余都是葡萄酒和洋酒。白酒由洋河、古井贡各占 1 个堆头，泸州老窖占半个堆头。往年春节前的堆头几乎全部被白酒占据，2015 年白酒甚至占不到 1/3，反映出白酒企业在调整过程中经营压力增加，渠道投放力度减弱。还有些地方的卖场堆头是白酒经销商，尤其是总代理来购买的，这也反映出各大白酒企业的经销商陷入了经营困境，没有能力和条件大规模投资卖场堆头。这使我认识到两个问题：第一，渠道的经营困难比较大，买不起堆头。洋河和古井贡都是白酒企业直接控制零售端，堆头是白酒企业自己花钱，因此买得起。第二，在整个白酒行业调整中，分化会进一步拉大，过去两年几大名酒企业的经营投入很大，巨额亏损与较低增长同在。今天，卖场中的那些在寒冬继续投资买堆头的企业，一定会大幅拉开与那些无力购买堆头的竞争对手之间的差距。买堆头的企业销量越来越高，有钱扩张渠道进行促销；反之，没钱买堆头的企业销量越来越低，也越来越没有钱促销，于是强的越强，弱的越弱，出现持续的进一步强弱分化。

今天的卖场调研，我最大的感受就是可以看出未来几大白酒企业的分化是一种必然，堆头过去人人都有，今年只有两个半。无论是洋河还是古井贡都是这一轮白酒行业调整中衰退最小的，而没有摆堆头的白酒企业恰恰是衰退较大的，所以2015年白酒行业的分化会进一步拉大。

贵州茅台系列酒市场区间很大

在超市中茅台迎宾酒标价128元，买一送一，折算下来每瓶64元，这个价格引发了足够多的消费。我在两个小时的观察中发现买这款酒的人特别多，尤其是我发现有一些消费者是看上去要返乡的工人，他们对茅台迎宾酒买一送一表现了浓厚的消费欲望，大量买入。他们可能主要是被茅台二字吸引，买贵州茅台酒回家过年的心理感受不一样，哪怕是低端贵州茅台酒。本地消费者对茅台迎宾酒也很感兴趣，成箱地购买。总体上看，中等以下收入水平的消费者认为价格在100元以下的贵州茅台系列酒是非常物有所值的。这使我认识到茅台二字确实对中国人的心智有强烈的影响，贵州茅台品牌的商业价值巨大，可开发空间非常大。我特别看了一下茅台迎宾酒的生产年份，是2012年，很显然是库存积压了才买一赠一。这意味着贵州茅台系列酒在营销和推广上可能存在问题。民间对贵州茅台系列酒是有需求的，但是商品因为某种原因形成积压，贵州茅台需要深刻思考如何通过恰当的市场手段，把民间的巨大需求转化为现实的市场份额。

两个小时的观察结束后，我最强烈的感觉是窥一斑知全豹，白酒整个行业的变化在几百平方米的卖场中都能看得到，行业的发展趋势、企业经营的此消彼长清清楚楚。不要投资你接触不到产品的企业，只有企业的产品你能方便地接触到，你才能理解这家企业。

投资人要有求真的心[一]

面对负面舆论环境，如果你身处其中就由不得你不相信，无法挣脱舆论制造的悲观气氛和压力。我身处其中也看到了这些报道，但是我不相信，因为我心里有一种本能的想法：贵州茅台酒是好酒，人们想喝好酒。这是人性的需要，是人们向往美好生活的需要。如果贵州茅台酒没人要了，就意味着人们不再向往美好生活了，这不可能。但是许多博士、教授、研究员、基金经理、媒体记者、行业内部人士都说贵州茅台酒卖不动，贵州茅台酒没人要，于是我决定亲自前往茅台镇做实地调研。

拿着简单的行李，我出发了。在飞机降落于大山之间的遵义机场后，我乘汽车赶往茅台镇，路两边的景色非常秀丽。青山被树木所覆盖，浮云仿佛就在眼前，一抬手就能抓到，西南地区颇具特色的民居在路两旁，散落于树林中。多么美好的景色啊！茅台镇这个改变了中国命运的西南小镇，今天在资本市场、舆论场上被描写为毫无前途，已经走入不可逆转的衰退，真实情况是这样吗？

在贵州茅台股价低迷的2014年，赤水河静静地流淌，河水清澈见底，两岸景色令人神怡。我在这里通过走访调研、交谈、观察，核实一个事实：到底贵州

[一] 本文摘自《熊市：价值投资的春天》（第二部）中关于调研的记录。

茅台酒是不是如同媒体所说的已经没有人买？我的命运将决定于调研结果。最终的事实将会是什么样的？我猜测着各种可能的结果和情况。我把目光从赤水河流淌的河水投向了远处的群山，西南的大山云雾缭绕，景色的确优美。我的调研从何处开始？我需要一个调研方案。

伫立赤水河边一个多小时后，我心里形成了调研方案。我决定先进入贵州茅台包装车间进行调研，通过观察包装车间的产量，包括工作人员的作息时间来观察贵州茅台的销售情况。因为有一个基本事实，贵州茅台酒在投放市场之前，都是在包装车间完成包装的，所以包装车间的工作量大体是贵州茅台酒的出厂量，而从贵州茅台酒的出厂量大体上能够推测出其销售量。于是我决定把本次调研的时间、精力重点放在包装车间，在包装车间驻扎，在包装车间守候。

次日清早我来到了包装车间，包装车间位于相对开阔平坦的地方，前方有一个巨大的广场。我快步走向了包装车间。贵州茅台提供消费者参观的服务，任何人通过安检都可以沿着参观通道参观包装车间。我先接受安检，当天几乎没有参观者，于是在安检时我与包装车间的保安进行了交流，保安很健谈，也很友善。

我问："最近忙吗？"保安说："忙得很！去年我们在淡季的周六是不加班的，今年周六在淡季、旺季都加班，去年早上8点才上班，今年早上7点就开始生产。去年晚上6点的时候生产就结束，今年包装车间晚上下班时间正常在8点，个别时间会延到9点。"保安的话展现的是一种加班加点、供不应求的情况，与媒体报道的情况截然相反，反差极大。在听到这一消息后，我既意外也不意外。

不意外是因为我已经基于理论分析，得出贵州茅台酒不会没有市场的结论。只要贵州茅台酒价格下降到老百姓能买得起，需求自然会出现。向往美好生活是人民的普遍需要，老百姓爱喝贵州茅台酒，只是在意价格！价格下跌，需求增加是必然的。意外是我感到现实调研得到的情况与四处传播的信息差距太大了！流行的观点是贵州茅台已经无人问津了，而现实却是工厂加班加点生产，反差之大让我意外。在与保安交流结束后，我看到包装车间的走廊上有一位打扫卫生的阿姨正在工作。为保险起见，我决定就保安说的加班加点情况向打扫卫生的阿姨进行核实。我把保安说的情况和阿姨重复了一遍,阿姨答复:"确实如此,今年特别忙!淡季周六也要加班,每天工作时间比去年长很多。"

没有问题,包装车间加班加点是事实。于是我的大脑飞快地计算,很快算出由于周六加班增加20%的工作量,同时每天的工作时间增加2～3小时,包装车间一天的工作量比去年同期增长了40%多!我的天!我有点不敢相信,决定进一步调研。

我登上了包装车间的参观通道,在参观通道上看包装车间的工人正在紧张忙碌地工作,但是参观者无法和工人直接说话,参观通道是被玻璃封闭起来的。

我该如何接触到工人呢?正在我想办法时,突然我发现包装车间的工人会隔一段时间从车间中走出,去卫生间。卫生间所处的位置恰恰是外来人员也可以进出的地方,于是我想如果我蹲守在卫生间旁边,在工人出来去卫生间的时候,我就可以与其随机交流,这不就能很好地实现调研吗?

我在卫生间旁蹲守了较长一段时间,终于有工人出来了。不过他们均是急匆匆一路小跑,快速来快速走。我抓住难得时机,也跟着工人一路小跑问:"今年很忙吗?"他回答:"今年很忙啊!下半年更忙,以前1天包装2.8万～3万瓶,今年1天1条流水线包装3.2万瓶。"与我说话的工人年龄稍大,有可能是班组长,其回复以量化的方式证明了每天的包装量同比去年增加,之后我又问了几个上卫生间的工人同样的问题,得到了相同的回复。

到了中午,工人从车间出来吃饭,于是我跟着数百工人一起走到食堂。食堂是开放的,非员工也可以进去吃饭,但是我没有吃饭,而是在工人吃饭时抓紧时间和大家交流。我凑到工人就餐的餐桌边问了他们每天的下班时间,每班的工作量。

综合数名工人的回复,我得到的答案如下。

第一,今年在生产线工作的工人和机器都过度疲劳。由于贵州茅台酒的包装量同比增加,所以贵州茅台酒的生产线几乎早上一来就开着,全天不停。为了保证贵州茅台酒的包装量,一批系列酒的工人转到了贵州茅台酒生产线,生产线负荷增加,导致机器疲劳,会因为开机时间较长而出现故障,从而影响工作进度。

这也是每天下班时间晚的原因。

第二，单日单条生产线产量增加，延长了工作时间。去年1天1条生产线包装量为3万瓶，今年1条生产线的包装量是3.2万～3.3万瓶，平均日包装量提升了10%左右。

工人陆陆续续回到了车间。我找了一个僻静的地方把一上午收集到的调研资料梳理出来，最后的结论是各方面相互印证的事实证明包装车间的工作量大幅提升。通过保安、打扫卫生阿姨及多个员工的回答可以确认一个事实，贵州茅台酒单日生产量是提升的，提升比例大约10%，每5天加一班又增长了20%，因此整个包装量大约增加了30%。这与我根据理论研究得出的数据大体吻合。此时此刻我的心情很平静，调研的结果与我理论研究和推算的结果几乎完全一样！我是对的，一些媒体在胡说八道，大众以讹传讹。我掌握了真相，因此我没有风险。虽然贵州茅台的股价在包装车间加班加点的情况下还在下跌，但最终真相会逆转下跌，我需要进一步买入！我已经胜券在握了，虽然当时我的基金净值熊冠全国（同时也熊冠全球）。望着远处的群山，我感到我又进步了，我通过调查研究彻底挣脱了媒体和大众释放和布下的迷雾，彻底摆脱了迷魂阵！我靠自己的独立思考和实地调研掌握了市场和大众不知道的真相！我将拥有确定的成功，这是基本的投资原理决定的！站在包装车间前的广场上，我充满了力量和成就感。我在投资路上没有老师，我本人也不是科班出身。我一点点自己求索，逐步搞清了差不多所有的基础投资概念。今天，在实践中我又知道了不人云亦云，独立思考、独立调研找到真相的重要性。我完成了一次独立思考和独立调研当然有的具体的收获，但更大的收获是我知道了独立思考、独立调研的重要性！

在我重仓持有的贵州茅台股价暴跌60%的情况下；在自己管理的基金净值大幅下跌70%的情况下；在所有的人都否定我、远离我、抛弃我、嘲笑我的情况下；在所有的媒体都说我投资的贵州茅台已经毫无希望，走上了不可逆转的衰退之路的情况下；在所有的人都认为我已经神经错乱的情况下；在到处是悲观、恐惧、绝望情绪的情况下，我基于逻辑仍然相信贵州茅台是中国最好的白酒，相信人们都想喝好酒，贵州茅台经历的只是过程性波动。然而，我的分析得不到股价的印证、得不到媒体的认同、得不到大众的认同甚至得到了专业人士的否定。在这种情况下，我来到茅台镇，走入贵州茅台包装车间，与保安、打扫卫生的阿姨、工人做直接交流，交流的结果让我知道了事实真相。唯一不否定我的是，我在茅台镇亲自调研发现的事实。事实支持我，让我知道广泛流传的关于贵州茅台的消息是胡说八道、指鹿为马。我抬头眺望远处的群山，群山在云雾中若隐若现。是啊！云雾可以遮掩大山一时，但不能遮掩大山一世，那些到处流行的认为贵州茅台已经失去未来的观点，如同宣布大山被云雾遮挡因此消失一样荒谬不堪！人们迟早会知道被云雾遮挡住的大山并没有消失。

当时，站在包装车间前的广场上，我的思绪进入了抽象的世界，我的脑海深处产生了一些关于投资的抽象认识。什么是价值？什么是价值发现？真正的投资能力包括什么？我觉得我对这些基础投资概念和原理有了来自实践的新认识，这些新认识与书本上的认识不同，它们来自我自己的经历和内心。当时，我非常平静，我感到了自己的成长和进步。虽然我好像在现实层面已经身处绝境，被困境完全包围，且没有突破的可能，但是在心中我感到一切都在我的掌控中，我拥有确定无疑的最终成功。我的内心被机会、希望、成就感所包围！我为自己的升华而高兴，这种高兴不表现为外在的哈哈大笑，而是内心的一种真实的强大感、成长感。我能听到我自己内心的声音。我环视着茅台镇四周的群山及群山上的浮云，觉得我已经成功了。所有的人都否定我，我几乎得不到任何人的信任！但是唯一不否定我的是，我在茅台镇亲自调研发现的事实，事实支持我，我的前途是确定的！思维无限活跃且有点激动的我，内心发出一声呐喊：我明白了！我知道了！我明白了什么是价值，什么是价值发现！

投资价值是大众没有发现的真相

源于长期投资实践，尤其是茅台大博弈过程的体悟，使我认识到投资价值是被掩盖起来的、大部分人没有发现的真相。理解投资价值概念需要重视以下两点。

第一，投资价值在客观属性上对人是有利的。没有对人有利的客观属性，谈不上有投资价值，如一片树叶因为没有对人有利的客观属性所以谈不上有投资价值。

第二，对人有利的客观属性不能独立创造投资价值，要有一个条件，那就是这个有利的客观属性被掩盖起来了，大部分人没有发现甚至把其错误地理解为有害的客观属性。这是产生投资价值的关键性条件。在贵州茅台股价100元时，人们错误认为贵州茅台会长期衰退，这造就了贵州茅台千年不遇的投资价值。当贵州茅台股价涨到800元的时候，因为当时所有的人都发现贵州茅台好，所以800元的茅台就没价值了。错误认知比客观属性在价值产生过程中的作用更大。

价值发现是发现大众没有发现的真相

大众因为种种原因，没有看到被掩盖起来的客观有利的真相。如果此时你发现了大众没有发现的真相，就发现了价值。如果你认为自己发现了价值，并得到了广泛的掌声和欢迎，追随者立即蜂拥而入，大部分人都看好你的判断，那么不好意思，你很有可能已经走在错误的道路上。如果真的发现了价值，你就一定和大多数人对立。这是由价值发现的博弈性决定的，价值发现内在包含博弈性。大众不能正确理解客观基本面，而你发现了真相和事实，发现了大众的错误，这时你和大众形成认知的对立就形成了博弈关系。没有关于同一基本面认知的对立和博弈，就不存在价值发现。

当你和大部分人对立的时候，你得到的根本就不是什么欢呼赞扬和追随，而是贬低、否定、嘲笑和被抛弃。我在若干年前常常为一件事情苦恼，很多常识和事实都能证明我自己提出的观点正确，为什么大家不相信？为什么大家要否定我、贬低我？当时我非常不理解甚至为此感到不舒服，随着时间的推移我知道了价值发现有时和大众的认识相反和对立，你又是正确的、客观的，你才能发现价值，但这个时候你可能得不到大家的认同和追随。

这时你要有一颗求真的心，要有一颗虽千万人吾往矣的心！这种求真的心的建立与其说是一种方法，不如说是一种精神气质。你不能相信别人，你要有一种自信，能够发现问题。经过自我求证、思考分析，完全梳理一遍形成的结论我才接受。我没有自己站在那里对一个问题进行分析、推敲、求证、验证和调查，我是不下结论的。我拒绝接受人云亦云的现成观点、拒绝接受专家的观点、拒绝接受媒体的观点，一定要在自己调查完以后，才形成结论。

价值投资是需要天赋的。我接触的中国非常好的价值投资者，具有很强的求真精神，特立独行，往往与大众的观点格格不入。价值投资者是言行一致，坚持自己想法的人。一个真正的价值投资者的智力固然也是一种要素，但是主要还是个性。巴菲特说过，投资不是智商高就行的。投资成败关键不是用高智商战胜低智商，求真的心才是关键！求真才能发现别人和大众发现不了的真相。

我沉浸在这些思绪中的时候，时间不知不觉到了下午6点，正像保安和打扫卫生阿姨介绍的情况，并没有大量工人从车间走出来下班，不过有两个女工可能是家中有事，从包装车间提前走了出来。我上前与之交流，她们再一次确认了今年是历史上最忙的时候，其他车间的工人都被抽调到贵州茅台酒包装生产线加班加点生产。我问两位女工："今年为什么如此忙？"她们给出的答案是："一是过去2000元一瓶的贵州茅台现在900元老百姓买得起，所以会大量购买。二是贵州茅台在全国建立了很多中转库，一些成品酒存放到了全国中转库。"

两位女工匆匆地离去了，显然确实是因有事请假提早下班了。然而我在听了两位女工所说的话之后，内心发生了翻天覆地的变化，这种变化之迅疾剧烈，让我想起了《三国演义》中的一段故事。

赤壁之战开战之前，周瑜登高山观望曹军水寨，恰遇起风，风吹旗帜扑打在周瑜脸上。正在观望曹军水寨的周瑜被风吹起的军旗打到脸上后，突然大叫一声，口吐鲜血摔倒在地，不省人事。周瑜昏倒的原因是火烧曹军遇到了一个关键的技术性问题。当时只有西北风，没有东南风，在没有东南风的情况下，点起火来在西北风的吹拂下，会向南边烧过来把自己烧着。周瑜设计的火攻曹军在各个环节上已经成功，但是百密一疏，没有东南风，火烧曹军因此不能实现。

我当时的心情也是这样子。我与周瑜的差别仅仅在于没有昏倒在地。因为我设计的调研逻辑是贵州茅台包装车间的工作量等效于贵州茅台酒向市场的投放量，从而就等于市场的销售量，因此知道包装车间的产量就可以知道市场的销售量。现在提早下班的女工告诉我，包装车间加班加点生产的产品有一部分会放到新建的中转库，因此加班加点生产出来的产品有可能填充了中转库，而没有投放到市场中。这使我设计的调研方案出现了一个硬伤和逻辑漏洞。在贵州茅台酒生产出来就有部分投放到中转库，填充中转库的情况下，不能得出贵州茅台包装车间加班加点生产是市场需求的表现。于是我所有前期的调研逻辑在这一刻被推翻了。

当我在贵州茅台包装车间做了近一天的调查研究，发现包装车间加班加点生产、马不停蹄、产量大幅增长的信息后，我感到胜券在握、大局已定、胜利非我莫属。然而，两位提早下班的女工告诉我，她们加班加点生产的产品有一部分是要放在中转库的，我感到得而复失，"煮熟的鸭子飞了"。

我在内心遭受了大约一个多小时负面情绪的侵扰之后，重新回到了理性思考的状态。我在茅台镇的调研已经证明贵州茅台包装车间正在加班加点地生产，问题只是发往全国各地的货有可能进入了中转库被存储起来，没有进入市场。现在我应该赶往中转库去核实中转库的情况，我必须再去中转库调研。对，去中转库！做出决定后，我立即返回北京。

回到北京后，我第一时间查询资料，确定贵州茅台北京中转库的地址，之后按照获取的资料信息和地址于次日赶往贵州茅台在北京的中转库。也许是我太着急了，在赶到目的地后，我发现这个库房并不是贵州茅台中转库。库房值班人员告诉我，贵州茅台北京中转库在朝阳区黑庄户乡，离此地还有20多公里。于是我马不停蹄赶往黑庄户乡，赶到之后已经是中午了。黑庄户乡大力发展仓储经济，所以一到黑庄户乡的地界，我就发现连排的库房，有工业电器库房、家电库房、食品库房、饮料库房。按照标识我很快找到了酒水库房，这些库房都是当地投资建成的标准库房，然后租给有需要的企业。比如，酒水库房里面有贵州茅台仓库，五粮液、张裕、二锅头、燕京啤酒等企业也都在那里租了仓库作为中转库，由统一的保安公司管理。酒水库房非常大，有几个足球场那么大！来到酒水库房大门口我才发现，库房不允许任何没有通行证的外人进入，只允许持有完善的提货手续的人员和车辆进入。如果没有提货手续，也不是这里的工作人员，无论如何也进不去。我被挡在了库房门外，库房大门车辆进进出出，车水马龙、络绎不绝，每一辆车进去之前都要填一个表格，说明自己是谁、来干什么，还要出示自己的证件，出来的时候也要填一个手续，提了多少货、什么时候离开的、提的是什么。

我在库房大门外只能和保安交流。库房太大了，不进入里面，不到贵州茅台的存储库，是看不到关于贵州茅台酒的信息的，所以我想方设法进去。但是无论如何从大门是进不去的。没有办法，我只好跟保安人员交流。保安人员告诉我，每天进出的车辆太多了，记不得是来拉什么的，于是我只好在门外矗立着，等待着可能出现的机会。

时间过去了两三个小时，已经到了下午4点，我仍旧一无所获。难道就这样白来了吗？我略微有点着急！正在苦思良策时，我无意中看到车辆进入和出来时门口填的登记表一直放在岗亭里的桌子上，登记簿上会不会有我需要的信息？经过几个小时相处，保安跟我已经混熟，我问保安我能不能看看这个登记簿，保安说可以。

我翻到第一页的时候，就一下子意识到我不需要进入库房了。登记簿比我进入库房的价值和意义还要大，因为那上面清清楚楚地列了过去半个月以来这个库房的所有提货记录。感谢这个库房没有实现电子化，而是用手工纸和笔的方式记录，半个月内的信息都在上面。于是我非常认真细致地看登记簿，看着看着我的心一下子完全敞亮起来。在登记簿的每一页上都有进入库房提贵州茅台酒的记录，贵州茅台酒的提货记录是所有酒水中频率最高的。按理说贵州茅台酒是高端白酒，一瓶1000元比较贵，但是贵州茅台酒的提货记录要比很多低端白酒的还频繁，按理说便宜的酒更容易卖得多，但是从提货记录看，贵州茅台酒的提货记录要多于低端白酒甚至和啤酒的差不多。半个月的数据清清楚楚地显示着酒水库房里提货最频繁的是贵州茅台酒，其他高端白酒如五粮液的提货记录，连贵州茅台酒的 1/5 都不到。小小的登记簿证明了贵州茅台酒在中转库里根本没有机会被堆积、积压。

登记簿打消了我在茅台镇听到两个提早下班女工说的，她们加班加点生产出来的货有一部分放到了中转库房的疑虑！现在我看到中转库房的贵州茅台酒极高频次的提货记录，证明贵州茅台酒在中转库没有积压，只是中转。一下子我完全确认我的所有逻辑最终被事实证明是真实的。在茅台镇的时候，女工告诉我说货有一部分是放到中转库房里的，我就有了万事俱备，只欠东风的不安。现在东风已具备了，我已经完全在现实中用实实在在的证据证明了贵州茅台酒的销售是供不应求的，根本不存在媒体说的那种困境和没有需求。调查研究出真知，让我掌握了真相。虽然调研过程很曲折，但是这个曲折的过程反而更强有力地证明了我认识到的事实是真实的、客观的，它们从不同的侧面和角度印证了贵州茅台的需求很旺盛。包装车间加班加点生产的产品被拉到中转库里，再从车水马龙的中转库源源不断地投向市场，一切都是那么严丝合缝。我完成了一次调研求证，获得了别人没有发现的真相。

时间已经到了傍晚 6 点，天已经开始黑了。我忙碌了一天感到很饥饿，于是来到黑庄户村的一个餐馆里要了一盘水饺。正要动筷子吃，突然电话铃响了，电话里传来的是我一位投资机构负责人朋友的声音，他紧张又焦虑地问我："贵州茅台股价又大幅下跌了，你觉得贵州茅台现在有危险吗？还有价值吗？"我把这一趟调研的过程跟他说了一遍，告诉他贵州茅台没有实质风险，贵州茅台的销售、生产、经营一切正常且蒸蒸日上！他听了我的观点将信将疑。我说："你可以按照我的路径来调研一趟，你只要走完这趟调研就能知道贵州茅台的经营情况。我可以把我这次调研的方法、路径、注意事项写个文字方案发给你，你按图索骥照方抓药就可以知道真相，找到财富！"朋友说："好吧！你写好发给我。"

次日我马不停蹄将这一次调研的过程、方法和结论写成文章，然后同时发给了我的基金合伙人和朋友，以及投资机构的负责人。这些投资机构绝大部分是海外的投资基金，在贵州茅台下跌时买入了贵州茅台。

参加贵州茅台百年金奖纪念活动纪行㊀

  2015年11月中旬，我收到有贵州茅台李保芳先生签名的邀请函，邀我参加将于11月19日～20日举行的庆祝茅台酒获巴拿马万国博览会金奖100周年的庆典活动，我非常高兴地接受了邀请。这几天的行程十分充实，我结交了很多朋友，接受了贵州茅台网络电视台《茅台有缘人》的专访，对贵州茅台的企业文化和行为方式有了更深的了解，对当地的生态环境有了实地感受，对贵州茅台的经营形势也有了实际的认识，加深了对贵州茅台的理解，丰富了认知。贵州茅台就像是一块未经雕琢的璞玉，是一家拥有真诚、正直、仁厚品质的杰出上市企业。参加这次纪念活动对我来说意义非凡，因此我将这次的经历、感受记录了下来。

  在纪念大会上，我与2015年2月退休的贵州茅台前财务负责人谭定华先生挨着坐，做了很多交流。谭先生给我讲了贵州茅台市场化、民间化的历史，他说1989年之前中国的普通百姓很难买到贵州茅台酒，贵州茅台酒在1989年以前全部是政府采购。1989～1998年，随着中国市场化改革的深入，贵州茅台酒开始进入民间，主要是委托贵州省外贸统一代理销售，贵州茅台只负责生产，不管销售。1998年受亚洲金融危机影响及经济改革的推动，贵州茅台开始自己经

㊀ 本文写于2015年11月。

营市场。1998年是贵州茅台发展的战略转折点，贵州茅台开始自己开拓市场。1998～2012年是贵州茅台飞速发展的时期，也是产品日益民间化的历史，这一阶段民间消费和非民间消费同时存在。2012年开始，限三公消费使非民间消费消失，致使价格大幅下跌，从此民间需求井喷，贵州茅台迎来了一个完全民间化时代，至此宣布贵州茅台历经25年彻底完成了民间化。民间化是一个历史过程。

在我与贵州茅台中高级管理层交流时，贵州茅台的中层干部讲了一个故事。在某次公司会议中，贵州茅台的高管突然给大家抛出一个问题：100年后贵州茅台的市值会是多少？领导的目的是让大家建立品牌意识，有历史责任感，为若干个百年之后的贵州茅台负责。于是大家顺势讨论了起来，普遍认为无论如何贵州茅台在100年后一定比现在更好，但要量化它100年后的价值比较复杂，尤其是某些东西无法量化。比如，贵州茅台酒库中现在还保存着尼克松贵州茅台、田中角荣贵州茅台，这些酒是早年贵州茅台主要服务外交时的产品。约50年前，为接待尼克松总统，中央让贵州茅台准备一批酒，后来为接待田中角荣也准备了一批酒。要准备这批酒，贵州茅台不可能只生产50瓶甚至不可能只生产500瓶，走一个生产流程产量最少1吨。但是接待工作喝不了那么多酒，于是当时为接待尼克松和田中角荣生产的酒有一大部分仍保存在酒库里，这类酒其实还有很多。

于是就有一个问题，这些酒应该值多少钱呢？当前在财务报表中，1吨这样的酒价值几千元，但实际酒的价值是多少呢？已经放40多年了，而且它们是为我国政治外交史上重要的外交事件专门生产的。这个问题很有趣，大家可以基于基本估值原理各自做估算。假如贵州茅台酒库里存储了1吨为接待尼克松专门生产的酒，那么现在值多少钱？类似地，为田中角荣准备的酒值多少钱？贵州茅台酒库里有很多这样的酒。

所有和贵州茅台关联的主体都很富有

在本次纪念大会中，贵州茅台为每位受邀嘉宾都安排了一位志愿者，协调嘉宾的衣食住行。我的志愿者是一位制曲车间的女工。

在我问到有关企业的整体经营问题时，她无法回答，但给我讲了很多工作经历和感受。她说贵州茅台大部分的基层员工都是两三代人一直在贵州茅台工作，有的是爷爷、奶奶就是贵州茅台的员工，有的是爸爸、妈妈是贵州茅台的员工，自己又成了贵州茅台的员工。员工觉得贵州茅台就是他们的家，就是他们生活的一切，所以从内心深处都希望企业越来越好，也觉得企业会越来越好。志愿者告诉我，基层员工的工资加上年终奖，月平均工资在万元左右，这个水平几乎达到了北上广白领的工资水平。

她还告诉我，所有和贵州茅台关联的主体都很富有。贵州茅台的经销商都很富有，其中亿万富翁可能有上百个。如果统计一下，你会发现贵州茅台经销商成为亿万富翁的比例最高，该行业内出现亿万富翁的比例毫不逊色于房地产行业。长期持有贵州茅台股票的投资者都能赚钱，贵州茅台自上市以来股价涨了几十倍，任何一个买了贵州茅台的人几乎都能获利，买得越早获利越多。

到了仁怀市之后，你会发现这个西部小城很富有。目前仁怀市是中国西部地区的百强市，这里消费水平很高，感觉与北京差不多。如果没有贵州茅台，仁怀市就是国家级贫困县。地方政府和省政府同样因为有贵州茅台这家企业而变得富有。这是个很有趣的现象，目前资本市场有些人认为贵州茅台不行了，贵州茅台将走向衰退，但在仁怀市没有人会这样想，他们都认为贵州茅台的未来会越来越好。

中华村项目实地考察

11月21日，贵州茅台网络电视台的朋友陪我们到中华村项目实地考察。中华村项目是贵州茅台产能建设的一个大动作，投资近百亿元，预计扩增产能上万吨。关于这个项目有些朋友曾经提出质疑，认为项目修一条几公里长的公路就花几个亿，在路两边修护坡又需要花几个亿，花钱太多，超越了常规。这次我们实地考察，从茅台镇驱车十几分钟就到了。中华村距茅台镇大约10公里，一路上尘土飞扬，可以看到工程正全面展开，新建酒库完全竣工，酿酒车间已经投产，其余的配套设施正在加紧施工。

中华村基本上是在大山与赤水河的交界处建立起来的，村子本身没有多少平地。我观察中华村是沿赤水河岸边的狭长地带而建，只有距赤水河岸100米内才有平地，超过100米便是山坡，因此平地非常稀缺。酿酒车间和酒库都建在沿河100米范围内的相对平地上，道路和其他辅助设施沿山修建。工人把山脚的石块挖掉，像修梯田一样修路。修这种路需要先劈山，再修路，之后再用钢筋混凝土建设类似高架桥的护坡。护坡的投入比修路的费用还要高。

在赤水河修路要比在平原地区成本高几倍，平原修路不需要劈山，因此也不需要护坡，护坡费用是在贵州山区修路必须付出的成本。如果光看财务报表和公告，你可能会觉得修路成本太高，但如果亲临中华村项目现场，你就会觉得一点也不高。实际上，整个茅台镇的平地也是稀缺的。贵州茅台有2万多名员工，但是厂区不像我们想象中的工业园厂区那样有一个统一的大门，所有车间都在一个院子里。贵州茅台的若干个车间都是在不相连接的地方找一块平地修建的，各个车间散落在山谷中，互相间隔很远。这是茅台镇特殊的地形决定的。

整个中华村项目距最终完工应该不会太久了，其投产以后的酿酒质量也备受关注。陪同的贵州茅台网络电视台朋友讲，在中华村项目立项之前，贵州茅台在此成立了一个中华村试验班，试验生产了3年贵州茅台酒，最终评估认为在中华村酿酒是有质量保障的，于是才立项和投资建设。陪同的工作人员还告诉我们，目前茅台镇的居民已经开始外迁，包括贵州茅台的员工，将茅台镇的空间留下来酿酒，同时也减少对茅台镇酿酒环境的破坏。整个茅台镇可以酿酒的场地最多支持10万吨产能，超过10万吨就只能到赤水河对岸的四川省建厂，赤水河对岸山势更险，建设成本更高，到时候还需要大规模地劈山造地。

贵州茅台的收藏价值

纪念活动的受邀嘉宾都得到了有关贵州茅台收藏的专著。与我同桌就餐的朋友是贵州茅台收藏界的专业人士，他参与了《贵州茅台酒收藏投资大全》的编辑，给我们讲解了收藏界各种酒的价格。目前老八大名酒价格没有低于300元的，贵州茅台酒零售价接近1000元，五粮液六七百元，其他名酒三四百元，最高价是最低价的3倍左右。在计划经济刚刚结束时，老八大名酒的价格彼此没有特别大的差距，那时贵州茅台酒只比五粮液贵1元，其他老八大名酒与五粮液的价格也差不了多少。而在收藏界中，30年前的贵州茅台酒的价格是五粮液的4倍，五粮液价格又是其他老八大名酒的数倍，最高价比最低价高出几十倍。

专家说收藏是纯粹市场化的领域，完全由市场自由定价，贵州茅台、五粮液30年的老酒现在价格差4倍多，但是30年前只差1元，这是市场发现的酒的价值。酱香酒比浓香酒更经得起时间的锤炼，更具有收藏价值。专家展示了几幅图片，图片显示随着时间的推移，贵州茅台酒的颜色变得金黄，呈现出一种厚重浓郁的艺术气息。时间越久，贵州茅台酒的香气颜色越有巧夺天工的神韵。收藏界一直以酱香酒为主，特别是贵州茅台酒，其他酒种在存储一定年限后会出现分层和沉淀物，不能随着时间自然增值。

这次纪念活动邀请了很多艺术界、收藏界的专业人士，我感到贵州茅台衍生出了巨大的收藏市场，这是我过去没有想到的。贵州茅台酒代表着历史文化，代表着礼尚往来。它是收藏品，也是艺术品。很多贵州茅台的从业人员和员工都习惯性地每年收藏一些酒作为爱好，也是寄托情感。在纪念活动中还有一个陪我的贵州茅台员工是个只有20多岁的小伙子，他已经收藏了不少的贵州茅台酒了。

酿酒是朝阳产业还是夕阳产业

从遵义前往茅台镇的上百公里路程，令我感到贵州的路很不好走，蜀道之难难于上青天，黔路之难更难于蜀道。好在现在都修了高速公路，道路两边都被植被覆盖，生态水土保持得非常好。我在赤水河边散步了一个多小时，河水碧绿，清澈见底。

一位给国家领导人做过阿拉伯语翻译的上了年纪的嘉宾说："贵州长期以来受交通限制，没有办法发展所谓的现代工业，从而也没有被污染，环境没有被破坏。现在贵州投巨资修建高速公路，解决了交通问题后，大力发展生态产业、旅游产业、酿酒产业。贵州走上了可持续健康发展之路。"

仁怀市人均收入超过全国水平，茅台镇的普通员工年收入达到10万元以上。整个仁怀市经过白酒行业3年的调整，经济没有衰退，仍旧欣欣向荣。老百姓的收入水平、生活水平、精神面貌都非常好。

贵州注重环境保护、发展生态产业，走上了良性的可持续发展之路，并且发展过程中几乎使所有参与者受益，呈现出和谐发展的态势。这令我想到法国出口商品的前三名，分别是空中客车、名酒和化妆品。空中客车代表科学技术，名酒代表历史文化、生态资源优势，化妆品代表品牌和精神商品。

贵州的欣欣向荣是文化产业、精神产业崛起的体现。

小　结

　　我认为贵州茅台的股价里包含着双重错误定价和双重安全边际。贵州茅台的安全边际不仅仅是资本市场犯错误后形成的低估，在根基层面作为基本面的贵州茅台酒零售价已经有错误了。在错误根基之上形成的股价是一个更为悲观、更为错误的价格，此时这种双重错误定价造就了机会。

　　投资成败的关键不是高智商战胜低智商，求真的心才是关键！求真才能发现别人和大众发现不了的真相。

　　你必须先有一套逻辑，然后再去调研证明这一套逻辑。在证明的时候，你要精巧地选到成本最低、效率最高的调研方法。

第四篇

人性博弈篇

我在投资贵州茅台的过程中最后顿悟："投资表面上是认知博弈，本质上是人性博弈。"如果不能抗拒人固有的从众本能，不能够在所有人都否定你、贬低你、嘲笑你、众叛亲离、无人问津的情况下，保持对真理、真相、是非、原则的坚信，那么你跟成功的投资就没有缘分了。投资比赛的不仅仅是知识的掌握。1+1=2是一个知识，但投资不是考你1+1等于几，而是一个比赛。

如果你回答1+1=2，市场可能会给你严厉的拷问；如果你回答1+1=6，市场可能短期会给予你奖赏。但是长期而言，只有坚持真理，坚守原则的人才能获得财富。

本篇大量地收录了我在茅台大博弈过程中对人性的思考，这些思考集中在人性、群体非理性层面。群体非理性行为是错误定价的根本原因，也是投资机会产生的重要来源。

大部分股价变化与基本面没有关系[一]

白酒股目前处于估值合理偏高的区域,贵州茅台从来没有实质跌破25倍市盈率,正常估值30倍左右。现在白酒行业中发生了一系列事件,有可能导致白酒股形成一个自反馈,或者由群体乐观、大量资金推动的泡沫化过程。

第一,白酒一般会在年底提价,提价预期会拉升投资及炒作热情。

第二,白酒股被资金炒作了一个月左右,都已经走出一个明显的上涨形态,这种形态会吸引更多资金加入进来。

第三,机构投资者有关白酒行业的研究报告和推荐意见非常多,提出消费的抗通胀功能与白酒股的提价能力,使得人们又把白酒股与当前的通胀结合起来。

如此一来,在逻辑上白酒股就具有了某种概念,并且它的上涨形态已经具备了,加之基本面的提价预期,由此白酒股可能成为12月一个独立上涨的板块。

更重要的一个原因是,12月30日是基金2010年成绩单的截止日,为了排名基金可能通过资金拉动实现净值的增长。因为医药板块前期已经运作了半年多,大部分股价都已翻倍,在当前这个基金排名的关键冲刺阶段,白酒股显得尤为合

[一] 本文写于2010年12月2日。

适。白酒股的估值不是特别高，基本面有提价预期，有抗通胀预期，有刚刚启动的价格形态，于是基金可能会选择白酒股，并且带动社会资金，由此白酒股股价自反馈。这种可能性非常大，毕竟白酒股是传统的基金重仓股。

巴菲特要求接班人具有"了解机构行为特征和心理特征的能力"。巴菲特之所以这样讲，是因为主流资金的行为提供了最多的、最直接的基本面信息。

特别说明，我没有分析近期白酒股基本面，这并非因为我不重视基本面，恰恰因为我非常熟悉它们的基本面。我一直看好白酒股，以贵州茅台为例，其股价突破200元时的基本面与6个月前股价跌破130元时对应的基本面完全一样。基本面对于大部分企业来讲，一年半载都不会发生重大变化甚至根本没有变化。

但是在基本面不变的情况下，股价可能会上天入地。以贵州茅台为例，6个月前的贵州茅台总市值1300亿元，而现在贵州茅台总市值一下子增加了800多亿元，其基本面没有任何变化，这多出来的800亿元市值是投资者认知预期的改变形成的。

格林斯潘说过："股价大部分时间与基本面无关系，虽然最终股价会受基本面的约束！"所以股价发生的变化大部分不是基本面变化引起的，而是投资大众的心理变化引起的。要想把握股价的变化，应该从投资心理、机构行为及价格自身运动的规律下手。

写在贵州茅台股价大幅下跌 5% 之时[一]

如果你以为市场先生容易对付，那么你将为此付出代价。市场先生不是别人，它就潜藏于每个投资人的内心。作为投资人，你也是市场先生的一部分。与市场先生较量难度很大，外在的大众情绪的干扰和你的内心情绪里应外合，欲置你于死地。这不是一场公平的较量。

多年投资的经历令我认识到，击败市场先生需要对被投资对象有一个高度抽象的理解。你不是因为知道企业下个季度的利润会增加而持股，也不是因为知道企业的利好消息而持股。换而言之，你不是基于一个具体的中短期利好而持股，而是基于长期甚至恒久不变的投资逻辑而持股。这种抽象而恒久的逻辑提供了长期确定性，使你在客观上是安全的。因为有了长期确定性，在主观上你可以不关心任何细节、现象，无论它们是好是坏。你也不必在意股价的短期涨跌，因为你知道最终的结果是唯一确定的。

脱离平庸的道理很简单，但真正脱离平庸需要真功夫！

[一] 本文写于 2012 年 5 月 24 日。

真正理性的投资决策[一]

过去几个月贵州茅台股价发生了大幅波动，我重仓持有的贵州茅台股价经历了快速下跌和阶段性价格修正。我想向大家从投资原理的角度阐述一下，在这种阶段性大波动中主动介入的必要性和客观性。在阐述这个问题之前，我先简要介绍一下贵州茅台基本经营形势。

4～5月，贵州茅台酒零售价发生了几十元的上涨，这微小的价格变化印证了我们关于贵州茅台的基础判断是正确的，标志着贵州茅台完成了发展史上一次最重要的消费者类型大转换，开始了更健康的成长。这不是一般意义的价格波动，而是划时代的战略转折点。

我预估贵州茅台股价的合理价格为360元。需要说明360元之下的股价是市场恐惧形成的错误定价，修正到360元之后，贵州茅台将迎来进一步的成长。在未来相当长时间，贵州茅台酒零售价将确定无疑地以目前的价格水平为基础，与社会收入水平同步变化。贵州茅台在民间需求驱动下延续20%～30%的成长，已经成为一个极为确定的事实。与此同时，本轮调整过程中贵州茅台生产的贵州茅台酒在2013年有一定积压，从量的层面确保了未来销售量的充足。经济也罢，

[一] 本文写于2013年6月3日。

社会需求也罢，都是波动的。在新的上升周期出现之后，贵州茅台还会掀起超50%的增长，未来10年贵州茅台的成长没有任何逻辑障碍。

目前中国投资者给成长率20%～30%的贵州茅台的估值为12～13倍的市盈率。在过去半年，我重仓投资贵州茅台，根本原因是我认为这种估值相对于贵州茅台的资产质量和成长潜力来说实在低得太不可思议。放眼全世界，罕有企业能在产品价格腰斩之下保持增长，也罕有企业能在承受政策变化、行业调整的压力下，快速确立新的发展势头。我们当然应该尊重市场，但是我认为贵州茅台将是市场错误定价的经典案例。

我曾经投资中国平安，在中国平安股价跌破20元的时候市场觉醒了，最终股价仅用了半年就从20元涨到60元。这个过程也曾一波三折，我记得当时央行两度降息，在每次降息时中国平安的股价都随之明显下跌，但是因为其内在价值罕见地低于市值，最终实现了股价200%的价格回归。

下面我谈一下阶段性大波动的深刻原因。

一方面，当前股价是由当前的基本面事实与大部分人对企业未来的预期决定的。未来股价的涨跌是由未来的基本面变化与大部分人的预期差决定的。准确判断基本面不一定能盈利，只有大部分人对基本面判断错误，才有盈利机会。

另一方面，股价始终是由大部分人决定的，所以与大众相反的认知即使是正确的，也必然会遭到大众的反对，这是不可避免的。真正想获利的少数人一定要敢于逆势出击。

在过程上，逆势出击可能会导致投资者资产净值明显快速下跌，此时从理性的角度来说，这种操作是否有利于合伙人利益呢？目前资产管理业的普遍做法是在持有的股票下跌，并跌出罕见低估值时清仓，净值就不会波动，但我认为这种做法是不理性的，长期而言可能是有害的。

巴菲特买股票也经常被套，坚持一个与大众相反的正确认知很难，在大众情绪施加的压力下不动摇更难。当少数人的认知与客观事实越接近，多数人的偏差越离谱时，投资机会越大。围绕贵州茅台发生的事情正是这样一个经典案例。

如果此时我们从中退出,就违反了投资之道。一个正确的会给你带来收益的投资决策在某个时间段内,在最终被证明是正确的之前,看上去就像是个愚蠢的决定。巴菲特在 2007 年的牛市卖出中国石油,之后中国石油价格继续大幅上涨,很多媒体和投资者都以无限惋惜的口气评论巴菲特错失了几十亿利润。事实上,在巴菲特清仓中国石油后,中国石油股价一度突破了 20 元。在那个时点看巴菲特错了,但拉长时间周期来看,巴菲特这个股神当之无愧。表 4-1 可以为我们展示危机造就的贵州茅台投资机会的演化过程。

表 4-1

年份	每股收益(元)	市盈率	股价(元)
2009	4.57	37.19	169.82
2010	5.35	34.38	183.92
2011	8.42	22.95	193.3
2012	12.82	16.22	209.02
2013(1～6月)	6.98	10.77	150.28①

① 2013 年 1 月 6 日数据。
资料来源:上市公司财报。

国际金融界一项对周期的研究认为,在熊市大幅下跌时,市场会在极低估值情况下继续下跌的重要原因之一是基金会为了维护净值、声誉和所谓的社会评价,也为了逃避出资人的压力,而在该买入的时候卖出。而在牛市末期,基金却往往大举买入来推动净值增长。其实很多资产管理人在明知有风险的情形下也要买入,是因为不买入基金净值就要落后。这些管理人明知面前是火也要扑上去。

智者察于未萌[一]

最近很多人给我发来了关于贵州茅台的问题，我在此一一解答。

第一，现在还看不清企业未来，你可能不适合做投资。

投资是通过发现潜在的变化提前布局实现盈利，一个成功的投资者必须拥有在局面没有完全明朗的情况下洞察变化的能力。2013年4月之前，贵州茅台的基本面还不够明朗，但是4月贵州茅台酒零售价逆势上涨，且这种态势逐渐强化，大家还有那么多的担忧、困惑，我认为这个问题很严重。如果你必须在一切都明确后才能做出判断，这就根本不叫投资了。2013年4月贵州茅台酒微小的价格变化，已经宣告了贵州茅台未来10年的成长，这个态势已经确定无疑。

第二，不要成为市场先生的急先锋。

市场先生最大的特点就是敏感，对什么信息都敏感。近期贵州茅台推出网购，推出中低端产品降价，也推出了经销权开放，这些事件和核心价值有关系吗？没有，但大家非常关心，而且非常担心。再加之有一些声音说这意味着贵州茅台库存积压，销售不畅，于是喜欢关心细节的投资者便情绪不稳，变成了市场先生的一部分。在投资中，盯着股价走势图的人永远是输家。研究基本面

[一] 本文写于2013年7月18日。

要抓大放小，不能看得太细甚至不能看得太清。很多投资者分不清什么是基本面，把每天企业发生的具体事件当成基本面，并沉溺于其中。这种做法和看分时走势一样。贵州茅台近期发生的事件只是企业经营层面的，算不上基本面。贵州茅台的管理层是懂酒的，他们做出的经营决策投资者理解不了，就不要强行理解。投资者常常把小事当成大事，太过敏感，最后不由自主地成为市场先生的急先锋。

第三，白酒行业危机进入下半场。

贵州茅台最近的三大动作是白酒行业危机进入下半场的标志。从2012年到现在是上半场，各白酒企业普遍的做法是静观其变，在没有搞清调整的力度、幅度时，没有采取应对措施。2013年下半年，白酒行业危机开始进入下半场，各白酒企业大体上知道了调整的力度和对自身的影响，陆陆续续结合自身情况开始采取应对措施。这些措施可能是非常规的，但投资者不用大惊小怪，这是行业面对调整时必然要采取的行动。白酒企业的高管是酒业经营的专家，他们是真正懂行的人，非常规的做法也是他们理性决策的结果，我们旁观即可，不要被外在的负面舆论和过度解读影响。

第四，贵州茅台经销权的价值不仅没有下跌，可能还有上涨。

据我调研，贵州茅台确实在开放经销权，只要从贵州茅台进货30吨，次年就会得到1/10的配额。这个政策推出后也就十几天的时间，1000多吨的配额已经卖给几十家新经销商，价值几十亿元的配额很快被瓜分了。为获得每年3吨的配额，新经销商现在需要支付6000万元。如果从当前的市场上买30吨贵州茅台，每瓶约900元就能买到。但是为了获得经销权，它们以每瓶999元的价格购买，多付出接近100元，这100元就是贵州茅台经销权的溢价。每瓶100元溢价，30吨便有600万元的溢价，新经销商实际上以600万元的价格买下了贵州茅台每年3吨配额的经销权。这个价格与我此前掌握的经销权市场转让价相近。

在白酒行业危机爆发前，市场上的贵州茅台经销权转让价在500万～1000

万元,这次白酒行业危机爆发没有令经销权贬值,仍然非常抢手。如果贵州茅台再开放几千吨配额,相信经销商还会大量涌现。通过这个事实可以看出,贵州茅台到底有没有价值已经无须多言了。贵州茅台在限三公消费之后是不是没有出路了、是不是就此衰退了,现在已经有了答案,但市场先生还沉浸在悲观情绪之中。

贵州茅台年报发布后的新博弈

2014年3月24日晚,贵州茅台2013年年报发布。过去八个季度,以季度为单位的现金流入、预收账款、净利润、营业收入的统计如表4-2所示。

表 4-2 (单位:亿元)

时间	现金流入	预收账款	净利润	营业收入
2012年第一季度	57.66	57.72	29.69	60.16
2012年第二季度	67.70	40.45	40.27	72.48
2012年第三季度	72.91	37.47	34.24	66.67
2012年第四季度	90.85	50.91	28.88	65.24
2013年第一季度	61.61	28.67	35.93	71.66
2013年第二季度	57.99	8.35	36.55	69.72
2013年第三季度	103.20	19.42	38.22	78.65
2013年第四季度	109.50	30.45	40.66	90.68

资料来源:上市公司财报。

数据清晰地反映了一个事实。2013年贵州茅台的经营数据在经历了小幅衰退之后,于第二季度见底并随即进入新的成长。与此同时,贵州茅台酒春节前后出

⊖ 本文写于2014年3月26日。

现了全国范围内的局部断货，并且春节后部分经销商已经超额完成任务。2013年第一季度末，贵州茅台经销商整体上已经完成了5月任务。

以上数据终结了始于2013年初的茅台大博弈。此时，一场新的博弈围绕着贵州茅台开始了。2014年春节之后，研究机构连续发布近百份研究报告，以客观事实为基础，以基本逻辑为思路，认定贵州茅台已经完成了民间化转型，进入了以民间需求为主的新成长时代。但一个新的问题随之出现了，几乎所有看多贵州茅台的研究报告都认为成为大众消费品的贵州茅台的合理股价在200元附近，基于2013年业绩和2014年预期收益计算，对应的市盈率是10倍左右。但是贵州茅台估值是否应该回归到大众消费品平均水平呢？2014年第一季度，中国大众消费品平均市盈率为22倍，贵州茅台相对于大众消费品的平均估值打了五折。我认为贵州茅台基于其盈利能力的优势和竞争优势，应该有高于大众消费品平均水平的估值，因此其合理估值至少应该是20倍市盈率。由此，在关于事实的认知博弈结束后，两个估值标准形成了一场新的博弈。

必须说，有分歧、博弈才是市场的魅力所在，如果10倍市盈率的判断是正确的，在现在的股价上买入暂时无利可图，只能等待进一步的成长。如果20倍市盈率是合理的，现在买入就将获得一个估值修复利得。这两种估值标准到底哪一个是正确的，目前不得而知，与此前发生的认知博弈一样，只能交给时间来验证。

一切金融危机本质都是人性缺陷的大爆发[一]

2012年之前,国内最有影响的研究机构给贵州茅台的平均估值为30倍市盈率左右,没有一家研究机构对贵州茅台的估值低于25倍市盈率。2013年到现在,研究机构给贵州茅台的平均估值不高于13倍市盈率,没有一家研究机构给贵州茅台的估值超过15倍市盈率。贵州茅台的估值中枢整体差了一倍,这是一个非常值得思考的现象。

在限三公消费之前,机构投资者普遍没有发现,或者发现了但不考虑贵州茅台的需求中有大量公务需求,而公务需求是不可持续的。在限三公消费之后,不可持续的公务需求退出,贵州茅台变成一家大众消费品企业,此时贵州茅台的估值水平应该高于限三公消费之前。然而,此时大部分投资机构却给予了其较低的估值。原因是什么呢?我在人类进化史中找到了答案。

在人类进化的早期,人类必须有一种独特的能力——集中所有的精力应对眼前,不考虑明天,不考虑将来。熬不过眼前就没有办法生存,不把全部精力集中在眼前的原始人会被淘汰掉。久而久之,关注眼前成为人类的一种本能,代代遗传。除此之外,从众也是人类的本能。从众和关注眼前在进化历程中都曾保护了人类、促进

[一] 本文写于2014年8月26日。

了进化。一条狼脱离群体会冻饿而死，一群企鹅挤在一起可以抵御零下50摄氏度的严寒。从众强有力地促进动物生存和进化，从而变成动物的普遍本能。但当人类进入独立思考才能成功的资本市场中时，从众和关注眼前的本能就成了成功的障碍。

研究机构在贵州茅台该低估值时给予了其高估值，在该高估值时给予了低估值，根源就是只关注眼前。在限三公消费没有开展之前，研究机构对公务消费视而不见，在估值时不予考虑；在限三公消费之后，却视其为一个必须考虑的重大问题。实际上，这个问题在限三公消费政策推出时，就历史性地终结了，不需要考虑了。但眼前的局面却在研究者的脑海里留下了强烈的刺激，人们对它高度重视，充满了担忧。关注眼前的缺陷让以理性著称的研究机构同样做出了错误的判断。

资本市场上每天发生各种各样的现象，现象总是以最具体、最容易感知的方式展现在人们眼前，使人们本能地认为现象就是一切和全部。人类本能地把转瞬即逝的短期现象当成终极结果，于是把全部的精力集中到现象中，被现象牵着鼻子走。金融危机也罢，业绩下跌也罢，行业调整也罢，整体上都是发展态势中一个短暂的波折过程。身处其中的人在人性的作用下会被眼前的现象包围，看不到现象背后的东西，也看不到随之而来的新发展。然而，投资要求人们必须超越眼前，关注长期、关注本质。从这个意义上讲，投资最重要的是超越人性，让思考和决策从短期挣脱出来，回归到本质和长期。

金融危机发生了，白酒行业危机发生了，这些危机表现出来的短期状态展现在人们眼前，人们本能地立即形成形势恶化的认知，认为一切将被危机长期笼罩，没有什么理由不逃离、不恐惧。这些人逃的过程就是股价下跌的过程。此时，有效市场理论登场。有效市场理论认为一切价格变化都是对客观基本面最准确的反映，于是人们认为价格下跌一定是基本面出了问题。受此观点影响，更多的人逃离市场，从众心理也随之出现。悲观逃离造成的股价变化被有效市场理论放大，放大的过程又激发了从众本能。

由此可见，人类历史上的每次金融危机都与人性有关。投资最大的、真正的敌人是你自己，而不是外部。

在季报发布后与外资机构聊贵州茅台

贵州茅台公布2014年年报和2015年第一季度报后,我连夜看到晚上12点,次日进行了分析和论证,写下了文章《贵州茅台财报宣布新成长周期来临》。在文章发布后我接到几个外资机构的电话,与对方围绕文中提出的贵州茅台的未来成长率不会低于过去10年的观点进行了一些交流。在交流过程中,外资机构也提供了它们的一些观点。

在外资机构能够买入的所有中国投资标的中,贵州茅台的基本面、风险水平在其看来是最好的。外资机构认为贵州茅台在企业经营过程中对资金再投入的需要很少,在业务的可持续性、利润率等各方面都很有优势。同时,与正常合理市盈率相比,贵州茅台当前的估值相对低。在外资机构可以买入的消费品企业中,康师傅、伊利股份、蒙牛都突破了20倍市盈率,贵州茅台目前只有15倍,因此贵州茅台受到重视和追捧。

贵州茅台总股本11亿元,其中2/3为集团持有,不参与市场流通,流通股只占总股本的1/3。目前外资机构持有贵州茅台实际流通股的1/3。图4-1为QFII对贵州茅台的持股变化。

⊖ 本文写于2015年5月4日。

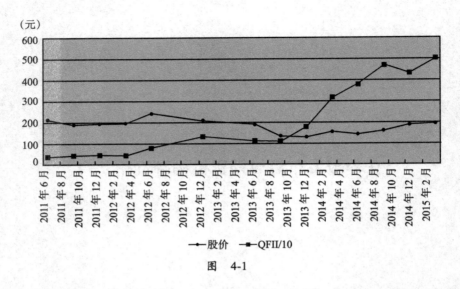

图 4-1

外资机构惊叹为什么中国本土的资金对这样的标的没有足够的持仓,而且它们也非常费解在两会期间贵州茅台发布了经营利多消息后,中国股市仍没有任何反应。在外资机构看来,2015年3月初贵州茅台发布的信息足以证明其基本面发生重大转折,所以它们认为中国市场在某些时候几乎是无效的。

外资机构表示将持续加仓估值在20倍市盈率以下的贵州茅台。外资机构的朋友告诉我,华尔街对中国资产的关注和投资主要依赖于中国投资机构的分析和中国研究员的看法。因此,在整个国际市场中看好贵州茅台的外资也是少数,大部分国际资金也被错误认知引向误判。随着贵州茅台发布年报和季报,外资机构也有一个修正错误认知,追加贵州茅台的过程。

在与外资机构交流的过程中我提出一个看法,对基本面发生严重误判后,在贵州茅台股价200元以下时,内资(不包括民间投资者)几乎接近零持仓,200~300元区间因为是急速跳过,因此交易没有形成大换手,真正的内资持仓大体在股价升至300元以后形成。目前贵州茅台确实进入了一个新的成长期,这个成长期绝不逊色于过去10年,300元以下的股价不包含未来成长的价值,所以300元以下是绝对低估的价格,有可能很快成为历史。

这里出现了一个从误判到修正误判的代价问题，主流资金在贵州茅台基本面上未能提前预判，因此一定要承受代价，其持仓只能在接近300元的水平上完成。目前中国股市持续走牛，大量资金涌入股市，小盘股泡沫化，创业板估值畸高，此时真正的可投资对象只有大盘蓝筹股，贵州茅台作为蓝筹股中最有确定性的企业之一，自然会受到资金规模极速膨胀的基金关注。

我外资机构的朋友大都是华人，代表外资投资于中国，老板不是特别了解中国社会，特别依靠他们。他们的压力比较大，但坚持理性判断，相信贵州茅台、持有贵州茅台。在贵州茅台创出历史新高后，他们也表达了自己的心声，他们说在对抗来自市场和投资者的压力时，我的观点和认知使他们更冷静、更坚定。从我来讲，外资机构的朋友与我的沟通强化了我的自信，增长了我的见识，我也非常感谢他们。如果没有外资机构顽强介入，贵州茅台股价可能会跌得更惨。从这个意义上讲，在这场茅台大博弈中，外资机构是我的战友。我也相信资本市场开放，其实在一定程度上有利于中国资本市场的健康成长。

好公司的波动是最好的投资机会[一]

过去几年在经历波折的过程中，我常常收到朋友的鼓励，大家告诉我要坚持！实际上，我没有很难坚持的感觉，我很兴奋，感觉非常良好，因为我觉得自己处于确定的投资机会中。在贵州茅台股价2013年底接近100元时，我在给合伙人的信中写了一段话："现在是百年不遇的机会。"然而，就在那时，我感觉到绝大部分人都崩溃了、绝望了、放弃了、离场了，包括一些长期信仰价值投资的投资者。他们在最宝贵的时机来临时放弃了，我觉得十分可惜。

众所周知，巴菲特过去50多年的投资复合增长率超过20%。实际上，美国过去50年复合增长率最高的企业是一家烟草企业，该企业的净利率增长率为19%。这就出现一个问题，如果巴菲特长期持有最好的成长企业，也只能获得19%的增长率，那么多出来的1%是怎么来的？要知道，巴菲特在大部分时间内都至少持有10%的现金。答案就是，每当熊市来临的时候，巴菲特会坚决果断地使用杠杆。巴菲特从来不是择时高手，从来不是躲避波动的高手，巴菲特在持有股票的过程中经历的大波动丝毫不比我们少。在波动来临的时候，巴菲特无视波动，不改早期的判断，同时敢于在低点使用杠杆，扩大资本投入。这是巴菲特长

[一] 本文写于2016年3月21日。

期投资复合增长率高于美国复合增长率最高的企业的原因。

2013年底，我曾经主张在贵州茅台下跌到极端情况时买入。这个观点回头看是正确的，但当时扑面而来的都是否定、指责、批评。这就是投资的特点，人人都说应该在低点买入，但事实上真正的低点来临时，大部分人会绝尘而去。

经历过之后，我期待着新的某种低潮来临，我现在已经非常理解这种低潮的意义，我怕的是没有波折和低潮。

你接触到的只是假象[一]

2016年投资大师芒格发表了演讲：任何认为投资简单的观点都是错误的，因为你（在投资决策过程中）看到的只是假象。这句话使我陷入了沉思，因为过去几年我在贵州茅台上的投资经历，其实完全是一场与假象的斗争。

过去三年围绕贵州茅台的博弈，是一小部分洞察真相的人与大部分被假象吞没的大众的博弈。请特别注意芒格先生的措辞：你看到的只是假象。"只是"一词意指全部是假象，没有真相。有些人可能会说芒格先生说得太绝对了，难道我们身边就没有任何真相吗？但至少贵州茅台的投资案例告诉我，芒格先生说的是正确的！

在博弈早期，有人提出以贵州茅台为首的高端白酒将全面衰退，低端白酒一片蓝海！于是各大白酒企业纷纷开发所谓亲民低端白酒，最后的结果是大部分产品都变成了没有流动性的库存，最终畅销的还是高端名酒。在博弈中错误的认知被当成真理大力宣传，人们奔走相告，为发现低端蓝海而激动不已。这就是芒格先生说的你看到的只是假象。

在博弈中，更加经典的假象是有些媒体告诉你贵州茅台酒卖不动了，贵州茅台专卖店现在开始卖方便面了，贵州茅台经销商大规模倒闭。某些专业人士也说："贵州茅台需求不足，贵州茅台供需平衡无法实现。"事实却是从2012年到现在，贵

[一] 本文写于2016年10月28日。

州茅台酒销量增长了两倍以上。超扬贸易的郭超仁先生是较大的贵州茅台经销商，2013年他在微博上说贵州茅台酒销售正在增长，民间需求大量涌现，个人消费大幅增长。郭超仁先生来自白酒销售第一线，对现实情况有充分的了解，但当时大家不相信他，甚至指责他是骗子。其实，当时正是投资贵州茅台的最佳时机，贵州茅台出现了罕见的安全边际。注意，安全边际往往出现在真相被掩盖、假象大流行的时候，估值修复的过程就是假象逐渐被人们识破，真相逐渐显现的过程。

除了直接展现在你眼前的指鹿为马的假象，还有一类假象客观上是真实存在的，但只是偶然或短期存在，不能代表长期态势。2015年11月，我应北京大学光华管理学院邀请，发表了一次主题为"茅台与安全边际"的演讲。在演讲结束后，后排突然站起一位听众说："董先生，我们家就是贵州茅台经销商，2013年我们真的卖不动，同行业都卖不动，为什么那时你认为贵州茅台的销售没问题呢？"这位听众提的问题揭示了一个事实，有些事情真的发生了，但只是一个短期的状态。现实的投资实践中有大量这样的情况。

2010年开始，投资机构开始担忧中国银行业地方融资平台的坏账问题。这个担忧来自外资机构，它们认为中国地方融资平台有大量负债投放到了没有回报的产业，将会形成巨额坏账，地方政府无力偿还。奇怪的是，目前这一担忧已经没有了，自生自灭了，这是为什么呢？

为了了解地方政府融资平台银行贷款的不良贷款率，我查阅了工商银行、建设银行的历年年报，发现地方政府融资平台的贷款额和不良贷款率并没有单列在年报中。于是我给两家银行的证券部打电话询问具体数据，建设银行的工作人员非常热情地告诉我，地方政府融资平台的不良贷款率2015年为0.22%，历史最高0.7%，从来没有超过1%。工作人员进一步告诉我，虽然地方政府融资平台的不良贷款率并不单列于年报中，但这类贷款主要分布于以下四个行业：交通运输、仓储和邮政业，电力、热力、燃气及水的生产和供应业，租赁及商业服务业，水利、环境和公共设施管理业。投资者可以自己统计年报中的不良贷款率，估算地方政府融资平台的不良贷款率。建设银行2015年按行业划分的贷款和不良贷款率如表4-3所示。

表 4-3

	2015年12月31日				2014年12月31日			
	贷款金额（百万元）	占总额百分比（%）	不良贷款金额（百万元）	不良贷款率（%）	贷款金额（百万元）	占总额百分比（%）	不良贷款金额（百万元）	不良贷款率（%）
公司类贷款	5 777 513	55.11	144 187	2.50	5 760 406	60.80	95 886	1.66
制造业	1 217 122	11.61	71 641	5.89	1 305 595	13.78	48 490	3.71
交通运输、仓储和邮政业	1 146 028	10.93	3 204	0.28	1 046 282	11.04	4 839	0.46
电力、热力、燃气及水的生产和供应业	642 026	6.12	2 092	0.33	606 342	6.40	1 850	0.31
房地产业	449 334	4.29	5 510	1.23	520 107	5.49	5 737	1.10
租赁及商业服务业	629 274	6.00	4 090	0.65	581 267	6.14	868	0.15
其中：商务服务业	579 115	5.52	4 021	0.69	559 033	5.90	864	0.15
批发和零售业	386 916	3.69	37 353	9.65	378 880	4.00	23 130	6.10
水利、环境和公共设施管理业	313 258	2.99	95	0.03	327 176	3.45	197	0.06
建筑业	258 699	2.47	6 915	2.67	263 854	2.78	4 111	1.56
采矿业	226 027	2.16	9 032	4.00	227 711	2.40	3 789	1.66
其中：石油和天然气采业	5 122	0.05	90	1.76	6 015	0.06	—	—
教育	77 248	0.74	173	0.22	79 375	0.84	57	0.07
信息传输、软件和信息技术服务业	30 216	0.29	734	2.43	21 744	0.23	1 111	5.11
其中：电信、广播电视和卫星传输服务	22 236	0.21	—	—	14 367	0.15	495	3.45
其他	401 365	3.82	3 348	0.83	402 073	4.25	1 707	0.42
个人贷款	3 466 810	33.06	18 153	0.52	2 884 146	30.44	11 067	0.38
票据贴现	433 153	4.13	—	—	168 923	1.78	—	—
海外和子公司	807 664	7.70	3 640	0.45	661 035	6.98	6 218	0.94
总计	10 485 140	100.00	165 980	1.58	9 474 510	100.00	113 171	1.19

资料来源：上市公司财报。

2010～2015年，四个行业的不良贷款率如表4-4所示。

表 4-4

年份	交通运输、仓储和邮政业不良贷款率（%）	电力、热力、燃气及水的生产和供应业不良贷款率（%）	租赁及商业服务业不良贷款率（%）	水利、环境和公共设施管理业不良贷款率（%）	地方政府融资平台最高不良贷款率（%）
2010	0.96	0.85	0.56	0.88	0.96
2011	0.94	0.68	0.88	0.47	0.94
2012	0.37	0.53	0.41	0.09	0.53
2013	0.55	0.36	0.21	0.07	0.55
2014	0.46	0.31	0.15	0.06	0.46
2015	0.28	0.33	0.65	0.03	0.65

资料来源：上市公司财报。

如表4-4所示，2010～2015年地方政府融资平台不良贷款率均不超过1%。我简单统计了一下其他商业银行的财报，发现从2010年开始，地方融资平台不良贷款率始终全行业最低。

从某种程度上来说，在资本市场上拥有真相就拥有价值，我的经验如下。

第一，要认识到你接触到的大都是假象。不要轻信任何人及其观点，不要从众，要保持独立思考，敢于质疑权威。

第二，要付出艰辛和心血，你必须亲自调研数据资料。你要像矿工一样在漆黑的巷道里靠自己的双手挖出煤来，而且还要找到回来的路。寻找真相的过程是艰辛的。

第三，真相就在你的心中。你会发现有时候在当下找不到能证明你的想法的正确的证据，真相有时不表现为当下的状态，需要过一段时间才能显露出来。在此之前，你要相信自己经过逻辑推理、事实求证、调查研究形成的判断，不要轻易动摇。

投资只需要做一件事[一]

　　投资是一项预测企业、行业未来的大比拼，谁能准确预测未来，谁就能获利，投资其实只需要做一项工作："通过深入的研究，准确预测某一领域的未来。"这个领域可以是宏观经济，可以是一个行业，也可以是一个公司。凡是能准确预测某一领域未来的人，都可以获得不败。注意，他不一定能挣到钱，他只能处于不败。只有当你准确预测未来，同时大部分人错误地预测未来，这个时候才有获利的机会。

　　贵州茅台股价大跌后，我接触了大量外资机构，它们告诉我国际资本市场上坚持价值投资的机构只做一件事——研究企业基本面。

　　2013 年，当贵州茅台股价跌到 100 元的时候，某天我突然接到一个来自上海的电话："您是董宝珍先生吗？我们是英国 CognoLink 公司驻上海办事处的工作人员，现在我们的客户想要联系您，跟您交流。"我非常奇怪为什么这家英国公司的客户要和我交流。对方又说："英国 CognoLink 公司是一家专业的经济调查中介服务公司，我们的主营业务就是帮助投资机构寻找专业的人员，解答投资机构对某些领域的困惑和问题。现在我们公司的客户通过阅读董先生您发布的关于中国白酒，尤其是贵州茅台的分析后，认为有很多问题可以从您这里得到解答，

[一] 本文写于 2016 年 11 月 15 日。

他们想和您通过电话进行交流。如果您愿意和我们的客户交流，请您告诉我与您电话沟通一小时的价格。这个价格完全由您自己来决定，如果要得过高，我们的客户就会放弃，如果价格合适，客户就会和您交流并支付费用。"我马上意识到，这些投资机构是真正的行家，它们知道白酒股有机会，否则不会来找我，我的报价也不能太低。我的脑海中闪现出了50美元、80美元、100美元、200美元，最后脱口而出200美元。亲切的话语从电话中传来："好的。董先生，就200美元一小时，我们将让客户和您电话沟通。"

不久，外资机构（一家管理着几十亿美元的机构）打来电话，工作人员与我进行了两个小时的电话交流。在交流过程中，我感到他们完全沉浸在基本面中，已经意识到贵州茅台出现了黄金机会。他们不过是和我确认一些基本的事实和逻辑，不是完全一无所知。事实上，他们对基本面的了解并不逊色于我，我们谈得非常投机。之后我又接到了来自纽约、伦敦的电话，在沟通过程中我感到外资机构仅关注基本面，对基本面之外的其他事实都没有兴趣。

由此，我结识了一大批外资机构，也抓住机会向它们请教了一些关于价值投资的问题。我发现这些外资机构只有一种岗位，就是研究员，连董事长、总经理都是研究员。中国的投资机构团队包括策略分析师、研究员、交易员等，在这个团队中策略分析师是最重要的，研究员并不是关键角色。而在外资机构中，所有的人都是研究员。大部分外资机构告诉我，它们几乎全年没有交易，几年里也只有很少几笔交易。这是非常令中国投资者难以理解的。没有风控，也没有交易员，没有策略分析师，全机构上下只干一件事情——研究基本面。

有些外资机构可以接触到巴菲特和芒格，我问他们巴菲特和芒格有没有助手，得到的回答是没有。巴菲特、芒格都是独立完成研究工作的。我又问巴菲特、芒格每天干什么，得到的答案是：看财务报表！据说巴菲特每年看1000份财务报表，他的日常工作全部放在研究基本面上。芒格则发表过很多投资理论，他的理论都围绕着如何认清未来、如何分析企业基本面，几乎从来不阐述基本面之外的理论。芒格最多偶尔讨论人性的问题，从来没有谈过交易策略。

人性的钟摆[一]

贵州茅台股价 2012 年 200 多元，之后下跌近 60%，在 100 元附近止跌，后连涨数年，到了 800 元附近。在这个大幅波动中，非理性情绪和行为被表现得淋漓尽致。我萌生了一个想法，就是试图总结出这些现象背后抽象的、具有普遍意义的规律。

股价从下跌到上涨，再从上涨到下跌的过程，始终是两条线的同步变化。一条线是看得见的表象，也就是价格；另一条线是看不见的本质，也就是价值。当股价从高位向下跌落的时候，在表象看是价格越来越低，持有人的市值越来越少。然而在表象背后，本质在截然相反的方向发生着变化。价格越下跌，价值越上涨，它们的变化方向是相反的。

我们可以把价值看作汽车的油箱，把价格看作汽车行驶的速度。当汽车加满油静止在那里时，运动的潜能最大，可以行进的里程最远。只不过它静止在那里，没有表现出飞速前进的状态。反之，如果一辆汽车的速度越来越快，已经开了很远，表面上看这辆汽车正飞速前进，一往无前，没有任何力量能够阻挡，但它油箱里的油已经大幅减少了，未来持续向前的动力不足。

[一] 本文写于 2018 年 1 月 26 日。

人类的天性是关注表象，关注眼前。而本质不是直观的，需要人类靠理性来认识和把握。对大部分人来讲，他们更容易被表象迷惑和误导，市场的短期波动便能左右他们的喜怒哀乐。当股价持续上涨导致估值水平超越了历史正常区域的时候，从表象看股价势不可当，强劲的表现吸引更多人的赞美和认同，已经持有的人看上去都像股神，没有买入的人纷纷买入。然而在本质层面，价值已经以猛烈上涨的方式被充分消耗了，支撑价格进一步上涨的内在动力已经殆尽。然而人们被表象迷惑，情绪高涨蜂拥而入，价格一路上涨直到再也没有非理性的人涌入，股价崩溃。在股价崩溃的过程中，价格不断下跌，令大众感到恐惧、悲观，争相逃离市场。同时，价值却日益增加，直到价值累积到一定程度时，新的转折又开始了。

　　在市场持续不断的波动中，人性的钟摆很不幸地总偏向错误的一边。

股价的一半是基本面，另一半是想象[一]

2017年，贵州茅台每股收益增长60%，2018年上半年又在2017年高增长的基础上增长40%。中国绝大多数研究机构都预测贵州茅台未来净利润将持续高速增长。市场上出现了一种现象，那就是股价越涨，研究机构预测的净利润越高，给出的增长预期越高。之后，贵州茅台发布了2018年三季报，第三季度净利润只增长了3%，2018年前三季度的复合净利润增长率从上半年的40%降到了20%多。这时研究机构大呼贵州茅台增长严重不及预期，情绪从极端乐观转向极端悲观，股价因此在2018年10月26日跌停。这一极端过程体现了保持理性的不容易。

当贵州茅台复合净利润增长率高达60%时，理性的投资者应该知道经济规律不可能长期支持这样的高增长，这种高增长一定是阶段性的、短期的、不可持续的。我和助手统计的贵州茅台销售商品现金流入数据如表4-5所示。

[一] 本文写于2018年11月2日。

表 4-5

年份	现金流入（亿元）	同比增长（%）
2008	112.75	
2009	117.56	4.27
2010	149.39	27.07
2011	236.59	58.38
2012	289.12	22.20
2013	332.34	14.95
2014	333.85	0.45
2015	370.83	11.08
2016	610.13	64.53
2017	644.21	5.59
2018（前三季度）	576.19	17.83

资料来源：上市公司财报。

如表 4-5 所示，2016 年贵州茅台的现金流入增长了 64.53%，那一年贵州茅台酒价格从地板上爬了起来，渠道恢复信心，开始大规模进货。2017 年，贵州茅台现金流入只增长了 5.59%，由此可以看出，贵州茅台实际销售的增长已明显放缓。基于基本的经济原理和经营数据，我在 2017 年底到 2018 年初就意识到高增长不是常态，不能持续，于是在公开场合不断提示风险，希望不要出现股价的非理性上涨，但未能得到市场认同。之后，我开始在股价从 650 元上涨到 750 元的过程中卖出，直到持股量低到只维持股东身份。

芒格曾经说过，理性是你看到什么就是什么，就是实事求是，不按照主观愿望来裁剪事实，片面看待事实。但现实却如巴菲特所说：股价的一半是基本面，另一半是想象。有经验的投资者完全可以通过现金流入看出贵州茅台高增长已经停滞，而大部分中国机构投资者和专业研究员却对此视而不见，还抱有不切实际的高预期。当 2018 年第三季度业绩不及预期后，他们瞬间从非理性乐观转为非理性悲观。事实上，2018 年的现金流入增长率比 2017 年还高一些，现金流入增长率最低的一年是 2017 年。可惜啊！他们犯下如此低级的错误。

第五篇

北大演讲篇

在投资贵州茅台的过程中，我作为一个名不见经传的资产管理人，获得了很多关注。我的文章发表在中国最专业的白酒杂志上，我的观点得到了贵州茅台两届董事会核心成员的认同，贵州茅台总经理李保芳先生多次单独与我就白酒行业方向进行讨论。著名华人投资家李录先生对我的观点也较为认同。我们从2015年夏天开始多次见面交流。

当时大部分中国投资界人士不认同我的理念和做法。在贵州茅台估值跌到仅有10倍市盈率的时候，我将其他持股全部卖掉，集中持有贵州茅台。很多国内的专业人士认为我只投资一只股票的做法是不理性、不专业的。我问李录先生："持有一只股票是不是更理性、更专业的做法？真正的价值投资应该集中投资，对吗？"李录先生说："我在美国见到的已经进入投资排行榜的最杰出的投资人士一生就投资了几个机会，每一次机会出现之后他们都下重注投资。分散投资并不见得能取得更大成功，所以只持有一只股票不是问题。如果你非常懂一只股票，这只股票又很被低估，就没有必要持有其他的股票。"我一直自学价值投资的理念，后期从事投资实践之后形成了实践的认知，但我的认知和教科书及流行观点总是不一样，因此得不到主流机构的认同。与李录先生交流之后，我倍感振奋。

当时，北京大学光华管理学院与李录先生创立的美国喜马拉雅资本联合创办了一门价值投资课程。李录先生和喜马拉雅资本的总经理常劲先生两次邀请我到课堂上给学生分享价值投资，我一开始感到很有压力。李录先生安慰我说，准备充足就可以讲了，没问题，会讲好的！于是，我于2015年底和2018年底两次到北京大学光华管理学院演讲，分享了我在投资贵州茅台过程中体会到的普遍投资原理。

我讲了在这场茅台大博弈中领悟到的"一个投资人要有求真的心，要独立思考，要克服人性的弱点，要有良知"。我讲到了"精神经济学"，并得到了很多经济理论研究者的积极评价。我在演讲中与学生进行了很多互动，希望我的经验和体悟可以令中国最高学府的学子受益，也希望他们之中能出现未来领军中国金融市场的优秀人才。

以下内容根据我2018年的演讲稿整理。

价值发现

我们先来讨论一下价值投资的基本概念。

请大家思考一下，价值投资的理论大厦有哪些最基础的概念？

有的同学说到了"现金流折现"，而我会说："是安全边际、市场先生。"

第一个概念在我看来是与价格相关的，而第二个概念是与基本面（价值）与价值发现相关。

为什么我没有把竞争优势和"护城河"视为价值投资的基础概念呢？

因为我感觉大部分人对价值投资的理解长期存在一个贬低格雷厄姆的倾向，就是认为价值投资就是买入一个有竞争优势的企业，买入有"护城河"的企业，并长期持有，长期忽略安全边际。

其实价值投资的基石是建立在安全边际上的，而"护城河"和竞争优势可以帮助我们甄别具有优秀基本面的企业。有竞争优势、"护城河"的企业的基本面具有中长期的确定性。我认为价格、安全边际、价值、能力圈和价值发现是基础概念，而竞争优势分析是方法论。

这里特别讲一下为什么我认为能力圈是基础概念。因为投资主体的能力圈是发现安全边际的基础。如果没有能力圈，我们就无法辨识谁有竞争优势、谁有安全边际，所以能力圈的重要性其实和安全边际一样。这一点是我在实践中领悟到的。

价格是市场上大部分人的情绪和认知的共识。价格有时和基本面一致，但大部分时间不一致，价格是由投资主体的共识决定的。

基本面即"企业价值"或"企业客观经营情况"。价格是认知的共识，基本面是客观的事实，价值发现就是尽可能地去贴近客观事实，发现安全边际，进而发现投资机会。

安全边际在本质上是"低价格和价值之间的偏差"，所以安全边际是由误判产生的。当绝大多数人因情绪化等原因在主观上没有准确地认识客观现实，价格便不能正确地反映基本面，由此产生安全边际。误判又包括两种状态：高估和低估。当低估出现时，安全边际和投资价值就出现了。

那什么是价值发现呢？价值发现是发现大众没有发现的真相。如果大众认为价值2元的矿泉水只能卖两毛钱，而你恰恰就是卖矿泉水的，你知道这瓶水至少值1元，这就是你的能力圈。基于专业优势，你知道大众是错的，你就得到了一个安全边际。我投资贵州茅台的经历也是一个价值发现的经历。

价格是主观的，主观就有对错，所以价格不能作为对还是错的标准。有的时候你真的是正确的，恰恰价格却强烈地证明你是错误的，这是常态。基本面在本质上就是客观事实，研究基本面就是要研究客观事实的客观属性，研究基本面的过程实际上达到的最终境界是主客观统一。主观和客观完全合一了，你看到什么就是什么，不是戴着有色眼镜看。

价值发现的本质是众人皆醉我独醒。投资之难在哪里？就在于众人皆醉我独醒。当所有人都达成共识时，所有人都是赚不到钱的。如果所有学生高考都是满分，你们是考不上北大的，你们考上北大的条件是你的分数超过了别人。这是我特别要跟大家强调的事，总有人认为价值来自客观标的物，事实上价值确实与客观标的物有关，但价值更来自某个特定时点大部分人的误判。在别人非理性时，你理性；在别人犯错时，你正确。

如图 5-1 所示，大体上我认为价值产生和价值发现描述的是三个主体之间的关系：别人、我和事实。事实就是基本面，不同的人在资本市场评估某家企业的基本面，得出的结果肯定是不完全一样的。你需要具备认识客观事实的能力，也就是正确判断基本面的能力。与此同时，大部分人可能与你的判断不一致，此时你需要面对认知博弈。非理性情绪会令投资标的的价格出现波动，造成投资者的恐慌或疯狂，此时你要坚持自己的信念、拒绝从众，面对人性博弈。在投资过程中，认知博弈与人性博弈始终是交织在一起的。价值投资在很多情况下需要逆势出击，但是现实中并没有那么多敢于逆势出击的人。因为抗拒人性的弱点，做到"在别人贪婪时恐惧，在别人恐惧时贪婪"是很难的。

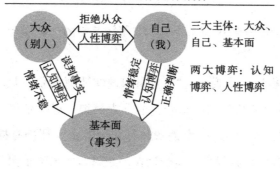

图 5-1

独立思考

以上这些体悟都来自我 2013 ～ 2018 年初参与的一场博弈，下面我将分享这段经历。

2010 年，我提出一个观点："有提价权的快速消费品企业，将确定地跑赢未来。"大家都知道巴菲特的核心重仓行业分为两类：消费品和金融。消费品行业历来是大牛股的摇篮，如果一个消费品行业中的企业还拥有提价权，如喜诗糖果，那么它的回报一定会很高。基于这样的逻辑，我投资了贵州茅台，我认为贵州茅台是有提价权的消费品企业。

投资初始，贵州茅台股价起起伏伏，波动中我收获小利。直到 2012 年底限三公消费政策推出，资本市场开始流行一种观点，三公消费消失后中国老百姓不会喝贵州茅台，所以贵州茅台没有前途了。在各种因素的作用下，这成了一种流行的社会认知，随之而来的是贵州茅台股价崩溃式下跌。2012 年底到 2013 年第三四季度，贵州茅台股价下跌了 60%。我当时做了大量研究和分析，写了几百万字的分析报告，提出："贵州茅台出现了百年不遇的投资机会！"

面对各种质疑，我发自内心地说："价格只是记分牌，现在贵州茅台股价虽然下跌了 60%，但企业客观的属性没有变化，更安全、更有机会。"在这期间，我基本上失去了一切，最难过的就是失去了朋友。我会因为金钱的损失而不愉快，但使我更痛苦的是朋友的不信任和离开。

在这个过程中，我理解了投资，也理解了人生。此时我能不能扛得住、能不能坚持下去，跟知识没有关系了。价值投资者要有求真的心，相对成功的价值投资者都有一种较真儿性格，不会放弃对原则的坚持。

投资不是在深山老林里进行的，从2012年到2015年底，部分媒体报道了很多有关贵州茅台的负面信息。2015年11月，我在百度上搜索贵州茅台的信息，关键词"贵州茅台衰退"有75万条结果，关键词"贵州茅台负增长"有52.5万条结果，关键词"贵州茅台滞销"有33万条结果。某些白酒行业的专家也不看好贵州茅台，认为贵州茅台面临中长期的不确定性，而贵州茅台酒的高定价处于极度脆弱的平衡中。还有的专家认为，老百姓不会喝贵州茅台，限三公消费后贵州茅台酒的消费需求一定会大幅衰减。我与这些专家进行了多次论战，相关的文章在网上广为流传，大家现在仍然可以看到。

从2013年6月到2013年9月，一些中国主流机构投资者以极低的价格大规模卖出贵州茅台。广发聚丰基金在2013年6月持股贵州茅台880万股，2013年9月清仓；博时价值基金在2013年6月持股贵州茅台506万股，也于2013年9月清仓。要知道，广发聚丰基金是在2008年第四季度全球金融危机时重仓买入贵州茅台的，当时贵州茅台股价下跌了70%，而广发聚丰基金展现出了罕见的逆势投资能力，在人人自危之时买入，之后一直持有，成为贵州茅台十大流通股东之一。2008年第四季度，广发聚丰基金持贵州茅台796.3万股，市值8.6亿元；2009年底持股1495万股，市值25.4亿元；2010年底持股1100万股，市值20.2亿元；2011年底持股950万股，市值18.4亿元；2012年底持股877.5万股，市值20.4亿元；2013年第二季度持股880万股，市值16.9亿元；2013年第三季度清仓，当时股价是贵州茅台历史低点。广发聚丰基金在2008年金融危机时买入贵州茅台，说明其团队有很强的判断力，却在2013年崩溃式下跌时卖出，令我感到十分困惑和遗憾。

巴菲特对他的接班人有四个要求：一是对风险极端敏感；二是情绪稳定；三是理解人性；四是理解机构投资者的行为特征。为什么要理解机构投资者的行为特征呢？因为机构投资者的行为特征就是市场变化的特征，而市场变化是你不得不关注的问题。

当别人都做出一致行动的时候，即使在知道真相的情况下，人们也可能会因从众而犯错。这就是投资的真正难处，投资不是简单的认知问题。一些主流投资机构2013~2014年给贵州茅台的合理估值只有10倍市盈率，但是到了2018年，给出的合理估值是30倍市盈率。它们的价值中枢没有准确的轴心，像猴皮筋一样任意伸缩，所以我们一定要了解机构投资者的行为特征。

独立调研

前几年太多媒体说贵州茅台酒卖不动了，贵州茅台没有市场。此时，我作为贵州茅台股票持有人需要思考两个问题：贵州茅台酒的销售情况到底是怎样的？贵州茅台酒的价格还会不会继续下跌？

我需要找到能调研贵州茅台酒销售情况的办法。在思考后，我认为贵州茅台包装车间的工作量和工作情况能反映贵州茅台酒的真实销售量。包装是贵州茅台酒出厂前的最后工序，从包装车间出来的都是成品，包装量就代表着贵州茅台酒的市场投放量，从而也最真实地反映了贵州茅台酒的销售情况。在这个逻辑驱使下，我专程到贵州茅台包装车间考察。

贵州茅台包装车间是可以参观的，进入车间前要由保安进行安检。我跟保安进行了交流，他告诉我他的工作时间发生了变化，原来周六、日都是休息日，现在周六要上班；原来早上8点钟上班，现在早上7点钟上班；原来晚上6点下班，现在是晚上八九点才下班。这个信息意味着什么？意味着包装车间工作量增加了。要不是因为工人加班加点，何苦保安要加班。这个信息让我很振奋，包装车间的工作量确实如我预期。我去调研的时候是有预期的，我认为贵州茅台酒不是卖不动。之后我跟保洁阿姨进行了交流，这位阿姨也印证了加班的信息。

我可以自由接触保安和保洁阿姨，包装工人却是在封闭区工作的，我进不去。于是我潜伏在了卫生间旁边，想在工人上厕所的时候和她们交流，我抓住机会问了一个工作人员："今年你们很忙吧？"她告诉我以前车间一天包装2.8万～3万瓶，现在一天3.2万瓶。这也证明了贵州茅台酒的包装量是增加的。

我在包装车间待了一天。工人中午要吃饭，包装车间旁边有职工食堂，职工食堂外来人员可以自由出入，也可以买东西吃！中午的时候工人吃饭，我就跟着去。我拿着手机拍照，还拿支笔、拿个本做记录。我发挥公关能力，加了几个女工的微信，通过微信朋友圈我才知道这几个女工并不是包装车间的。她们是制曲车间的，由于包装车间过于繁忙，才从制曲车间抽调了过来。

后来我又到了贵州茅台酒成品库房。我没有办法进入库房，只能在门口蹲守，直到晚上6点左右，有两个女工可能提前下班，出来了。我问她们为什么今年这么忙？她们给出两个原因：①八九百元的贵州茅台酒老百姓买得起，大量购买促使了大量生产。②贵州茅台在全国建立了很多中转库，包装车间淡季生产的成品会放到中转库，方便经销商提货，不用跑到贵州去。当我听到第二句话的时候，差点晕倒。如果真如女工所说，有部分贵州茅台酒存放到了中转库，而没有进入销售市场，那么我认为的销售形势好转就不能成立了。

我返回北京后很快找到北京贵州茅台酒中转库。这个中转库非常之大，是一个公共库房，五粮液等其他白酒企业也在此租房。库房是不让外人进去的，但是大门口车水马龙，货车进进出出。我等了大半天也没办法进入库房，到下午4点的时候，我突然看到门卫办公桌上有一个出入库登记簿！登记簿记录了每辆车大概什么时间进出、办什么业务。经保安同意后，我在这个登记簿上翻出了宝贵的信息，上面记录着贵州茅台酒的提货记录。我看到贵州茅台酒的提货记录比五粮液、二锅头都多出很多。北京有一百多家贵州茅台经销商，它们售出的货几乎都是从这个库房出去的！这本登记簿记录了过去15天的数据，看完登记簿以后我完全清楚了，贵州茅台酒发货到中转库后并没有滞留，很快便派送到基层销售了。由此可见，贵州茅台根本就没有出现舆论所说的那种危机，也没有出现贵州茅台酒卖不动的情况。

"精神经济学"

此时，我实地调研时提出的第一个问题已经得到了答案，我已经知道贵州茅台的销售没有问题。关于第二个问题，有一位记者说，贵州茅台酒的价格要跌到100元，理由是商品的价格是成本的1倍，超过就是暴利，而贵州茅台酒的销售毛利率高达90%以上。根据亚当·斯密的经济学理论，如果一个商品的价格过高，利润率高于社会平均回报，其他生产企业会提供相同的商品，供给增加，价格就会下降。因此，贵州茅台酒最多值100元。

我不同意这个观点，但是没办法从理论上驳倒他，于是我开始思考这个问题。我发现很多商品都像贵州茅台一样可以长期提价。喜诗糖果的价格是明显高于同行的，而且连续几十年提价。还有生日蛋糕、高档汽车、美容美发、奢侈品等商品，都是价格大幅高于成本的。经过深入思考，我提出了"精神经济学"。我认为满足物质需要的商品的定价原理与满足精神需要的商品的定价原理其实不一样，是亚当·斯密的理论解释不了的。贵州茅台酒拥有长期提价权，是因为它是满足人的精神需要的，这类商品的定价和情感有关。

巴菲特曾说过："你是正确的，是因为你的事实是正确的，你的逻辑是正确的，这也是唯一可以证明你正确的东西。"既然我的推理和事实都是正确的，就不必在意其他人的看法。我坚信自己是正确的，并一直毫不动摇地等待市场纠错，大概等了4年，最后我的认知被事实证明是正确的。

在这4年之中，2015年春天尤其值得一提！2015年，中国创业板泡沫式上涨，那时候大量持有人纷纷卖出贵州茅台，他们在2014年大跌60%的情况下买入，最终倒在了2015年春天。2015年贵州茅台没有上涨，创业板却涨了4倍。换句话说，当时只有投资贵州茅台的人没有盈利，其他任何一个投资创业板的人都能赚钱。这是一个非常典型的情况。在熊市中，你可能有勇气逆势出击，但在牛市中，当你的长期收益不如别人时，你可能反而会放弃自己的信仰。

我对全球范围内能战胜市场的基金经理进行了调研，发现他们绝大多数是经常跑输大盘的，但他们有一个特点：在收益率不如指数的情况下，他们能坚持自己的判断。随着时间推移，当市场风向发生变化时，他们能一次性把几年的回报赚回来，长期下来的年化复合收益率是超越平均水平的。

小　　结

经历了这场贵州茅台大博弈，我总结了几点体会。

第一，坚持原则比正确认知难！正确认知是基础，要靠学习和调查研究，但是正确认知可能短期内不能得到市场的认同，此时你得矢志不渝、信念不变，坚守自己的信念。超越大众的正确认知是成功的基础，承受人性的压力是投资成功的关键。做价值投资要有一颗求真的心和发现真相的能力，更要有坚持原则的精神。

第二，事实并不复杂。有时候我们搞不清事实，好像事实很复杂，其实并非如此，是一些假象和噪声迷惑了我们。不是因为投资者的知识和智力不足，而是非知识、非智力的因素误导了他们。大众、媒体、专家、机构共同制造了假象，投资者也为之迷惑。认识真相并不难，难的是穿透迷雾。芒格先生讲过一句话："投资不容易，因为你看到的都是假象。"穿透迷雾，你会发现事实很简单，到贵州茅台包装车间或者仓库待一天就知道了。但是大部分人都没有去，他们待在脱离实际的地方，追随迷雾的制造者。

第三，过程是不可知的。投资贵州茅台的历程太漫长、太曲折了，从2013

年到 2017 年。因为过程是不可知的，所以作为投资者一定要知道什么是可知的、什么是不可知的。企业的真实状态及未来状态是可知的，高估和低估是可知的。估值修复过程如何实现、什么时候实现是不可知的。如果你只关注不可知的东西，就容易被误导。

第六篇

政策建议篇

在持有贵州茅台股票的6年多时间里，我写了大量分析文章，并得到贵州茅台董事会核心成员的关注。他们多次邀我参加贵州茅台的相关会议，一起讨论贵州茅台下一步向何处去。此后，我开始有意识地为贵州茅台的经营管理提供一些思路，主动承担起了外脑的责任。在2015年李保芳先生就任贵州茅台总经理之后，我这种责任感更强了。

2015年7月，李保芳先生到北京出差，在茅台大厦设宴，我们席间谈了很多问题。招待活动结束后，李保芳先生约我单独进行了两个小时的深谈。初次见面，我便感觉到李保芳先生是一位知己。

之后，我们又分别在茅台镇、贵阳等地多次见面。李保芳先生在就任贵州茅台总经理后，为了尽快熟悉企业管理工作，几乎每天工作到晚上12点，与具体经营部门及企业管理顾问交流。贵州茅台酒严格按照传统工艺酿造，经常要早上四五点开工，他总能在凌晨四五点准时到达生产现场。他的办公室沙发上总放着一套被子，因为他经常在办公室和衣而眠。李保芳先生年近60岁，还如此忘我地工作，令我十分钦佩，他却说："没有付出哪有成就，没有艰辛的努力，怎么可以做成事情？"

和李保芳先生的几次接触，改变了我过去对中国领导干部的印象。我们国家现在有一批德才兼备、勤勤恳恳，又淡泊名利的官员，正是因为有他们的存在，中国社会才有希望。

2018年股东大会期间，他再次邀我和几位投资界人士共进晚餐，其间我们谈了很多。在股东大会上，股东可以买一些贵州茅台酒，然后请核心高管签名留念。在李保芳先生宴请我们的时候，其他人都带着贵州茅台酒请他签名。我也很想请李保芳先生签名，但是我没有带贵州茅台酒，同时我认为李保芳先生宴请我们是公事，我不能利用这个机会谋取私人利益，于是在股东大会结束后，我让工作伙伴排了两个小时的队，等到了他的签名。在签名的时候，李保芳先生惊奇地问："董宝珍为什么昨天一起吃饭的时候没过来签名？"我的伙伴说："吃饭是公事，不能在办公事的时候办私事。"李保芳先生说："你说得对，你要帮助董宝珍。他是一个专才，他的思考很有价值，但是他有时候做别的事情不够灵活。他那种太直白的做法将来要吃亏碰壁的。你们要帮他，他不太善于在社会中跟人相处，但是他的观点是很有价值的，你们这些人一定要保护好他。"

李保芳先生的这席话令我十分感慨。李保芳先生既是我的知己，又是我的良师益友。虽然他现在已经不再担任贵州茅台高管，但是他的奉献精神、工作能力、敢于担当和责任心给我树立了榜样，始终激励着我。

李保芳先生是为国家、为人民工作，我是为自己的利益工作，这就是差距。后来我提出了很多有关贵州茅台的政策建议，这些建议有的已经变成了贵州茅台的经营策略，有的还没有，有的在执行中遇到了一些困难。我曾多次造访茅台镇，每一次穿越西南大山蜿蜒曲折的山路都能看到群峰叠翠、山峦起伏，其间散落着西南特色民居。贵州人民有情有义、善良淳朴，我从心底里喜欢贵州和贵州人民。我希望贵州茅台越来越好，贵州发展越来越好，因此未来我还会继续奉献自己的思考和建议。不管怎样，我都希望能为贵州茅台的长远健康发展尽一份绵薄之力。

就大股东增持给贵州茅台管理层的信

贵州茅台管理层领导,你们好!

作为贵州茅台的股东,我先要感谢管理层在这一轮调整过程中表现出来的厚重。贵州茅台是目前中国高端白酒企业中唯一能给经销商创造利润的企业。在这轮调整中,贵州茅台以促进经销商经营稳定、消化库存为原则制订商业策略,维护了经销商利益,赢得了经销商的真心归附。

贵州茅台之所以是国酒,不仅是因为品质好,更是因为贵州茅台有着厚重的文化基因。2013年7月,一大批大型酒类经销商纷纷归附,是经销商对贵州茅台的肯定,可谓是厚德载物。

今天,我看到大股东茅台集团在贵州茅台股价非理性暴跌之后进行了增持,我有一些个人想法如下。

我想,倘若不是茅台集团认识到在这个价位买入有利于贵州茅台、有利于股东利益、有利于茅台集团利益,茅台集团不会增持。这一行为毫无疑问是正确的,它体现了茅台集团对贵州茅台的信心,也体现出茅台集团看问题超越表象的深远目光。我对茅台集团增持贵州茅台股票的行为十分钦佩。

⊖ 本文写于2013年9月4日。

另外，我想提出一个建议，既然贵州茅台管理层认识到了在该价位增持的合理性，并且通过茅台集团进行了增持，那为何贵州茅台不回购自己的股票呢？股份公司回购股票在资金上更有优势，中报显示目前贵州茅台账面现金高达几百亿元之多，从资金利用的效率来说，我觉得在两个方面使用是最佳的。一是大力建设产能，将企业未来持续发展需要的基础打牢。目前部分曾经的老八大名酒已经不再提高纯粮古法酿酒的能力，而是极其短视，以对中国白酒文化极不负责的态度，用食用酒精直接勾兑白酒，美其名曰新型白酒。这种短视终究会被白酒经营规律和白酒文化证明是不明智的。贵州茅台不断地建设产能既是对传统白酒生产艺术的坚守，也是对未来发展的保障，更是投资回报最高的项目，远胜于其他任何投资。二是回购股票，在管理层带领下，贵州茅台以扎扎实实的工作实现了民间化的转型。最近市场出现了非理性恐慌和股价暴跌，在这种情况下回购股票，投资回报将是巨大的，并且能够充分体现贵州茅台作为国酒关注各相关主体利益，并以厚德之心积极地运用资金的担当。

　　如果管理层只通过大股东增持企业股票，不进行回购，可能存在着潜在的道义损失。大股东增持只能强化、促进大股东利益，会对大股东之外的股东形成差异化对待，无法体现企业对所有股东利益平等负责的精神。

　　回购维护的是包括大股东在内的所有股东的利益，为此我特别向管理层致信，请管理层给予重视。

大茅台战略

贵州省作为中国优质白酒最重要的产地之一,有着极大的特殊性。一方面,贵州省白酒产量占全国市场的份额与其行业影响力不相匹配。根据中国产业信息网数据:2013 年,贵州省白酒产量为 323 800 千升,占全国总产量的 2.7%,排在全国第 11 位,是四川省白酒产量的 1/10,销售收入排全国第 4~5 名。另一方面,贵州省白酒行业中贵州茅台占比越来越大。贵州茅台 2014 年销售收入占贵州省白酒销售收入的 90%,贵州茅台之外的白酒企业始终发展不起来。以上两个问题反映出贵州省白酒行业的发展潜力没有发挥出来。贵州白酒通过什么样的方式发展是一个现实问题。目前贵州白酒有两大发展战略。

鉴于贵州白酒长期以来一枝独秀,其他白酒企业长期没有实质壮大,贵州省在几年前推动了一个群雄并起战略:在贵州茅台之外再培养几家类似的白酒企业,靠群雄并起实现产量、销量增加。博鳌论坛原秘书长龙永图说:"贵州白酒世界知名,但不能一枝独秀,必须百花齐放。"龙永图的观点正是群雄并起战略的体现。

另一个发展战略是大茅台战略:把贵州白酒的历史文化资源、生产经营资源、生态环境资源集中起来,以贵州茅台发展带动贵州白酒的发展。

目前贵州省主推的是群雄并起战略。几年前，贵州省通过招商引资引进民间产业资本入驻茅台镇，希望培育四五个大型白酒企业。该政策一推出就受到市场的热烈追捧，上市公司天士力集团对茅台镇投资6亿元，2011年天士力又宣布对国台酒业追加投资30亿元；湖北宜化集团对茅台镇小酒厂增资扩股改制，4年来累计投入资金近6亿元；海航集团与贵州怀酒携手合作，前期将投入7.8亿元。据贵州省仁怀市经济贸易与酒业管理局统计：2011年，已经进入仁怀市的投资资金近100亿元。2013年，著名的快消品经营行家娃哈哈与贵州省政府签订了150亿元的战略合作协议。贵州省政府在茅台镇为娃哈哈规划了2000亩[⊖]工业园，供其打造基酒基地、包装车间，建立销售总部。贵州省政府希望娃哈哈整合茅台镇本土资源，在贵州茅台以外再培养一个全国知名白酒品牌。娃哈哈的巨资投入把群雄并起发展贵州白酒的战略推向了最高潮。

但是巨额资金入驻后，并没有带来大规模销售收入和利润。据中国白酒网提供的信息：2012年1～12月，贵州省白酒行业共计实现销售收入达376.78亿元。2012年，贵州茅台实现产量33 000多吨，销售收入352亿元，贵州白酒销售收入的90%以上来自贵州茅台。根据仁怀市国税局和地税局提供的数据，2013年仁怀市财政收入的90%来自贵州茅台，其他品牌营业收入、利税贡献率合计不超过10%。最被看好的娃哈哈投资的茅台镇生产的领酱国酒目前还没有得到广泛的社会认同，也没有足够的市场销量。

一系列事实证明群雄并起没有出现，反倒是贵州茅台一枝独秀的态势日益明显。其中原因何在？这是由贵州省的人文历史和经济发展史导致的，贵州省和四川省的相同点是它们都是中国最主要的名优白酒产地，不同点在于贵州省名优白酒品牌极端稀缺，真正叫得响、有市场的白酒品牌只有两个半，一是贵州茅台酒，二是赖茅，剩下的半个是产品打上茅台镇。茅台镇是产地不是品牌，但是它有类品牌效应。茅台镇生产的很多白酒都会标注茅台镇生产，起到了品牌的作

⊖ 1亩≈666.67平方米。

用。四川省是天府之国,在历史上形成了多个名优白酒品牌,而贵州省人文发展历史较短,交通经济也不发达,因此拥有优势白酒酿造资源的贵州省品牌稀缺,这是贵州省白酒行业发展的最重要制约因素。

中高端白酒特别依赖品牌,短期内现代商业手段不能创造出品牌。娃哈哈在入驻茅台镇后,推出了领酱国酒这个品牌,从品牌的名字上看,娃哈哈是想创立一个高大上的名优品牌,然而投入运营一年多之后,市场上基本见不到领酱国酒的产品,更没有人能记得这个品牌背后的故事和历史。品牌是长期历史发展的产物,单靠资金投入不可能创造出品牌。不具备品牌资源,即使你酿出好酒也不行。

目前贵州省叫得响的品牌除了贵州茅台,还有赖茅、华茅、王茅。回收这些品牌是贵州茅台发展的必然选择,因为贵州茅台的前身是赖茅、华茅、王茅。如果贵州茅台不将这三个品牌掌握在手中,让其被其他主体掌握,贵州茅台的正统性就从根基层面被挖掉了。如果赖茅、华茅、王茅的品牌控制权被分割出茅台集团,对贵州茅台会造成不确定风险,这是不允许发生的。拥有被市场认同的品牌是白酒企业发展的前提,目前贵州省所有能被中国消费者熟悉,能激起消费者情感认同的品牌,全部在茅台集团手中。在这种情况下,在茅台集团之外大力发展其他白酒企业必将遭遇困境。在没有品牌的情况下招商引资、优化生产要素,是一条腿走路。这种发展模式解决了资金问题、生产问题,却解决不了品牌问题。因此这种方式不能支撑贵州省发展白酒行业的大业。

优质口感与品牌资源结合是白酒企业发展的内在规律,必须要实现生产和品牌的结合。能在全国卖几十亿甚至上百亿元是品牌与酒质结合的典型证据,没有品牌的支持,一切无从谈起。为了适应白酒行业发展规律,实现贵州省白酒品牌和酒质的结合,将社会经营资源与茅台集团掌握的品牌资源结合是贵州省白酒行业发展的必由之路。贵州省白酒行业只能沿着大茅台战略发展。

以娃哈哈斥巨资开发茅台镇为例。娃哈哈的巨额投资缺乏品牌和历史资源支撑,长期会出现软硬资源分离,娃哈哈一家孤掌难鸣的困境。如果在大茅台战略下，娃哈哈直接与贵州茅台合作组建合资公司，将贵州茅台133战略（茅台集团制定的倾力打造一个世界级核心品牌贵州茅台，以赖茅、华茅、王茅为核心的战略品牌，以汉酱、仁酒、茅台王子在内的三个重点品牌）中规划的具有历史价值的品牌拿出一两个注入合资公司中，那么娃哈哈在快速消费品领域的明显经营优势与贵州茅台的品牌资源优势结合，再加之上百亿元的资金投入，必将颠覆中低端白酒市场的格局，贵州省白酒的崛起也有了着力点和突破口。

这样的态势形成后，对正处于从自由竞争向寡头竞争过渡的中低端白酒市场来讲，会形成巨石击卵之势，前景是非常确定的。大茅台战略可以给投资方带来成功，可以推动贵州茅台跨越式发展，更会促进贵州省白酒行业大发展，大茅台战略可以带来多赢！

在大茅台战略的基础上大开放、大放权、大招商，搞混合所有制，茅台集团日益平台化，这样形成的大茅台体系最终会稳定占领高端白酒市场，在中低端白酒市场将社会资源、经营资源全面聚合，实现高端绝对垄断，中低端竞争资源聚集。我认为大茅台战略与现在的混合所有制改革相结合，可以解决管理层激励的问题，使贵州省白酒行业发展找到现实的路径，也会使大量活跃社会资本和经营能力聚集到贵州茅台、聚集到贵州省，从而颠覆中国白酒地域格局。

从石油价格暴跌看贵州茅台渠道利润率低的原因和治理[⊖]

2015年国际油价崩溃，年初全球原油日产量为5000万桶，每天的过剩供应只有100万桶，即国际石油的供给只比需求多了2%。这不算严重的供需失衡，供应方只要把日供应量减少2%，就可以实现供需平衡，使价格稳定。但现实中欧佩克、非欧佩克产油国都拒绝减产，原因是它们都不想成为国际石油供需关系失衡中承担损失的一方。不仅如此，在油价跌破50美元后沙特公开增产，在沙特带动下各个产油国纷纷增产。

我在研究中进一步发现我国的煤炭、钢铁行业也出现了和国际石油行业类似的情况。过去5年，煤炭、钢铁价格下跌了60%，但供给者都不愿主动减产，也未能达成同比例减少供给的一致行动，在价格持续大幅下跌的过程中，它们的产量反而增长了。

为什么国际石油，中国的煤炭、钢铁行业会出现价格下跌反而供给加大的情况？答案在利润的计算公式中：

$$利润 = 利润率 \times 产量$$

一方面，价格下跌导致利润率下跌，企业只好通过产量的提升来实现利润增

[⊖] 本文写于2016年3月8日。

长。另一方面，从长期的市场地位看，扩大产量就能提高市场份额，提升市场份额有利于长期利益。因此，虽然扩大产量对价格的下跌起到了助推作用，但对于企业本身是有利的。价格越是下跌，供给者扩大产量的欲望越强，大家都扩产，最后价格越走越低。

抽象化国际石油、煤炭、钢铁行业的情况，可以得出一般结论："在一个行业中有竞争关系的供给者，在需要大家共同面对某一问题，每个人分担一些损失，以便解决问题时，不会互信，也不会共同遵守某种约定以解决问题，促进行业整体利益最大化。供给者会单方面自我保护，并有可能造成个体和整体损失更大。"

当环境突变导致资源减少时，行业内部每个企业的份额不会同比例减少，强者将凭借优势扩大市场份额，弱者则因被逼迫得一无所有而被淘汰。理想中的共同分摊风险实际上是不利于行业发展的，在经济层面和社会领域，只有优胜劣汰才能促进整体进步。表 6-1 是 2015 年主要煤炭企业的营业收入、利润、产量数据。

表 6-1

企业名称	营业收入（亿元）	利润（亿元）	产量（亿吨）
中国神华	1 770.69	161.44	2.8
陕西煤业	325.11	-29.89	5.03
中煤能源	592.71	-25.2	2.8
兖州煤业	690.07	8.6	0.65

资料来源：上市公司财报。

可以看到煤炭企业在需求减少过程中，利润越来越低，但产量越来越高，根本没有出现减产的情况。

表 6-2 是 2015 年主要钢铁企业的收入、利润、产量数据。

同样可以看到，钢铁企业在需求减少时，利润越来越低，产量却越来越高。

任何一次由环境变化导致的资源减少，必然导致行业原有的格局、分配模式、供需结构变得不再适应形势。在激烈的竞争后，必将产生新的资源分配模式、行业格局、竞争结构。此时一部分成员退出，另一部分成员变得更强大，只有这样行业才能进步和发展。

表 6-2

企业名称	营业收入（亿元）	利润（亿元）	产量（亿吨）
宝钢股份	1 641.17	9.44	0.22
包钢股份	310.28	-33.06	0.14
首钢股份	363.44	-11.32	0.27
鞍钢股份	527.59	-45.93	0.21

资料来源：上市公司财报。

对国际石油、煤炭、钢铁行业进行分析后，我想到了贵州茅台渠道利润率过低的情况，并且一下子顿悟了为什么在白酒行业调整接近尾声时，在需求稳定增加的情况下，贵州茅台的渠道利润率却越来越低。其深层原理与国际石油、煤炭、钢铁行业价格下跌、供给增加的情况完全相同。

我们知道贵州茅台经销商之间有竞争关系，行业调整导致价格下跌、利润率减少，提高销量成为唯一增加利润的手段，而促销办法就是压低价格。在需求有保障的情况下，经销商为了提升销量不顾一切地压价，导致价格进一步下跌甚至所有经销商都亏损。几千家经销商不能互信，不相信别人会停止杀价，更不能共同遵守某个价格底线保持价格稳定，于是每个经销商都采取低价促销的方式，价格长期被压低。因此在贵州茅台的渠道层面，出现了有需求，但是价格不断下跌的局面。贵州茅台酒零售价从 2000 元到 1000 元的跳水式下跌引发了恐惧情绪，又使得大家采用极端手段自保。这就是贵州茅台酒零售价和渠道利润率持续走低的根本原因。

贵州茅台当下渠道利润率过低的根本原因是经销商数量太多，行业集中度过低，经销商规模太小。市场体系不适应新的行业环境，解决之道唯有调整结构适应新的市场环境。白酒行业进入薄利多销时代，薄利多销支持不了过多经销商生存。经销商过度竞争将导致价格不正常，令其陷入极端艰难的困境，必须淘汰弱小经销商，完成市场体系的优化，之后渠道才能够自然复苏。这时我们特别要注意，贵州茅台的渠道利润不来自于供需关系，而来自渠道结构的自我优化。

现在的问题是竞争过度、价格太低对经销商的冲击太大，因此客观上需要一个中立的第三方从外部来进行干预。因此贵州茅台设定了 850 元以下不许出货，否则会进行严惩的政策，这是合理的、必要的。而且这个政策不能流于形式，必须坚决处理违规者，只有这样才能遏制价格进一步下滑。

煤炭和钢铁行业的过剩和价格下跌已经持续 5 年了，在没有外来干预的情况下，行业自身无法在短期内完成调整。对此国务院进行主动干预，发布了相关政策。

贵州茅台完全可以借鉴政府在处理煤炭、钢铁行业问题时采取的策略。我建议贵州茅台不要过分奖励销量增加的经销商，那些经销商类似沙特，通过在价格下跌时放量扩张使自己的收入和利润得到了保障，但同时造成了整体价格下跌。沙特通过放量扩张自身利益，是以大规模伤害所有产油国的公共利益为前提的，如果经销商通过压低价格快速放大销量能得到肯定和奖励，比如卖得更多给的配额就更多，这样实际上会损害经销商的整体利益。当然，这些经销商一定是实力比较强的，因此也不能过分打击其积极性。对此，我提出建议。如果一个城市有 3 家经销商，A 经销商的销量增加了 1 倍，B 经销商的销量没有增加，C 经销商的销量减少了一半，现有政策是 A 经销商的配额可增加 1 倍，B 经销商不变，C 经销商配额减少，就会造成 A 经销商更猛烈地压价放量，C 经销商受到压力也得低价出货。这种谁卖得多就奖励谁的做法实际上强化了竞争性压价。我建议以城市为考核单位，以 3 家经销商总销量的增加幅度对 A 经销商进行适当的奖励。在这一政策下，A 经销商压价的冲动会减少，并且有动力帮助 C 经销商出货。如果 C 经销商公开委托 A 经销商销售，贵州茅台不惩罚也不减少任务量，就会减轻经销商的压力，也减轻强势经销商无限放量的冲动，降低弱势经销商因为怕受到惩罚而低价抛售的压力。

总而言之，在贵州茅台经销商层面出现压价竞争及非同寻常的低利润率，根本原因是渠道走向大集中，不是供需关系失衡、需求不足、供给过剩。对症下药的方法是从促进渠道集中化的角度切入，调整渠道结构。建议贵州茅台主动促成一些区域性的经销商联盟，使它们能够在联盟内部形成合作，结束这种内耗竞争。

贵州茅台 2017 年价量政策恐与实际需求不符①

2016 年 11 月初,贵州茅台集团党委书记、总经理李保芳先生在海外经销商联席会上表示:2017 年贵州茅台酒市场投放量将在 2016 年基础上增加 15%,系列酒将按贵州茅台酒市场投放量 1:1 的比例安排,较 2016 年增加 1 倍。总量大概在 2.5 万吨左右,具体投放量将在年底工作会上明确。

贵州茅台 2017 年的预计需求量

我认真阅读了李保芳先生的讲话,也反复阅读了贵州茅台 2017 年的供货和价格政策,产生了与贵州茅台现有政策不同的想法。我认为 2017 年贵州茅台酒市场投放量在 2016 年基础上增加 15% 且不提价,可能会出现严重的供需失衡。我的判断是:2017 年贵州茅台酒的需求量可能比 2016 年增加 30%。

具体原因如表 6-3 所示,请看一下贵州茅台酒历史出厂价变化。

表 6-3

年份	出厂价(元)	年份	出厂价(元)
1951	1.28	1957	1.79

---

① 本文写于 2016 年 12 月 5 日。

(续)

年份	出厂价(元)	年份	出厂价(元)
1961	2.5	1996	145
1974	6.2	2000	155
1981	8.4	2001	173
1986	9.54	2003	268
1987	14	2006	308
1988	100	2007	358
1989	80	2008	439
1991	62.1	2010	499
1993	66.1	2011	619
1994	89.74	2012	819

资料来源：上市公司财报。

再进一步计算各个时间段贵州茅台酒出厂价的复合增长率，如表6-4所示。

表 6-4

时间	复合增长率(%)	出厂价	
		期初(元)	期末(元)
1951～1981年	6.47	1.28	8.4
1981～2000年	16.58	8.4	155
2000～2012年	14.88	155	819
2012～2016年	0.00	819	819

资料来源：上市公司财报。

表6-5是2000～2012年贵州茅台酒的销量数据。表中的产量数据来自茅台集团出版的《贵州茅台酒收藏大全》，由于生产贵州茅台酒需要1年，之后还需要存储4年才能销售，因此当年的产量等于4年后的销量。由此我根据历史上的产量数据推算出相应年份的销量，计算所得结果与实际会有一定误差。

表 6-5

年份	产量(吨)	年份	销量(吨)
1996	4 365	2000	3 273.75
1997	4 468	2001	3 351

（续）

年份	产量（吨）	年份	销量（吨）
1998	5 072	2002	3 804
1999	5 074	2003	3 805.5
2000	5 379	2004	4 034.25
2001	7 317	2005	5 487.75
2002	8 640	2006	6 480
2003	9 257	2007	6 942.75
2004	11 522	2008	6 942.75
2005	12 540	2009	9 405
2006	13 839	2010	10 379.25
2007	16 852	2011	12 648.75
2008	20 431	2012	15 323.25
复合增长率（%）	13.73		

资料来源：上市公司财报。

根据以上历史数据，2000～2012年贵州茅台酒出厂价复合增长率14.88%，销量复合增长率约13.73%。从2012年底到2016年末这4年，贵州茅台酒出厂价没有变化，销量高速增长。表6-6是我根据贵州茅台相应年份的财务报表计算得到的2012年底到2016年底贵州茅台酒实际销售额。

表 6-6

年份	第一季度（亿元）	第二季度（亿元）	第三季度（亿元）	第四季度（亿元）	全年（亿元）	增长率（%）
2013	60.27	58.88	103.37	111	333.52	15.56
2014	72.31	68.32	88.39	120.29	349.31	4.73
2015	112.2	78.67	118.37	129	437.8	25.33
2016	198.8	178.4	198.91			45.00
复合增长率（%）					27	

资料来源：上市公司财报。

2012～2016年，贵州茅台酒销售额复合增长率高达27%，大幅高于2000～2012年销量复合增长率。需要说明的是，2012～2016年销售额27%的复合增长率是基于年报数据推算出来的，而年报数据中不包括渠道消化库存的数据，因此这 27% 的复合增长率是低于实际市场中的销售额和需求复合增长率的。2012～2016 年只有销量的增长，没有价格的提升。

那么，是贵州茅台酒供需关系、价量变化逻辑发生的变化，使得贵州茅台酒失去了提价能力吗？我认为不是。我在文章中已经多次论述过贵州茅台的民间化转型和定价逻辑，这里不再赘述。我认为 2012～2016 年，贵州茅台酒价格不涨、销量大幅增长，只是把价格转化成了销量，2000～2012 年和 2012～2016 年两个阶段的差异只是形式上的。在中国高端白酒的经营规律、供需关系、价量变化法则没有变化的前提下，未来贵州茅台酒要么延续 2002～2012 年的量价齐飞，要么出现 2012～2016 年的价格不涨、销量大幅提升的情况。

我讨论以上问题的目的是想通过回归历史数据，推断 2017 年贵州茅台酒的社会需求。我认为 2017 年贵州茅台酒社会需求增长率将类似过去两个历史阶段的水平。如果 2017 年贵州茅台酒不提价，其销售额增长率将延续 2012～2016 年的 27%。如果提价，其增长率将类似 2000～2012 年这个阶段，出厂价复合增长率 14.88%，销量复合增长率约 13.73%。

为了更准确地推算 2017 年贵州茅台酒的需求，我整理了另一组数据：贵州茅台酒历史价格与同期人均月工资收入的比例关系。我曾专门为此撰文——《贵州茅台的成长是由收入水平驱动的，不会停止》进行阐述，这里不再赘述。简单讲就是：从历史上看，贵州茅台酒的价格与人均月工资收入存在着某种稳定的对应关系：贵州茅台酒的价格长期在人均月工资收入的 1/3 到 1/2 波动，一旦跌到人均月工资收入的 1/3 以下，就会上涨；一旦超过人均月工资收入的 1/2，就会下跌。

现在贵州茅台酒的价格为 1000 元左右，已经跌破人均月工资收入的 1/3，只有人均月工资收入的 1/4。假如不提高价格，过低的价格就会刺激销量大幅增长。

由此，我们初步判断 2017 年贵州茅台酒社会需求增长率约为 30%。我认为 2017 年 15% 的供应量增长可能难以平衡实际社会需求，会激发价格上涨，而价格上涨又会让渠道补库存的动作过猛，进一步推动价格上涨，极有可能引发价格不正常向上波动。

贵州茅台的价格平衡点

库存周期波动理论认为，价格平衡点之下发生的价格和库存上涨有利于生产和消费，价格平衡点之上的价格和库存上涨有害于生产和消费。因此，需要有意识地促进价格平衡点之下的价格上涨，同时要抑制价格平衡点之上的价格上涨。贵州茅台酒的价格平衡点是多少？我的答案是1100元。商业百货行业上市公司2016年毛利率如表6-7所示。

表 6-7

名称	毛利率（%）	名称	毛利率（%）
上海九百	54	天虹商场	25
来伊份	45.87	津劝业	24.52
三夫户外	42.63	昆百大A	24.52
小商品城	40.93	益民集团	24.28
南京新百	34.45	大连友谊	23.57
华联股份	33.19	首商股份	23.35
海航基础	32.3	杭州解百	22.75
汉商集团	32.21	鄂武商A	22.49
北京城乡	30.53	百联股份	22.22
徐家汇	29.76	大商股份	22.19
新世界	28.88	友好集团	22.15
百大集团	28.62	中央商场	22.1
茂业商业	27.8	新华都	22.04
越秀金控	27.31	辽宁成大	22.03
红旗连锁	26.97	王府井	21.89
兰州民百	25.15		

资料来源：上市公司财报。

如表6-7所示，2016年商业百货行业上市公司平均毛利率只有27.68%。由此可以确定，贵州茅台经销商的合理毛利率不应该超过30%。无论过去利润率有多么高，贵州茅台经销商都必须顺应商业潮流的变化。互联网商业的本质是打破时间和空间的限制，实现薄利多销，假设贵州茅台经销商的合理毛利率30%并不低。根据819元出厂价计算，贵州茅台酒对应的合理零售价为1100元左右。目前贵州茅台酒的零售价已经达到了1100元。2016年"双十一"期间各电商平台贵州茅台酒、五粮液零售价如表6-8所示。

表 6-8

电商名称	贵州茅台酒（元）	五粮液（元）
京东	999	799
苏宁易购	999	829
酒仙网	1 018	709
中酒网	969	709
1919	969	699
购酒网	899	728
也卖酒	1 038	6 099

资料来源：董宝珍团队收集整理。

电商平台"双十一"期间的报价一般会低于正常价格。当前贵州茅台酒零售价已经到达正常合理价格水平，如果继续上涨，就到了不利于消费和生产的区域。一系列事实已经证明2017年贵州茅台酒不仅没有价格下跌的可能，而且支撑价格上涨的因素很多。所以2017年贵州茅台的经营策略应该是防止价格上涨，而不是防止价格下跌。未雨绸缪、抑制价格过度上涨的方法就是加大供应，满足市场需求。2017年贵州茅台酒社会需求约为3万吨，市场供应量应该增加30%。如果贵州茅台客观上无法提供这么大的供应量，就应该考虑提高出厂价，此时不提价就会刺激渠道的不正常囤积需求，出现加速补库存的情况。其实2016年第三季度贵州茅台预收账款大幅增长就部分由于补库存。我个人认为2017年补库存的客观需要至少占贵州茅台酒社会量的10%左右。

2017年乃至2018年贵州茅台的经营形势都确定无疑是成长的。从历史的视角看，经历了转型之后，贵州茅台的发展一定比转型之前更加扎实稳健，更有成长潜力，必能迎来一段高增长期。贵州茅台在2016年已经结余了170亿元的预收账款，因此在不久的将来，贵州茅台的利润水平和市值规模将确定无疑地超过目前的全球酒类老大帝亚吉欧公司，成为全球盈利规模最大、市值最高的酒类企业。

逻辑上，贵州茅台的2017年和2018年是确定无疑的美好时光，只要价格能够稳定住。

建议酒箱安装定位芯片防控囤货⊖

现在有很多研究人员认为贵州茅台需求紧张，零售端得不到货，完全是由于民间的正常需求旺盛。我认为这在逻辑上是没法解释的。5～7月是白酒淡季，需求不可能超过春节，且贵州茅台已经确定下半年要加大供给，货源还是紧张得不得了。我认为这个问题不是自然需求导致的，而是渠道囤积造成的，因此解决之道是治理渠道囤积。关于贵州茅台经销商囤积居奇的做法，我在之前的文章中已经讲过，这里不再重复。在这种情况下，仅靠贵州茅台晓之以理、动之以情，做思想工作，已经不适合现在的客观环境。我几天前给贵州茅台的核心高管写了一封信，建议贵州茅台引进定位芯片，在每箱贵州茅台酒上加一个。我是由共享单车产生的这个想法和建议。如果贵州茅台在每箱贵州茅台酒上都加一个定位芯片，就可以随时知道每箱贵州茅台酒的位置，一批酒长时间放在一起就有可能是囤积，这样方便后续进行管理。

我现在仍然认为贵州茅台是中国乃至全世界最好的商品之一，好生意应该细水长流地经营，平稳的价格和正常的供需关系才是符合企业、渠道和社会长期利益的。

⊖ 本文写于2017年7月25日。

酒价大涨潜藏高风险,最后管控时机不容错失

2016年第四季度,我在一篇长达1万字的文章《贵州茅台2017年价量政策恐与实际需求不符》中提出了关于贵州茅台经营形势的几个论断。

论断一:如果2017年贵州茅台酒不提价,供应量需要以30%的速度增长。2017年贵州茅台酒社会需求增长率在30%附近。

论断二:2017年,贵州茅台酒的价格问题不是防止下跌,而是防止过度上涨,贵州茅台酒已经没有价格再下跌的逻辑和依据了。2017年贵州茅台的首要工作是防价格上涨,贵州茅台酒逻辑上已经存在价格过度上涨的潜在因素,需要未雨绸缪。

论断三:价格猛于虎,稳定的价格必须在市场价格陷入不正常波动之前,由贵州茅台提前干预才能实现。只有提前主动地干预价格,贵州茅台才能维护价格的稳定,若应对不好价格可能会失控!

3个论断最核心的意思是:2017年贵州茅台的挑战在于防止价格上涨,且贵州茅台酒价格已经出现了非理性上涨的苗头。我的观点在发布时没有人认同,但到2017年春节之后,客观现实出现了贵州茅台酒价格非理性上涨的情况。在研

⊖ 本文发表于2017年8月19日《证券市场周刊》。

究当下的局势时，找到一个正确研究的思路和方法是尤其重要的。由于我之前提出的 3 个论断已经被事实证明是正确的，因此我基于此的思维模式和思维原理是正确的。由此，我用这些已经被证明正确的思维模式和思维原理，分析今天贵州茅台酒价格大涨的原因和管控方法是恰当的。

让我在 2016 年底得出正确结论的思维模式和思维原理包括以下几个基础性的逻辑。

逻辑一：从历史上看贵州茅台酒的价格与人均月工资收入存在着某种稳定的比例对应关系，贵州茅台酒的价格长期处于人均月工资收入的 1/3 到 1/2，跌到 1/3 以下就会上涨，超过 1/2 就会下跌。

逻辑二：价格暴涨暴跌不是由真实供需关系决定的，价格暴涨暴跌与真实供需关系无关！渠道预期的变化、渠道库存量变化强烈影响贵州茅台酒的价格和渠道库存。

2013 年开始，贵州茅台酒零售价连续 3 年接近出厂价，导致渠道利润归零！出现这种情况是因为贵州茅台酒在转型过程中发生的大幅价格波动对经销商的心理和预期产生了强烈打击。经销商陷入了极端恐惧和悲观之中，对贵州茅台的未来形成极端悲观预期，不敢持有库存，拿到货就低价抛售。这导致贵州茅台酒零售价长期接近出厂价，渠道利润率长期过度低迷。存在了三四年的极端低价格和极端低渠道利润率是经销商心理和预期极端悲观化导致的，与真实的供需关系没有关系。

2016 年，贵州茅台一系列政策措施使贵州茅台酒零售价上涨，促进了渠道利润率的回升。贵州茅台的政策措施不是大规模限制供应，不是通过大规模减少供给改变供需关系，而是改变经销商的恐慌心理和悲观预期，将其从非正常的情绪状态中拉回正常，是通过对经销商的心理、预期和情绪进行干预，实现零售价和渠道利润率的回升。在贵州茅台酒的价量变化过程中有一个关键的影响要素和变量，那就是经销商的心理和预期。

逻辑三：渠道库存变化是价格波动大的直接原因。人是有心理、预期和情绪的，心理、预期和情绪的变化会强烈影响贵州茅台酒的价量变化。我们作为分析研究者、决策者是绝对不能忽略考虑经销商的心理、预期和情绪变化的。在预判2017年贵州茅台酒社会需求时，需要考虑经销商心理和预期的变化。我对始于2011年的贵州茅台酒价格巨幅波动进行分析，确定了这场罕见的价格波动不过是一次典型的库存周期波动，是普遍库存周期波动现象的特例。2011年之后贵州茅台酒价格大幅上涨，确实出现了一定程度的需求增长，但是上涨的主要推动力量是经销商对库存的囤积。这种囤积完全是库存周期波动理论所说的，只要价格上涨，生产者和经营者就会囤积库存，囤积库存又进一步推动价格的上涨，如此循环往复，最终把价格推到崩溃边缘。2012年底限三公消费作为诱因，将已经泡沫化的价格刺破。于是贵州茅台酒价格急速下跌，引发了库存抛售，抛售推动价格下跌，如此循环，最后价格跌到800元。这种巨幅波动归根结底是因为身处其中的经销商的脆弱的心被彻底击溃了。经销商在暴涨后的暴跌面前，陷入了难以承受的恐惧和悲观之中，这种情绪导致渠道库存完全清空，在零售端需求旺盛的情况下，贵州茅台酒零售价却长期在出厂价附近，渠道利润率长期接近于零。2017年，价格上涨将推动渠道加速补库存，补库存会推动价格进一步上升，价格进一步上升又会激发出更多的补库存需求。如此循环往复，价格自然会突破正常合理水平。突破正常合理水平的价格上升是一种错误的价格信号，将引发渠道非理性囤积，让贵州茅台酒的价格再次失控！

逻辑四：贵州茅台酒价格管控受到渠道结构和经销商心理的约束。渠道有几千个个体的、离散的经销商，每个经销商都是信息孤岛，不可能对全局性供需关系有理性的认识，不可能理性地按照正常的供需关系确定合理的价格。几千个离散的经销商的行为只能受价格的影响，在价格下跌时狂抛，在价格上涨时疯狂囤积。这是不能改变的客观现象！

以上四大逻辑构成了研究当下局面的思维基础，也是寻找解决当下局面措施的理论来源。四大逻辑贯穿一个主观点："贵州茅台酒价格大幅波动和真实供需关系不大，直接原因是经销商预期波动和渠道库存波动。更深层次的原因是渠道结构太单一,太依赖传统经销商,销售模式落后!"这个观点是我全文的中心思想,如果不能接受这个观点,就不能正确解读当下贵州茅台酒价格猛涨的原因,也不能采取恰当的管控措施!因此我再论述一下这个观点。

完全由供需关系决定的贵州茅台酒价格走势如图 6-1 所示,无论是贵州茅台酒的供给还是需求都线性稳定增长。贵州茅台的需求增长在逻辑上与人均月工资收入水平保持线性正比例关系,贵州茅台酒的供给总体上也线性稳定增长,没有大幅波动。在供给和需求都线性稳定向上的情况下,由供给和需求决定的价格应该直线向上,贵州茅台酒的价格曲线必然是与供给曲线和需求曲线相对平行的一条稳定向上曲线。

现实中贵州茅台酒价格走势如图 6-2 所示,价格周而复始地多次大幅度波动。由此我得出一个结论:贵州茅台酒价格大幅过山车式波动不是由真实供给和需求决定的。事实证明了贵州茅台酒价格波动由来自供给和需求之外的第三要素决定,这个第三要素就是建立在渠道结构过于单一基础上的渠道库存和渠道预期变化。供给和需求并不是贵州茅台酒价格大幅波动的根本原因。

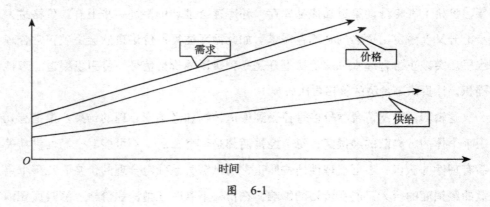

图 6-1

本轮贵州茅台酒非理性上涨的演化脉络

从 2016 年下半年开始,在贵州茅台的努力下,经销商恐惧悲观的情绪消失,信心得到恢复,随之开始补库存,之后持续补库存推升了价格上涨。2017 年春节过后，因为价格持续上涨，渠道出现了过度乐观的预期继续过度囤积库存，导致贵州茅台酒淡季价格超过春节期间的不正常情况。贵州茅台通过干预把价格维持在1300元之下。到了7月底8月初，临近旺季，由于价格持续保持高位，所以社会大众和消费者恐惧价格进一步上涨，因此提前抢购。伴随着社会力量加入囤积炒作，价格出现了更快速的上涨。整个过程如图6-3所示。

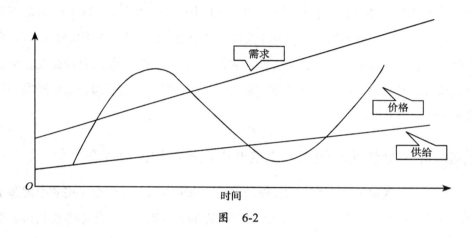

图 6-2

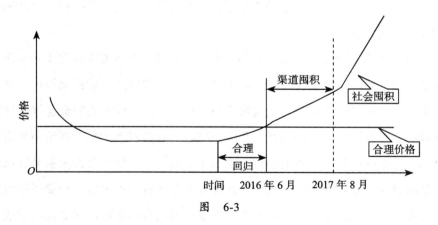

图 6-3

从2016年中期开始的价格上涨可以分为三个阶段。第一阶段：渠道信心逐步恢复，正常补库存，价格正常恢复。第二阶段：价格恢复导致渠道过度乐观，过度补库存，价格突破合理水平。第三阶段：旺季来临之前，社会需求怕涨价提前消费，并出现社会性囤积，价格上涨更快。三个阶段中第二阶段是关键，这一阶段渠道过度囤积库存，让一次健康的价格恢复走向了不健康，并且最终在旺季来临后演化为社会性囤积，让局势几乎无法控制。

人类各个领域的囤积炒作模式是相似的，金融、商品、房地产都是一样，总是分为三个阶段。第一阶段是价值合理回归，第二阶段业内从业者在价格回升作用下开始囤积，第三阶段价格持续上涨后吸引来全社会囤积。这个模式是不变的。目前贵州茅台酒的囤积已经开始走向了社会化，社会需求囤积能力十倍、几十倍于渠道，一旦实质进入这个阶段，谁都挡不住。囤积炒作是自我强化，价格会上涨得越来越快，绝不会自己停下来。因此，必须在社会化囤积之前采取一切措施抑制价格上涨。

治理价格非理性波动的切入点需要干预预期和渠道库存

具体看，贵州茅台酒价格大幅波动由两个原因导致，一个是经销商心理和预期，另一个是渠道库存。经销商心理和预期影响渠道库存，渠道库存直接影响价格。贵州茅台酒价格的波动是渠道库存波动导致的，渠道库存波动又由经销商心理和预期变化导致。

2017年5月贵州茅台股东大会召开期间，我参加了专业人士关于贵州茅台酒价格的研讨。当时大家认为随着下半年供应量的大幅增加，价格会被抑制住。现在看来，单一的供应量增加只能缓解价格上涨的速度，但不能完全逆转非理性暴涨的局势。之所以出现这种情况，是因为当时大家没有考虑经销商预期和渠道库存这两个重要的变量对价格的影响。在现实层面，当贵州茅台大量向经销商供货时，新增供应先进入了渠道。此时，在逻辑上存在着一种可能，即贵州茅台增加的供给被渠道大量囤积，不能流入零售市场，因此贵州茅台增加的供应变成无效供给。

因此，贵州茅台酒价格治理的切入点应该从单一增加供给转向干预经销商预期、打击渠道囤积和增加供给三个方向同时发力，打击渠道囤积、干预渠道经销商预期尤其是重要的手段。假如贵州茅台酒的价格上涨是因为供给不足或者需求过旺，那么加大供给后价格会立即趋稳，然而现实是加大供给没有达到控制价格的效果，所以持续不断的价格非理性上涨不是供需不平衡，而是渠道有问题！

因此，治理办法是消除经销商涨价预期，逼迫被囤积起来的库存流向市场。逆转涨价预期、打击渠道囤积是关键。涨价预期是一种主观认识，受到媒体舆论的影响。贵州茅台要发动所有可以发动的媒体和舆论，向社会传播这一轮价格上涨的根本原因是涨价预期盛行，不是供不应求。并且贵州茅台需要有理有据找出一批囤积库存的祸首，进行极其严肃的重拳打击。另外，应发动所有可以发动的媒体资源，报道囤积行为和贵州茅台对囤积者的处理，让社会看清楚涨价是因为有人在投机囤积。在舆论引导上如果贵州茅台经验不足，可以聘请专门公关公司甚至著名公关公司协助。通过舆论逆转预期，可以把渠道库存的"货"打出来，增加零售端供应量，同时降低社会的涨价预期，让社会知道价格会回归正常。

贵州茅台渠道结构和销售模式需要变革

为什么渠道会囤积，进而导致如此难以控制的暴涨暴跌？根源在于贵州茅台的渠道结构过于单一，完全依赖传统专卖店，使得贵州茅台的销售模式受制于专卖店。在渠道囤积炒作时，贵州茅台没有管控工具。而且贵州茅台传统专卖店销售模式形成于20年前，已经落后，不适应于现实商业需要，即便没有发生囤积炒作引发的暴涨暴跌，也需要变革和优化。要想长治久安，贵州茅台需要大规模、大力度推动渠道变革，增加互联网销售模式、给大卖场直接供货的销售模式等，这是根本的长效措施。目前问题的深层原因还是渠道结构不合理，过度依赖专卖店，同时销售模式过于传统，因此长效解决的机制是改变渠道结构！

当下是贵州茅台销售模式变革的最好时机[一]

2017年8月中旬，贵州茅台酒价格在旺季来临前飞涨，我感觉形势严峻，紧急写了《酒价大涨潜藏高风险，最后管控时机不容错失》一文，主要就如何治理日益失控的价格发表了看法。在文章的最后，我简单地提了一下长期的根本策略是调整渠道结构。现在，贵州茅台已经控制住了飞涨的价格，从而有必要在表面问题被控制后，对治理价格非理性波动的长效机制进行讨论。在本文中，我着重探讨通过渠道结构变革、销售模式变革治理价格非理性波动的思路和原理。

为什么必须进行变革？

在自2016年下半年开始到2017年第三季度的贵州茅台酒价格变化过程中，贵州茅台一系列政策及其效果可以分为两类。2017年8月15日之前的政策算一类，这些政策形式多样但有一致的特点，就是均没有对渠道结构和销售模式进行变革。第二类是8月15日贵州茅台推出的"1/3的供应量经销商必须放到网上销售"，该政策的本质是改变销售模式，变线下销售为线下和线上结合。

新一轮政策没有增加供给，只是把存量供给的一部分拿出来放到网上销售，

[一] 本文发表于2017年9月9日《证券市场周刊》。

结果就立竿见影！这说明不进行渠道结构和销售模式变革，不强制采取网上网下结合的模式，推出的价格管控政策无论多么严厉，均不能在根本上见效。针对销售模式进行变革之后，政策立即有效了。

对政策效果的研究使我发现一个一般原理："只有变革销售模式和渠道结构才能治理价格暴涨暴跌，价格暴涨暴跌是因为渠道结构和销售模式有问题！"立足这一结论，治理贵州茅台酒价格非理性暴涨暴跌的根本措施是：持续不断强化对渠道结构和销售模式的变革。根本管控的方法就是变革渠道结构、销售模式，线上线下结合，向大卖场直接供货，结束专卖店一家独大的时代。

渠道结构不合理源于漫长的历史

为什么贵州茅台酒的渠道结构和销售模式会出现问题？为思考该问题，我做了贵州茅台酒渠道结构历史形成过程的回溯。

20年前，贵州茅台建立了以专卖店为主的渠道结构和销售模式，就当时的情况来说，这个结构和模式是有效的、合适的。然而历时20年，中国整个商业体系发生了至少两次革命，第一次是百货公司被大型连锁企业颠覆，第二次是互联网商业的兴起再次把商业推到更无以复加的大规模销售和薄利多销。

在两次商业体系革命的变化过程中，贵州茅台酒的渠道结构和销售模式没有变化，已经与当代中国的商业及渠道现状冲突。

举一个例子，沃尔玛这样全球最大的商业销售机构之一如果想销售贵州茅台酒，都没有办法拿到一手货，需要通过专卖店来拿货。这是非常荒谬的。沃尔玛最大的特点之一就是统一大规模进货获得成本优势，然后薄利多销。然而在现在贵州茅台的销售体系中，沃尔玛进货需要找专卖店，这如同大象找蚂蚁进货。

贵州茅台现有的渠道结构和销售模式与连锁企业的大规模进货模式尖锐冲突，于是出现了非常不正常的概念："一批价""二批价"……这是不符合当代商业模式和商业潮流的，当代商业模式是短平快的直销，几乎没有中间环节。

贵州茅台带"病"走出调整进入新周期

在2013年白酒行业调整时，贵州茅台执行了一系列正确决策后率先走出调整。但是，我在对贵州茅台应对行业调整的决策进行回溯时发现：贵州茅台的决策没有触及渠道结构和销售模式变革！当时贵州茅台大规模加大了市场供给，通过主动加大供给推动了价格快速下跌，启动了真实的民间需求，最终率先脱困。但贵州茅台的应对措施里面没有有关渠道结构变革和销售模式变革的。我记得贵州茅台在2013年和永辉超市合作，直接向永辉超市供货，使得永辉超市这个商业连锁企业成为贵州茅台的直接经销者。这个决策本质上属于渠道结构变革，但不知为什么没有扩展开，贵州茅台之后把大量的新增产能再次投向了已经不适合当下商业环境的专卖店。因此，虽然贵州茅台率先脱困，但是贵州茅台没有对深层次的、已经存在问题的渠道结构和销售模式进行变革。贵州茅台的率先脱困是带"病"脱困，这也是其刚刚进入新周期就出现价格非理性暴涨的原因。

一般来说，经济危机和行业调整之所以发生，一定是有结构性原因和问题的。不存在结构性原因和问题不会发生大的危机和调整，这是经济学的基础原理。当出现严峻的危机后，管理者必须主动寻找结构性问题，且必须进行结构性改革，否则就难以走出困境，即便走出困境也会跌跌撞撞再次出问题。贵州茅台刚刚走出行业调整就遇到价格失控正是这个原因！

结构性变革是很难的，而且会遇到很多阻力。中国在钢铁、煤炭行业去产能的问题上就进行了一次典型的结构性变革，这种变革需要解决工人的就业问题、大量产能退出的问题、银行坏账的问题，要比解决一个具体的表面症状难得多。但是如果不解决这些结构性问题，经济就面临长期困难。中国坚定不移地进行钢铁、煤炭行业去产能，主动地承受了一些代价和损失，之后钢铁、煤炭行业逐步迎来了新的复苏。今天贵州茅台酒价格非理性波动再次发生是贵州茅台没有进行结构性改革就走出危机的反应，从这个意义上讲，贵州茅台还没有完全走出白酒行业调整！

总结以上分析，我的结论是贵州茅台20年渠道结构没变，销售模式没变，而与此同时中国商业体系经历了两次革命性变化，必然导致长期不变的贵州茅台销售结构与中国现代商业体系存在根本矛盾和不适应。贵州茅台只和永辉超市达成了一笔合作，就再也没有朝这个方向走，又回归了不触及渠道结构的做大传统专卖店模式，通过扩张传统专卖店数量和供应量解决问题，没有在白酒行业调整的背景下启动变革。

当下是渠道结构和销售模式变革的最好时机

2017年3月，我应邀到贵州茅台做交流，其间李保芳先生请我和另一位专业人士讨论问题，我和这位专业人士就此进行了尖锐的辩论。我认为在互联网上卖贵州茅台酒没有任何问题，贵州茅台应该大规模启动互联网商业。这位专业人士认为酒类尤其高端白酒有其特殊性，不适合用互联网来卖。今天，事实证明把1/3的供应量放到网上销售有效地解决了价格非理性波动，并且受到了消费者的接受和欢迎，所谓的互联网销售模式不适合高端白酒的说法是没有道理的。因此，进一步大规模推动互联网销售模式是理所当然的！

变革渠道结构和销售模式需要在旺季，因为这种变革将调整渠道的利益格局、改变渠道预期。渠道结构变革的过程会增加贵州茅台酒价格下行的压力，因此变革时间应避开淡季。另外，在进行渠道结构变革的时候，还要预先筹划防止价格下跌的措施，尤其是在2018年春节后的淡季。渠道结构改革会引发经销商预期变化，加上市场上目前已经出现了一些积压库存，在进行渠道结构变革后，2018年淡季需要防止因预期心理变化再次出现非理性恐慌。当下处于旺季，需求强劲、价格坚挺，能够承受结构改革的震动，足以支撑有一定力度的结构改革，也足以支撑一定程度的经销商预期变化和心理波动。

已经有足够多的事实证明只有渠道结构变革和销售模式变革才能解决问题，不做这项工作不行。贵州茅台应该加大变革渠道结构和销售模式的力度，坚定不移地线上线下融合，直供大卖场，最终形成一个专卖店、大卖场、互联网商业三足鼎立的格局。

渠道结构和销售模式变革的目标

目前贵州茅台不能按照自己的意愿控制零售价，无法控制零售价必然意味着贵州茅台的渠道结构和销售模式有问题。所以，渠道结构和销售体系改革的目标是，贵州茅台可根据自己的主观判断控制零售价，达不到这个目的渠道改革就没有成功，就不能收兵。

平抑酒价、稳定股价，让贵州茅台回归平淡

近日，一篇名为"贵州茅台惹'众怒'，10亩高粱挣不到1瓶贵州茅台"的文章在网上流传甚广，引发了不少议论。作为一名长期关注白酒行业和贵州茅台的投资者，我觉得有必要说上几句。

这篇文章中的观点貌似有理，但从严格意义上来说是没有逻辑的。文章中说贵州茅台酒一次就涨150多元，一瓶酒卖1000多元，而种有机高粱的农民一亩地也就挣2000元不到。如此大的差别，贵州茅台有点对不住农民，利润率太高。农民给高利润率的贵州茅台供应原料，所以贵州茅台也应该给农民更高的价格。

以上说法是没有理解清楚贵州茅台酒这种精神文化产品和高粱这种农作物在性质上的根本差异。不同地方生产的高粱彼此之间是可以替代的，茅台镇及周围的赤水、仁怀市都种植有机高粱。假如贵州茅台把收购价格提高到50元/斤，恐怕很多种烟草、蔬菜的农民也要改种高粱甚至整个贵州省有可能都去种高粱了，这就必然导致供给过剩，供给过剩又必然导致价格下跌。也就是说，高粱的价格是取决于基础经济理论中的供求定理的，贵州茅台没有办法单方面、主观地去提高价格。高粱的价格形成机制是贵州茅台发标，农民竞标的定价机制。贵州茅台

⊖ 本文发表于2018年2月1日，首发于凌通价值网（www.ltjzztz.com）。

可以给出50元/斤的收购价，但市场上的农民会不断压低价格去竞标，最终的成交价是农民互相竞争之后形成的。假如贵州茅台的收购价格过低，导致当地农民种高粱不如种其他作物，高粱供给就会形成严重的缺口，贵州茅台的原料供应就会发生危机，贵州茅台的生产就会出现严重问题。所以，从这个意义上讲，根本不会出现贵州茅台长期侵害农民利益的逻辑可能性。

贵州茅台酒的价格和高粱的价格形成机制不一样。贵州茅台酒具有精神文化产品的属性，其价格形成机制主要不是受成本约束，而是受消费者的消费能力和社会经济发展水平影响。在这种机制下，其价格会长期与社会收入水平同步，与成本无关。贵州茅台酒价格大幅上涨从一定程度上来说，就是社会收入水平上涨的表现。

由于贵州茅台酒价格受消费水平的约束，价格如果大幅超越人均月工资收入水平的承载力，就会下跌。目前2000元的贵州茅台酒已经出现了价格泡沫，需要管控。

2013年某段时间，关于贵州茅台的负面报道特别多，对其声誉造成了负面影响甚至影响到了正常经营。现在，负面声音又再一次出现了苗头。5年后的今天，贵州茅台酒价格再次突破2000元成为资本市场最热的话题。扎眼的酒价和股价的双重猛涨吸引了全社会的强烈关注，成了最热的新闻点。我认为目前的关键是平抑酒价，稳定股价，让贵州茅台回归平淡，避免成为全国关注的热点，从而避免给正常经营造成麻烦。

第七篇

媒体访谈篇

2013～2018年，我创造了两个记录。2013～2014年，我的基金产品账面亏损幅度接近70%，几乎是全国最高的。2016～2018年，我管理的基金总市值上涨了20倍，获得私募排排网5年期收益率冠军。媒体因此关注到我，进行了多次采访和报道，部分文章收录在了本章中。这些文章不仅记录了我的思想，还记录了我的经历，以及投资过程中遇到的很多有意思的事件。

此外，我还接受了一些电视台的采访。

2015年底，我应上海第一财经的邀请录制了《董宝珍——稳赚不赔的"护城河"》。在这期节目中很多嘉宾与我意见不同，当时我舌战群儒，与其他嘉宾展开了一场论战。

2018年贵州茅台股价上涨了7倍，媒体再次对我进行了采访。我在采访中强调，我之所以赚钱，是因为我忍受了曲折，忍受了否定、嘲笑和攻击，始终坚信自己的判断，始终坚持原则。中央电视台的《投资者说》栏目也专门做了一期节目讲述我投资茅台的故事。

读者可以在凌通价值网观看这些视频。

忍受曲折、落后是价值投资者的规定动作[一]

我的朋友在 2013 年买了贵州茅台和万科 A 两只股票，2017 年这两只股票估值涨了几倍。在 2013 年这两只股票价格持续大幅下跌时，朋友承受了很大的心理压力，但最终凭借坚忍的意志和对基本面的深切研究和把握，迎来了本该属于他的巨额回报。总结经验后，朋友不想再次承受巨大压力，开始选择分散投资，但分散投资后，不怎么挣钱的压力随之而来。而且分散投资增加了投资标的，朋友需要每天起早贪黑地跟踪研究，但却做不到每只股票都精通。我的朋友在总结后，认为由集中投资转向了相对分散是一次错误。拿到这个案例后，我做了很多思考！

成功的投资者必定会遭遇曲折

没有任何投资是一帆风顺、轻松愉快的。为什么这样讲？这是由投资的本质决定的。我在经历了多次市场洗礼后，认为价值发现就是找到、发现大众和市场还没有发现的真相。当你发现了大众和市场还没有发现的真相时，就发现了价值"洼地"。投资过程是以大众为对手的认知博弈和人性博弈。这里有两个关键点：

[一] 本文发表于 2017 年 9 月 17 日《证券市场红周刊》。

①价值是真相；②价值是没有被大众发现的真相，人尽皆知的真相不能带来回报，不是价值！比如 2013 年，市场主流观点认为限三公消费让贵州茅台的需求一蹶不振，但我通过调查研究发现贵州茅台在民间有巨大的市场，这个发现会让我获得至少 4 倍的回报！发现贵州茅台在民间有巨大的市场是真相，但此时这个发现还不能带来回报！

由于你发现的真相只有在大众没有发现时才有价值，所以在发现价值时你的想法必定和大众是不一样的。一段时间内的价格由大众决定或者说短期价格是由大众决定的，但这个价格并不反映真相。就像格雷厄姆所说："市场短期是一台投票机，但市场长期是一台称重机。"与大众想法不一样必然被大众否定，而大众又决定了一段时间内的价格，所以真正的价值投资者在相当长的一段时间内必定是得不到回报的，必定要经历曲折，被市场否定、被大众贬低。这都是不能避免的。如果你的想法一开始就得到大众的认同和欢呼，而不是否定和贬低，十有八九你挣不到钱！道路越曲折，你的压力越大，最后的回报也越高。

回头看一下 2008 年中国奶制品污染事件对乳业投资机会的影响、2013 年限三公消费对茅台的影响，那时候理性投资者的压力是历史性的。我自己在 2013 年贵州茅台历史性投资机会出现后，大规模重仓买入贵州茅台。由于大众错误地认为贵州茅台因为限三公消费将会走向长期衰退，股价大幅下跌，这期间我除了短期收益大幅亏损外，还受到很多质疑。但我不为所动，坚持正确认知，最后获得了回报。

有的投资者因为遭遇了过程的曲折，就试图以后回避这种曲折，靠分散投资来避免压力。实际上，试图回避这种曲折、避免压力，其实是丢弃、远离价值。这就是前文案例中分散投资后过程性压力没有了，但投资回报也没有了的原因！无论是不搞逆大众的投资，还是搞分散投资，其实都是远离价值的过程。

投资者要有种树人理念

人类有几百万年的进化史，在 99% 的时间里人类直接采摘现成的果子，养殖业、种植业这类投入之后必须等待很久才会有收获的生存模式在1万年前才出现。在几百万年的时间里，人类摘果子的生存模式导致人类基因层面有了一种不进行前期耕耘和投入，喜好追逐现成果实的本性。进入市场经济后，办工厂、投资都属于先投入无产出，等一段时间后回报很高的生产模式。养殖业、种植业、办工厂是比采摘现成的果子高级的生产模式，这种模式是用一段时间不获得回报换取未来获得更高的回报。事实证明这样的生产模式更先进，回报更高。但在人性层面，人有高度重视眼前现成回报的本性，这就是创业者少，喜欢拿固定工资的人多的原因，也是投机炒作者多，价值投资者少的原因。摘果子心理是一种人性本能，投入劳动和资金后需要等待一段较长时间获得较高回报的生产模式得不到人性的支持。

巴菲特说过："慢慢地变得富裕是非常容易的，但迅速变富并不容易。问题是没人愿意慢慢变富。"这是价值投资者非常少的原因。在人性本能的作用下，绝大部分人是不能承受短期没有收益甚至亏损的。我本人在自己近20年的投资求索历程中认识到一个原理："承受短期挫折的能力、承受短期无利润的能力、承受短期不如他人的能力其实是非常重要的，远远比选股能力重要。"选股其实看教科书就能学会学懂，但是投资实践最关键的是在投资过程中要有一种承受和忍耐暂时没有收入、暂时不如他人的能力。这种能力其实最重要，如果没有这种能力是百分之百没有好的投资结果的。

一方面遭受短期的曲折是价值投资不能避免的必然，另一方面在曲折过程中，客观上需要投资者有一种承受落后的能力、承受不如人的能力、承受真实阶段性亏损的能力。我曾经和国内某著名保险公司的委托理财部负责人有一次交流。保险公司的委托理财部负责把保险公司保费委托给全世界范围内最好的基金经理管理，这样一项工作需要研究好的基金经理有什么特点。他们研究发现一个规律，所有能带来高回报的基金经理都有个特点，他们都不是稳定盈利的，而是脉冲式盈利的。能带来高回报的基金经理的特点都是3～5年不挣钱，而且在不挣钱的时候死不动摇，完全不接受改弦更张的建议，忍受着亏损、忍受着落后。

随着时间的推移，市场风向突然发生变化，被错误地低估的有价值的企业开始估值修复，潮水退去之后，这些忍受低迷和落后的基金经理1年就把3～5年的回报挣了回来。我们可以看到重仓贵州茅台的投资者其实也是这样的。在2013年重仓贵州茅台的投资者到2015年业绩都是很落后的，2013年更惨烈，可是2016年乃至2017年一个强烈的估值修复一下子就让他们把过去3～5年亏损的利润赚了回来。我管理的基金2013年因为重仓贵州茅台净值腰斩，历经3年多的曲折最后获得数倍的上涨！这也证明了真正能带来重大回报的投资机会，其过程不可避免是曲折的。

说了这么多，我的结论是忍受低迷、忍受曲折，是价值投资基本规定动作。投资者需要有忍受低迷、忍受曲折的能力，这个能力比选股能力重要得多。当遭受曲折之后，认为其不合理、不正常，并试图回避是不正确的。

最"熊"基金经理的自白

因为只持有贵州茅台，否极泰基金操盘人董宝珍2013年业绩下跌超过50%，他持续融资买入，但贵州茅台股价的下跌过程也在继续。因为只持有贵州茅台，董宝珍的基金2013年底净值只有0.43，基金净值腰斩，业绩恐熊冠全球。

作为贵州茅台多头的代表，董宝珍和人打赌贵州茅台市值不会跌破1500亿元。结果全世界都和他作对，贵州茅台很快跌破1500亿元市值，董宝珍也输得只有公开裸奔。公开、私下里，董宝珍自称已经不下1000次说过贵州茅台股价会反转，结果1000次的落败。

2013年董宝珍的确很惨。林园也"被传闻"融资买入贵州茅台爆仓，随后辟谣。与现在相比，还是那句话：冰火两重天。

董宝珍早年是信托公司的一名工作人员，后来转到投资公司，再之后创办否极泰、凌通盛泰。给董宝珍带来最多回报的股票是伊利股份。早在2008年中国奶制品污染事件以前，董宝珍就持有伊利股份。该事件对伊利股份影响巨大，董宝珍最多的时候亏损70%。不过反转后，伊利股份股价从6元涨到了30多元。在董宝珍的眼里，现在的贵州茅台就是他当年遇到的伊利股份，他对自己看好的

⊖ 本文于2014年1月18日发表于财新网。

企业都分外坚持。

因为价值投资的理念，董宝珍认为价格不断下跌的贵州茅台正是价值投资的最好标的，宁愿破产也不愿意改变自己的投资信仰。他有巴菲特的理念，但不具备巴菲特源源不断的低成本资金。

"看企业看对了，但是被市场残酷绞杀了，这样的人很多。大家可能希望我也成为这样的案例中的一员，但是我不会变。"面对合伙人（合伙制基金的投资者）的压力，董宝珍坦言自己努力想求得合伙人的理解，"我不能改变，如果我改变了，就更对不起合伙人。如果我的理念是成功的，我的企业也将是成功的，我为我的判断、行为负责任。"

下文的自述基于记者对董宝珍的两次采访整理而成，仅代表董宝珍的个人观点。

董宝珍自述

我的投资分析以定性为主，定量分析误差很大。我最大的定性分析就是在消费股里面待着。我最早买入的是伊利股份，伊利股份是我的家乡股。2008年中国奶制品污染事件，我是活生生套在伊利股份里面的，最后亏损了70%。我不怕下跌，我只有一个信念，人们不可能不喝奶，喝奶就主要喝伊利股份、蒙牛那几家。最后我有钱了就加点仓，根本就没有技术观念，加了之后还要再跌。我认为跌了就安全，没有其他的道理，也没有人告诉我。我就是有这种本能的认知。

我在伊利股份之后开始关注白酒。白酒是消费品里面的特色品种。白酒不仅可以穿越周期，还可以穿越人类社会的动荡。虽然白酒本身有周期，但是相对来讲，人类社会的动荡白酒都能够克服。

我2010年开始重仓贵州茅台，当时我综合调研了贵州茅台。贵州茅台为什么利润率那么高？贵州茅台的利润率高达50%，很多人认为这种高利润率是一种风险，太高了，终究要掉下来的。过去买电视，人们会用掉几个月甚至1年的积蓄，但现在大概只要1个月的工资。电视这类消费品占收入的比例一般是下降的，但贵州茅台酒的价格和人均收入水平同步增长。贵州茅台酒20世纪80年代卖7元，当时人均月工资就二三十元。现在全国人均工资3000元左右，贵州茅台酒价格在1000元上下，这个比例始终没变。

我总结贵州茅台就是"压岁钱行业"，压岁钱也和人均收入同比变化。只要理解了为什么压岁钱年年涨，就能理解贵州茅台酒长期涨价的原因了。这与巴菲特的喜诗糖果成本不变、价格逐年上涨是同一个道理。

三公消费使得高端白酒价格脱离大众。限三公消费之后，贵州茅台酒价格腰斩，大众也能够消费得起了，这是未来贵州茅台发展的基础。

因为现在的估值太低，我全仓持有贵州茅台，还在融资买入。我理解不了现在贵州茅台荒谬不堪的估值，这和当年的伊利股份很类似。伊利股份股价跌到8元，我身边的很多人都觉得不可能再跌了，结果后来跌到了6元。如果贵州茅台的股价跌到90元，就相当于5倍的市盈率，与银行股一样。

2013年，贵州茅台多种矛盾集中爆发，深层的、表象的、内部的、外部的都交织在一起。2012年冬天开始，有一批囤积贵州茅台酒的投机者开始抛售库存，这些库存大概5000吨。这些投机者当趋势走坏时，无论价格多低都一定会抛出，最后导致贵州茅台酒跌到830元/瓶。在贵州茅台下跌的阶段，我一直没有动作。我认为我是投资者，不是投机者。

贵州茅台股价最高达到过259.66元，我是从200元左右开始加仓的。你要明白，如果我想让我基金的净值停止下跌，把贵州茅台全部卖掉就可以了，但我不会这样做。我不认为我有能力高抛低吸，我甚至不认为每天研究这些细节有意义。

投资投的是信仰，可以破产，但不能改变原则。一个人的原则是一个人一生的立场，信仰是立体的、浓缩的，几十年人生的浓缩。如果轻易改变，就等于过去的几十年白活了。

我只持有一只股票，而且融资买入。分散投资可以避免风险，但逻辑是什么呢？未来是不确定的，有一种方式解决这个问题，即指数投资。如果你不被动投资，就必须选股。如果未来是不确定的，是面对3个不确定的难度大还是面对5个不确定的难度大？我认为集中投资是保守的，分散投资是冒进的，这与常人认知不一样。分散投资是人的本能，最后就搞成指数化，集中投资是反本能的行为。

我每个月给100多个贵州茅台经销商打电话。2014年初，经销商信心很弱，而现在经销商说价格跌不下来。现在贵州茅台的渠道库存比牛奶的库存还少，牛奶的保鲜期是1个月，贵州茅台酒的库存还不到1个月。

国内机构投资者的非理性程度甚至超过了散户[一]

国际上成功的投资者一生只买了几只股票,那些一天买 5 只股票的人都成不了大师。我过去 10 年就只买了两类标的物,这些优质股票的投资机会太少、太宝贵了。

从最"熊"基金经理到 28% 的年化收益率,过去 10 年来董宝珍做了什么?在接受《陆家嘴》记者采访的时候,董宝珍毫无掩饰。他说自己并没有变,过去 10 年就买了两类标的物,其中贵州茅台曾让他坠入谷底,也让他一战成名。

重仓茅台

从 2010 年成立第一只私募基金开始,贵州茅台就是董宝珍的第一重仓股(在 2013 年市场大跌阶段,贵州茅台甚至是其唯一持仓的股票)。2012 年 5～7 月,贵州茅台股价大涨并创出历史新高,董宝珍旗下的基金净值也创出了 1.52 的新高。但随后白酒行业爆发塑化剂"黑天鹅",全行业股票出现暴跌,贵州茅台也未能幸免。2012 年底,中央出台"八项规定",贵州茅台股价又遭遇沉重打击。此后一直到 2014 年 1 月,贵州茅台股价跌跌不休,出现腰斩。

[一] 本文写于 2019 年 5 月 22 日。

董宝珍做出了与市场不一样的决策。当时贵州茅台股价最高涨到 260 元（不复权），董宝珍从 200 元（不复权）开始逐步加仓，最后更是融资买入，但股价最后一度跌到 88 元（不复权）。

"我在贵州茅台这只股票上写了近千万字的研究报告，但归根到底，我坚决看多贵州茅台最深层的原因是我有一种朴素的想法，我认为向往美好生活是人类的本性。"董宝珍说。

2014 年之后，贵州茅台崛起，A 股第一价值股之位从此当仁不让。

2018 年 1 月 15 日，作为 A 股白马股的代表，贵州茅台当天盘中首度突破万亿市值，并成为 A 股历史上第一个突破万亿市值的消费股。

而此时的董宝珍，选择卖出这只"改变了自己一生"的股票。

"我在 649 元/股时卖出了第一笔，并在 739 元附近几乎清仓，只保留了部分用于留住股东身份。"董宝珍说。

董宝珍认为，在万亿市值附近，贵州茅台酒价格和贵州茅台股价都危如累卵。更可怕的是，与 2012 年的危机不同，这一次是酒价和股价的双泡沫、双乐观、双非理性。如果贵州茅台酒和贵州茅台股价继续上涨，不发生危机只是偶然。

此后贵州茅台的股价直奔千元目标而去，董宝珍卖早了吗？他乐呵呵地说，卖出之后自己睡了个好觉。

下一场战役：银行股

"银行股就是我的下一场战役。"卖出贵州茅台还有一个原因，就是董宝珍认为银行股的大机会即将来临。他此后将会把自己的主要精力用于银行股的研究，而能否在银行股的投资上再创佳绩，也是董宝珍与自己的一场较量。

"我不是一个乱买股票的人，我一旦看准了就会全仓买入。"董宝珍说，清仓了贵州茅台之后，现在他的投资组合中就只有银行股。

为什么买入银行股？"拐点已现。"董宝珍指出，银行股的 2019 年一季报出现了整体性超预期变化，普遍出现了主营收入大幅增长的情况。

董宝珍认为，国内银行股当前的整体市盈率是 5～6 倍，假设银行股长期成长率为 8%（因为银行业的净利润增长率要比 GDP 快一点），用 6 倍的市盈率买入一个长期成长性 7%～8% 的股票是当前 A 股安全边际最高且最有投资价值的选择。

对话董宝珍：不够理性的机构投资者加剧了市场的波动

《陆家嘴》：2018 年对很多 A 股投资者来说，是十分煎熬的一年。在 2018 年市场下跌的过程中，你一直维持满仓的状态，这么多年来经历了那么大的波折，你还是对市场的波动、系统性风险无动于衷吗？

董宝珍：2018 年我感受到最大的变化就是，在下跌的过程中我的客户都扛住了，我的客户跟 10 年前不一样，他们成长起来了，甚至相信越跌越买是对的。在低估的情况下，我是百分之百满仓的，所以 2018 年底我就提出 2018 年是一次历史性的投资机会，但当时很多人还很悲观，认为还要再观察。

《陆家嘴》：即使出现系统性风险，也不选择先回避吗？

董宝珍：我在投资中不太关注宏观的因素，一方面我觉得自己研究不了，太复杂了；另一方面，我认为宏观环境其实就相当于投资当中的"天气"。天气是影响人体生病的一个因素，比如冬天来了，有的人会生病，但有的人不会，体质好的人是不会被寒冷吞没的。所以投资不能靠研究"天气"，这是我们掌握不了的，做投资应该去找"体质好"的标的，只要"体质好"，即使"天气"恶劣，影响也是短暂的。

《陆家嘴》：你在投资过程中会使用杠杆，你怎么看杠杆的风险？

董宝珍：国际上成功的投资者一生只买了几只股票，那些一天买 5 只股票的人都成不了大师。我过去 10 年就只买了两类标的物，这些优质股票的投资机会太少太宝贵了，而且它们的安全边际很高，所以一旦看准，就要全力买入。

杠杆只是一种工具，它是中性的。A 股 2015 年的杠杆牛之所以崩溃，是因为它是在泡沫上加杠杆。当时创业板的估值过高，在那种状态下杠杆资金还在疯狂涌入。它们失败是因为在高估的时候加了杠杆，而在低估的时候加杠杆风险是可控的，同时，杠杆的模式也是多样化的，我们也会选择一些相对安全的杠杆。

伯克希尔使用保险资金的杠杆，芒格和巴菲特也公开承认他们使用杠杆，比如用债券融资就是一种杠杆。芒格也提到过"安全杠杆"，有些杠杆就是有这个特点，长期性、利率不高，而且没有特定的放款人追着你，这种杠杆就是安全的。但是对于散户和普通投资者，由于使用杠杆要求过高，我不建议他们加杠杆。

《陆家嘴》：你现在重点投资的对象是银行股，但是银行股在A股似乎并不是很受欢迎，很多人认为银行股的体量足够大了，很难有成长空间，你怎么看？

董宝珍：美国有1万多家银行，银行业行业集中度很低，而中国银行业行业集中度很高，四大行包括股份制银行业务量合计占总量85%，所谓的体量大其实是行业集中度高造成的，这是其一。其二，中国银行业是否已经面临天花板？这个话题跟中国经济是否见顶是同一个问题，中国人均GDP低于马来西亚，我认为中国的发展还在加速通道上，所以从长期来看现在的困难都是微不足道的。

格雷厄姆有句原话叫"你需要立足永恒的视角看待现在"。

所以中国股市的投资机会是很大的，但是在我们的资本市场上有绝大部分低估和更多的高估股票。在未来低估的股票上涨的同时，很多垃圾股应该是走下行通道的。

《陆家嘴》：你认为国内的机构投资者还是太短视了？

董宝珍：公募基金都是挣管理费的，没有勇气特立独行。在这种情况下，演化出了独特的"管理者利益第一"的原则，在很多情况下公募基金都会为管理者利益牺牲基民的利益。

2018年我做了个统计，私募基金中清仓的基金数量占比达到22%，越跌越卖。这就是清仓线导致的加速恐慌中的卖出。

《陆家嘴》：作为第一批价值投资者，在你看来，A股市场过去几十年投资生态发生的最大变化是什么？

董宝珍：我认为过去几十年来A股变化的都是形式，本质并没有改变。中国资本市场从诞生之初就缺乏理性，后来开始大力发展机构投资者。这些年来机构投资者的比重确实增加了，但是我认为国内机构投资者的非理性程度甚至超过散户。

我有一个同学，他在6000点买的股票，10年了还没有卖出。散户有一个特点，就是"打死都不卖"，因为是自己的钱，太便宜了不愿意割肉，所以越跌越不愿意卖。其实这种态度反而在下跌的市场中提供了稳定性。

反观机构投资者，由于有竞争性排名，它们看的是相对收益，追涨杀跌的现象更加严重。所以我们发现A股这几年机构投资者的比重增加了，但是A股市场的波动性反而更大了。这说明什么？说明这些年注入的机构投资者理性不足。

现在A股开始大规模引入外资，外资的投资理念我还是比较认同的，它们的进场可以让市场更加理性。在成熟的资本市场中，不到50岁很难担任基金经理，因为投资是中老年人的游戏，必须经过市场的考验，但是国内的主流基金经理基本都是80后。

后　　记

2010～2018年初，在凌通盛泰持有贵州茅台的这8年间，贵州茅台股价发生了巨幅波动，从2013年因限三公消费大幅暴跌，到2016年下半年持续上涨。在这个过程中，贵州茅台的基本面发生了很大变化吗？并没有。为什么基本面没有发生什么变化，股价却发生了大幅波动？这是因为股价与基本面并不同步，股价在绝大多数时间里是由市场大多数人的情绪和共识决定的，尤其是在市场处于因恐惧引发的持续下跌中时。人们会受到价格下跌和媒体舆论的影响，此时大多数人不会去研究现象背后的本质，会恐惧、从众、非理性。

基本面是企业的根本，股价在某些时候与基本面无关，但最终是由基本面决定的。凭借对基本面的准确把握，一定可以在经历股价曲折之后获得财富。过程越曲折，回报越巨大。

在贵州茅台股价下跌、酒价下跌的过程中，坚持下来的朋友并不多，而坚持下来的朋友有很多人看了董宝珍老师的文章。经常有朋友说董宝珍老师的观点成了他们的精神支柱。我们为董宝珍老师的观点能对投资者有帮助而欣慰！

在亲身经历了这场千年不遇的茅台大博弈的过程中，凌通盛泰的伙伴共同思考、一起成长，我们的团队经受住了一次洗礼，得到升华！董宝珍老师多次在公开场合上说，茅台大博弈改变了他的价值观，改变了他的人生观，使他得到了升华。其实茅台大博弈改变了我们凌通盛泰的每一个人。

在茅台大博弈尘埃落定后，投资者纷纷通过各个渠道发来信息，希望我们把分析贵州茅台的文章结集成书。我们也相信这些文章会对价值投资者有帮助。

在贵州茅台大跌的那段时间，我们经常会遇到不同的甚至是反对的观点。我们知道，在投资实践中总是有来自多方的信息，股价还会以与预期相反的方向变化。这个时候最需要的就是在深刻认知下克服人性、坚持自我，等待最终的结果。这是成功投资最难做到的。好的投资就是在深入研究后敢于逆风而行，这个过程需要足够强大的内心。真正的投资能力是在动荡中保持原则不变、信念不变，保持理性，独立思考。我们将始终坚持言行一致、知行合一。

董宝珍团队

2020 年 8 月

董宝珍语录

1. 价值发现就是发现大众没有发现的真相,首先你要有一颗求真的心,有一颗不人云亦云的心,有实事求是的精神:不要不假思索完全听信专家的观点,不要盲目追随媒体宣传,不要接受只有结论,没有证据和论证过程的观点,不要接受没有自己亲自验证过的观点。
2. 理性就是实事求是,而绝大部分人看世界只看自己希望看到的。这就像通过变形的眼镜看这个世界,有多少知识、耐心都没有用。
3. 控制欲望,保持简单朴素的生活方式,把精力放在理性思考上。
4. 价值投资表面上是认知博弈,本质上是人性博弈。
5. 价值是没有被大众发现的真相。价值发现就是发现没有被大众发现的真相。
6. 风险来自投资者没有发现企业的潜在变化,以及过度高估了容忍值。
7. 靠买研究报告做投资决策,相当于花钱请人替自己谈恋爱。
8. 投资过程的曲折是不能避免的,投资回报是对在曲折过程中坚持矢志不渝的奖励!
9. 投资之难,难在当你正确时,在大众看来你却可能像一个傻瓜!投资能力就是在大众把你当成傻瓜时,确信自己是正确的。

10. 最重要、最关键的投资能力是人性的管理能力和自我克制能力。

11. 在大众非理性悲观绝望时，保持理性，用常识思考，就会获得机会。在大众非理性乐观亢奋时，保持理性，用常识思考，就会躲过风险。

12. 认知深度创造价值，投资奖励的是认知深度，而不是广度。

13. 发现价值靠认知能力，把发现的价值变成真正的财富靠保持理性的能力！

14. 世界上没有无缺陷的投资方法，价值投资的缺陷是无法准确把握具体的时机。不容忍这个缺陷就没有办法做价值投资。

15. 投资机会和投资风险都来自投资者主观认知与企业客观成长的相互关系。当主观认知被客观事实超越时，会形成投资机会；当企业客观成长不及主观认知时，会形成投资风险。单一的企业客观成长无法判断是投资机会还是投资风险。

16. 发现价值靠认知能力，投资者没有认知能力如同足球运动员没有双脚，但光有双脚也不一定能成为好足球运动员，人性控制是关键！

17. 当风险被定义为你不知道的企业潜在变化后，越聚集越容易尽早了解企业的潜在变化，越分散越不容易了解企业的潜在变化。从这个意义上讲集中投资是缩小风险，分散投资是放大风险。

18. 好的投资者总是越跌越兴奋，越涨越焦虑。

19. 如果价值10元的股票，在你8元买入后，股价又跌到5元，此时你真的有损失吗？把防回撤视为最重要投资课题的人，一定是把真正的投资原理放在次要位置，且不能坚持真正的投资原理。